マイケル・ワート

# 明治維新の敗者たち

## 小栗上野介をめぐる記憶と歴史

野口良平訳

みすず書房

# MEIJI RESTORATION LOSERS

Memory and Tokugawa Supporters in Modern Japan

by

Michael Wert

First published by Harvard University Asia Center, 2013

# 明治維新の敗者たち　目次

# 凡例

一　本書は *Meiji Restoration Losers: Memory and Tokugawa Supporters in Modern Japan* by Michael Wert（Harvard University Asia Center, 2013）の翻訳である。

一　右記原書に収録されている文献一覧は、分量の都合上日本語版には収録できなかった。代わりに小社ホームページに掲出したので、そちらを参照されたい。アドレスは以下の通りである。 https://www.msz.co.jp/book/pdf/08811_biblio.pdf

一　引用文のうち、幕末期に書かれた文章など現代の読者にとって読みにくいものについては、原文を参照しつつ英語原書からの翻訳とし、該当する引用に＊印を付した。現代文による引用については可能な限り原文を用いた。

一　〔　〕内の割注は訳者による注である。

# 序論――敗者たちを想起する

これは、敗者たち――主に明治維新で敗れた側に連なる人びとについて書かれた本である。徳川幕府の瓦解に際し、その最後の年月に仕えた幕臣たちの大部分は、戦いを生き残った。なかには明治新政府に出仕し、軍事、外交、財政に関する自らの技能と経験を生かしうる地位を得た者さえいた。またさらに著名な旧幕臣のなかには、ジャーナリズム、アカデミズム、政治といった広範な領域において、知的努力を続けていた者もいた。けれども、旧徳川の人びとと新政府のあいだの緊張が緩和された時期でさえ、維新に関する支配的な語りが敗者側への共感に支えられることはなかった。明治期の格言「勝てば官軍、負ければ賊軍」は、この二項対立をよく表現している。この格言は「力は正義を生む（Might makes right）」、もしくは「勝者の正義（victor's justice）」の等価物だと言ってもよいだろう[1]。だが旧幕臣とその支援者たちは、このものさしをたやすくは受け入れず、自分たちの「遺産《レガシー》」への矜持を、日記、伝記、弁護論的歴史叙述、そして記念《コメモレイション》＝顕彰活動を通じて表現した。

維新の敗者たちのなかでも私がとりわけ強い関心を抱いているのは、ゲイリー・ファインの言いまわしを借りれば最も「厄介な評判」を被った人びとである、小栗上野介忠順《こうずけのすけただまさ》、井伊直弼《なおすけ》、それに新選組と会津武士を加えてもよい。[2] 薩長勢との戦いを主唱した徳川官僚の小栗が、その死後に被った曲解の歴史は、私の叙述に脈絡《スレッド》を提供する。ジェイムズ・マクレインの最近の教科書は、大学で使われる標準的な日本史教科書での扱いに歩調を合わせて、小栗の悪評を簡潔にこう要約している。小栗は「維新後に処刑されたただ一人の幕府吏僚である」[3]。小栗の死――明治新政府への反逆の疑いにより群馬県の田舎で殺された――は、その同時代人に衝撃を与え、その後の「小栗語り」〔小栗にまつわる歴史や逸話の恣意的な利用を含む語り〕を特徴づけた。小栗は、いっそうの悪評を轟かせている井伊直弼と、しばしば比較される。井伊は、戊辰戦争に先立つ一八六〇年に暗殺されているが、一九世紀と二〇世紀初頭を通じて、とくに一八五〇年代の終わりに自分たちの師友を井伊の手で粛清された明治の寡頭政治家たちによって、幕末の諸問題の元凶とみなされた。井伊の死が狂信的な尊皇論者を勢いづかせて京都を混乱に陥れた事態を受け、幕府が創設した新選組は、京都と江戸に存在した徳川警察集団（これを自警組織とみなすむきもあろう）の一つであり、一八六七年の大政奉還の後にも将軍に対する忠誠を保ち続けた。新選組の評判は――とくにその指揮者である近藤勇と土方歳三に対する評判は――両極端のあいだを揺れ、血塗られた暗殺者と徳川忠義の士という評価像をかわるがわるに与えられている。彼らは、ここ数十年の大衆文化の関心の的になってきているのだが、そのことを受けて私は、主に本書の最終章で彼らをめぐる記憶《メモリー》に注意を向ける。会津武士は、明治新政府によっておそらく最も過酷な扱いを受け、会津領の住民は長年にわたる差別待遇を受けた。彼らの長く錯綜した歴史は、それ自体で独立した章立ての論考に値するけれども、彼らの遺産については、明治維新の敗者たちの擁護者を自称する「メモリー・アクティヴィスト」らが拡大中のネットワークに関連させながら、数章をあてて追尋する。[4]

メモリー・アクティヴィストの大半は、地元の、そして国全体のアイデンティティにとって重要だと信じられている歴史上の人物の支援に踏み切った地方の人士である。被征服者を記念することで、失墜したヒーローたちの名誉回復に打ち込むこれらのメモリー・アクティヴィストたちは、国全体のアイデンティティ、記憶、そして歴史における多元性を要求する。[5] 各地のメモリー・アクティヴィストは、維新の歴史と記憶の解釈作業における受動的参加者であるどころか、自らが行う記念＝顕彰活動を通じて日本史解釈の形成を促していく。彼らはこのことを、独力ではなく、全国レヴェルで影響力を持ちえた人びと――旧徳川家臣、政治家、文筆家、ジャーナリスト、漫画家、映画制作者――との連携によって初めて成就した。アクティヴィストたちはまた、自身が直接擁護するのとは別の敗者たちを非道と忘却から救済しようと試みた相手とは手を携えたが、敗者の英雄的遺産を利己的目的にわりあてて恥じない人びととは衝突した。ジョン・ギリスが指摘したように、「記念＝顕彰活動は定義上、社会的かつ政治的なものである。というのも、それは個人および集団の記憶の調整を伴っているからである。そこで彼らが得る結果は、実際には長期的闘争、そして時には壊滅をもたらすような激しい闘争の過程の産物である際にも、合意のもとに現れるように見える」。[6] そうすることでアクティヴィストたちは、過去の歴史に対する多くの解釈に異議を申し立て、全国の人びとに対して彼ら自身の歴史解釈を提供することによって、歴史の尋問に記憶を用いるのである。

学者たちが明治維新の歴史的記憶の研究に着手したのは、ようやく近年になってからのことである。この主題に関して英語で書かれた本は存在しないが、キャロル・グラックの先駆的な試論では、二〇世紀の維新ブームの概要が述べられている。[7] おそらく最も著名な維新の人物である西郷隆盛は、歴史的記憶および歴史叙述に関する数多くの研究論文の焦点になってきた。なかでも、西郷の自殺をとりまく伝説に関するマーク・ラヴィナによる分析は、私自身の企てと最も親近性を持っている。英語圏でのこれらの「西郷研究」は、日本語圏での研究において並行して生じている展開と、多くの共通点を持っている。(8)

日本語では、記憶と明治維新に関わる近年の研究が、記憶研究《メモリー・スタディーズ》の言語と方法論を欠きはするものの、二、三存在する。成田龍一は、幕末維新期および明治期についての表象を、戦後日本の最も多産な作家である司馬遼太郎の著作のなかに跡づけている。(9) 成田は維新の諸事件についての一般的通念の形成に際して、司馬が果たした巨大な役割を描き出している。一九六〇年代初頭よりこのかた、司馬の影響は文学、演劇、活字メディア、テレビ、そして映画を通じてかなりの広がりをみせてきたが、それに相当する現象を西洋に見出すことはできない。司馬の見解は時とともに変化してはいるけれども、歴史の流れのなかに自らの生きる道を見出そうとする周縁的人物、劣位の人びと、そして庶民を称讃する点では一貫している。成田は司馬を、歴史と文学の整然とした分岐が一般に認められてきたことをどう考えるかという、戦後の知的議論における重要問題に注意を喚起するために援用している。成田によれば司馬は、この両者の境界線を曖昧にした知識人の最たる例であり、我々が過去と現在の重なりを見てとるのは、日本の近代化初期についての司馬の著作を通じてなのである。

宮澤誠一の『明治維新の再創造』は、歴史叙述、政治、記念＝顕彰、そして大衆文化の主題として、いかにして「維新」が呼び戻されてきたかを追尋する最初の試みである。彼は、一八六八年から一九四〇年代に至る危機の時代を通じて、人びとが行動のモデルとして維新に関心を向けていた点を指摘する。日本近代の初期の歴史は、維新から未来に引かれた直線ではなく螺旋、すなわち指針としての過去への持続的回帰であるというのだが、近代ヨーロッパにおけるフランス革命の役割に関してポール・コナートンによって認められているのも、これと同様の観察である。(10) この指摘は、政治活動家たちが「第二維新」と呼んだ時期を通じて起こった、維新関連の大衆文化、伝記、フィクション、歴史叙述のブームを説明する。

成田と宮澤の研究は、米国の独立戦争や南北戦争、およびフランス革命についての数多くの研究と類似している。明治維新は、これら他の出来事ほど深い傷を残しているとは言えないが、それでも、知識人、政治家、芸術家がインスピレーションばかりでなく非難の対象を汲み出す過渡期的出来事、もしくは神話的源泉である。維新とは、勝者側と敗者側の双方が天皇の名のもと故国の進歩のために戦った出来事である、という支配的な語りは、維新の原因は何だったのか、維新は完成したのか、さらには有益だったか否かさえをめぐって研究者間に緊張が存在するにもかかわらず、明治期の「和解」を契機とした著述群の増殖のなかで勢力を増していった。この見かけ上滑らかな語りは、一八六八年から現在に至るまで、メモリー・アクティヴィストとその支援者たちによって、辺縁部から挑戦を受けてきた。もしゲイリー・ファインが示唆するように、歴史的評判が、ある時期もしくは出来事に対する我々の考え方の簡略的表現だとするならば、忘却あるいは貶価されたヒーローたちの名誉回復にむけられたメモリー・アクティヴィストの闘争は、維新それ自体の解釈をめぐる闘争だということになる。(11)

ここにあげてきたどの著作でも捨象されているのは、地域的《ローカル》で辺縁的《マージナル》な歴史的記憶の役割である。

本書における中心的主張は、メモリー・アクティヴィストによる地域の記念＝顕彰活動が、明治維新に関するその土地での、そしてさらに重要なことに、国レヴェルでの解釈を時とともに変化させてきたということである。私は、失われた声の奪還を擁護するのでもなければ、歴史の解釈に関する単純な「下から上へ《ボトムアップ》」式の見方を称讃するのでもない。それよりむしろ、アロン・コンフィーノの著作を手がかりに、明治維新に対する国レヴェルでの解釈と地域での解釈とが出会い、互いに変容をもたらす中間地帯を考察する。ただ単に記憶の提起する政治的問題——「誰がなぜ想起するのか?」「相反する記憶は対立する政治集団に関して何を語るのか?」——にのみ焦点をあてるのではなく、研究者たちは、記憶が意外な形をとる場所——個人的なつながりという私的領域、観光促進のキャンペーン、あるいは大衆文化——に注意を向けて、政治的活動領域の外部で記憶がいかに異なった相貌をみせるかを見てとる必要がある。外見上は無関連な主題同士を結びつけることによって私たちは、政治的な諸差異を抱えたままナショナル・アイデンティティに関する共通感覚を持たせるような共通分母を発見することができる。(12)「敗者たち」とは、この試みをなしとげるうえで特に有用な概念である。敗者たちは定義上、そこで彼らを復権することが、すでに評価が確立しているヒーローたちを褒めあげるよりも多大な努力を要求するような、歴史の辺縁部に位置する存在なのである。

記憶研究の主だった特徴は、ピエール・ノラが「記憶の場《サイツ・オブ・メモリー》」(Les lieux de mémoires) と名づけているものをめぐって発揮されてきた。ノラは、フランスの一般市民を主権国家に結びつけた周知のオブジェ、象徴、歌、博物館の研究に関する数巻にわたる研究書を編んだ。この本は地域的および地方的な記憶の場を二、三収録しているにもかかわらず、彼はなおもその分析視角が国家本位に偏っているとして非難されている。[13] 学術的な概念には起こりがちのことだが、専門分野や領域を異にする研究者たちは「記憶の場」という概念を、自己流に置き換えて用いてきた。日本研究においては、いかにしてこれらの場が近代日本の国民国家を創出したのかをタカシ・フジタニが例示したが、記憶に先立ちフランス国家が存在したと想定するノラからすれば、微妙ではあるが重要な逸脱が見てとれる。他の適用例は、より知名度の低い地方の記念碑、像などを指して「記憶の場」の語を用いたことである。[14] これらのミクロな場はまた、それらの知名度が低いか、優勢に立つ歴史の語りに挑戦するように見える場合にさえ、国家《ネイション》の定義に貢献する。これら地方のもろもろの場所は、それらが結びつき一つのメモリー・ランドスケープ（記憶の風景）を形成する際に、著しく強力になる。メモリー・ランドスケープは、そこで記憶が生起する現場のネットワークから創造される。それらは歴史的人物の遺産を、記念碑や墓や像のように記念＝顕彰の意図が明確な物体を通じて、または、より曖昧で瑣末に思われる記憶が宿るような、それ自体はありふれた物体や行事を通して語るのである。

メモリー・ランドスケープは、アクティヴィストたちが彼らのヒーローをより大きな「風景」の中に定位すべく自覚的に活動する際の強力な土台になる。たとえば、会津若松市で行われた群馬の研究者による小栗についてのとある講演は、偶然に行われたものではなく、会津の遺産のような、〔小栗と〕同様に片隅に追いやられた敗者の歴史と結びつく努力の存在を象徴していた。赤城山腹に穿たれたフットボール競技場サイズの穴と赤城ゴルフ倶楽部――徳川埋蔵金が隠された場所と推定されている――は、日本じゅうのテレビ・プロデューサー同様、冒険家も夢中にさせる金採掘の場になった。明示的なものであれ非明示的なものであれ、このような方法で、歴史的人物についての評判は価値観と信念を共有する聴衆を見出し、集合的記憶を維持することになるのである。[15]

それゆえに「メモリー・ランドスケープ」の概念は、記念＝顕彰活動を一つの過程とみなすことを私たちに強いることになる。ここで私は「過程」の語を、記憶研究でしばしば用いられているような、単純で無目的な言説の産出および意図的利用という意味では用いない。そうではなく、メモリー・ランドスケープは、たとえばNHKに歴史上の人物についてのテレビ番組の制作を、あるいは一都市に銅像建立の立地の寄贈を納得させるように強いていくような、具体的手段を前景化する。このことは、受容という扱いにくい問題に答えるのに役立つ。メモリー・アクティヴィストにとって、受動的な聴衆から同意の頷きを引き出すことと、ある目標に向けて時と金を捧げるべく巧みに人をその気にさせることとは、全く別のことである。後者は、いかなる歴史的瞬間をも支配する象徴と価値観に訴えるに足るような、強力なメッセージを必要とするのである。

メモリー・ランドスケープは歴史的なものであり、それゆえに時とともに変容する。今日でこそ小栗は群馬県と関連づけられるにせよ、これまでつねにそうだったわけではない。一九三〇年代と四〇年代を通して埼玉県さいたま市大宮区の普門院は、とある記事と幾度にもわたる名士たちの訪問の後に、小栗の記憶の第一の場として全国的な報道の対象になっていた（第三章）。一九三五年に岡田啓介首相が小栗の墓に詣でた直後に、小説家で政治家の伊藤痴遊が所見を述べた。「明治維新から六十年経った昭和戊辰になって漸く維新史の再検討が盛んになった、近頃になって最も見直されたのが、永く賊名を負わされていた小栗上州である」[16]。次頁の写真は、中村薫『神田文化史』のなかで示された、一九三五年当時の小栗のメモリー・ランドスケープの解説である。その本自体がすでにメモリー・ラ

## 巨人小栗上野介の遺跡

上州權田村烏川畔の碑「偉人小栗上野介・罪なくして此所に斬らる」

小栗上野介の塚（權田村東善寺）

大宮町・普門院境内の小栗上野介招魂碑

小栗上野介の胸像（横須賀公園）

上州烏川畔・上野介の斬殺せられし河原

ンドスケープの一部であり、小栗についての節は、小栗の生育地からとって「駿河台の偉人小栗上野介」と題されている。

筋金入りのファンのあいだでを除けば、今日の日本において、小栗はそのような称讃をほとんど受けていないだろう。しかしこれらの言明は、次の二つの問題を提起する。なぜ小栗はそれほどまでに重要だったのか？　そしてなぜその重要度が時を経て変動することになったのか？

これに従い第一章は、どのような理由で小栗が広範な人びとに記念＝顕彰されるようなユニークな人物になったのかを告げる諸事例を提示する。たとえば小説家の中里介山――その『大菩薩峠』のいくつかの場面で小栗に注目した――を刺激し、「明治維新前後に於ては……彼と並び立ち得るものは、一人も無かった」と言明させたものは、小栗についての何だったのか。ここに描き出す略伝の主な目標は、歴史家に利用可能な数少ない文字史料と口述史から最大限理解しうる、小栗の生と死に関する基礎的事実を確定することではあるが、その語りからは、彼の同時代人が後年、小栗による事跡をどのように自身の意図のほうへと語り寄せてきたかが浮かび上がるだろう。小栗に関する彼らの著述は、後に続くメモリー・アクティヴィストたちがそこに拠って立つ必要のある土台を築いた。それゆえに私は、殉難者としての小栗の肖像をその後際立たせることになる、小栗の斬首から話を始める。それから、物議を醸した彼の政策、庶民との交流、所領権田村での最後の数週間へと話題を移す。そして最後に、彼の処刑がその土地に及ぼした余波について略述する。

一八六八年以後のジャーナリズムはその大半が、維新についての対抗的な物語を書き著し、明治寡頭制により唱導された公式の物語の影響の抑制をはかった旧徳川の人びとに担われていた。第二章は、明治期における歴史の産出というより大きな文脈のなかで、小栗、井伊、そして徳川の家臣たちに関する最初期の歴史的記憶の概要をたどる。そこでは、小栗に関して蓄積する物語、そして小栗を活用した人びとが変わりゆくメモリー・ランドスケープと折り合いをつけてゆくさまを書き伝えた物語に焦点をあてる。旧徳川の家臣たちは、小栗の物語を、彼を片隅に追いやり貶めた支配的な歴史の語りから救済しようと試みるとともに、それを通じて彼ら自身の「遺産」を保護したいと望んだ。彼らは小栗の物語を用い、維新前後に行われた不正を強調することによって明治寡頭制を攻撃し、新政府に仕えて自らの天命を裏切った同僚の面目を剥ぎ取った。小栗が殺された東京の後背地では、彼にまつわる言説は、伝統的な文字史料には現れない日常的な噂、伝説、ゴシップといった口承的な記憶——それは根強く残る埋蔵金伝説によって命脈を保ってきた——の王国の内部に封印されてきた[17]。徳川埋蔵金の物語は、その種のものとしては日本では最も有名であり、一九世紀末、一九三〇年代、終戦直後、そして一九九〇年代という危機の時代を通じて姿を現す。それゆえに私は、その物語を各章に織り込み、歴史と記憶を生みだす周知のやり方につなぎあわせていく。

　第三章では、メモリー・アクティヴィストたちが、過去を現在に繋留する物の創造によって、明治維新についてのオルタナティヴな語りをどのように思い描いたのかを理解すべく努める。記念碑についての議論はしばしば、訪問者がどれだけ正確にその場所を「読む」かに焦点を置く。この章は、こうした正確さがとるに足りない問題であることを例証する。生誕記念祭を宣伝したり、像の建立のために寄付を募ったりするときに生まれる言説は、〔像など〕物質的なものの人気や可読性が衰えても文字としてなお残る、歴史的記憶を増幅する。私はこの章を、井伊直弼の銅像を東京の公園に建てようと試み、井伊はまだ逆賊だという理由で結局は明治政府に阻止されて終わった、井伊の支援者たちの話から始める。フジタニは、明治寡頭制がいかにして東京を、行政的かつ象徴的な中心として変容させたのかを巧みに描き出している。井伊の銅像を建てようという試みは、首都での公共空間の使用を制限する法律を政府に作らせるまでに至ったが、そのことによって、ナショナルな空間でさえも辺縁からの声に応答する必要のあることが示されたのである。東京では失敗したものの、メモリー・アクティヴィストたちは、明治寡頭制からの数々の抗議にもかかわらず、横浜開港五〇年祭(一九〇九年)のさなかに井伊の銅像を横浜に建てることに成功した。

私は井伊の事例を、日本の近代海軍の勝利にきわめて重要な役割を果たした軍港横須賀で、開港五〇年の祝賀のさなかに行われた小栗の記念=顕彰事業と比較する。井伊、小栗、相楽総三そして会津武士たちのような論議を呼ぶ人びとの支援者は、彼らのヒーローへの叙位の実現をも試みた。帝国日本に復活した現象である死後の叙位は、天皇に対する受位者の近さによって序列が定められた。史料への接近手段や政府とのつながりを持つその土地のアクティヴィストたちは、贈位の見込みのある人物を推すことができたし、贈位を行う宮内庁もしばしば彼らに依存した。銅像の建設もしくは贈位の陳情を含むさまざまな様式の記念事業が、地域のヒーローとしての小栗の出現を導いた。しかし、地方の村々や寺院は調和するどころか、小栗斬首の場所、そしてそれゆえに小栗の「遺産」をめぐって言い争い、そのうえお宝ハンターたちが小栗の子孫や支援者たちと衝突した。

第四章は、維新の敗者たちを中心にすえた戦後大衆文化のレンズを通じて、また戦後における地方のメモリー・アクティヴィズムの盛行を通じて、いかにして日本人が第二次世界大戦の経験に立ち向かったかを扱う。小説家井伏鱒二の手による小栗の処刑者についての短篇「普門院さん」、そして松竹創業三五周年記念映画『大東京誕生　大江戸の鐘』は、小栗の殉難を再考することで戦争の傷痕に向き合おうとした。小栗は結局のところ、他の維新の人物たちが国民的関心を獲得するのとは対照的に、国民的ヒーローになることができなかった。一九七〇年代の「ふるさとブーム」は、各都道府県に地元のアイデンティティを創造し促進する機会を与えることで、国と地方の関係を再調整した。他の地域での傾向を反映して、人びとは地元の小栗研究グループを結成し、群馬県のとある村と横須賀市の姉妹都市関係のように、小栗に関わる他の地域との友好関係を築き、アイデンティティの共有とも言うべきビジネス関係をことほいだ。

一九九〇年代の「失われた一〇年」を特徴づけるスキャンダル、自然災害そしてアイデンティティの危機は、明治の遺産に価値を置く古き神話をズタズタに引き裂いた。政治、経済、文化の現状への不信感は、明治維新に関する現代の歴史意識を変え、小栗や会津の戦没者のような過去の敗者たちの姿を、全国的舞台の上によみがえらせた。第二次世界大戦は、一九九〇年代を通じて盛行した記憶の言説に影響を与えたが、地方の声はたいてい国のそれに押しのけられた。地方の市民グループは、戊辰戦争の記念祭という場を利用しつつ、記憶をめぐる全国規模の討論会に参加した。同様に、群馬県の後援を受けた「小栗キャンペーン」は、小栗の番組の全国テレビ放送、および小栗の記述の学校教科書への収録――すなわち一つの最終的な名誉回復をもたらした。最終章では、いかにして小栗のメモリー・アクティヴィストたちが、徳川家の子孫、職業的歴史研究者、さらに別の殉難者の復権をもくろんでいたよその土地のメモリー・アクティヴィストたちとネットワークを固めていったかを示していく。この地方的＝全国的＝グローバルな相互作用は、マスメディアと大衆文化に影響をもたらす全国的有名人によってのみならず、国のアイデンティティの定義に関心を持つ普通の市民によっても担われる記念＝顕彰活動、記憶、そして歴史の産出が具える可鍛性の証である。

# 第一章　最後の旗本

一八六八年閏四月六日の朝、新政府軍の部隊が、仮の幽閉地から烏川《からすがわ》の水沼河原まで小栗を連行した。通例では、高位の武士、ことに将軍直属の旗本の処刑に際しては、介錯人が首を落とすより前に、儀式的に腹を切るしぐさを伴わせるものだった。だが、その日小栗は、両手をうしろに縛られたまま前かがみにさせられた。その身体をわざわざ足で前に押しやってきた男を「下郎」と呼んだ以外に、小栗が残した最期の言葉は、彼の妻、養子の許嫁、そして母親を逃がしてやってほしいという頼みごとだった。小栗の首が無造作に穴の中に落ちたのは、その首筋を、身分の低い侍が一度ではなく三度、斬りつけた後だった。少年時代に処刑を目撃したある村人が、次のように回想している。「小栗の殿様の足袋の裏の白さが、いまも瞼にありありと焼き付いて離れない」(1)。

この場面は小栗をめぐる記憶に重くのしかかり、その瞬間に至る彼の経歴に関する叙述を、ある色合いに染め上げてしまう。その場面は、小栗に関する歴史的記憶のゼロ地点という意味で地理的に、また処刑後かつての同僚たちが小栗の擁護者となり、生前には彼を助けられなかったとはいえ死後には彼の名誉を保護した、という意味では時間的にも、小栗を記念＝顕彰することの原点をしるしづけている。この章の目標は、小栗についての歴史的理解を共有するための基礎的なデータを提示するとともに、なぜメモリー・アクティヴィストたちが、語るに値する魅力的な人物像を小栗のうちに見出したのかを明らかにすることである。

私は、小栗家のあらましそのものから叙述を始める必要があるだろう。小栗家と徳川一族ならびに将軍家との特別の結びつきを理解することは、要職に最初に任命される前にすでに保持されていた忠順の地位的名誉をおしはかる手がかりを与える。それに加えて小栗家の歴史は、彼と、高橋村と権田村の人びとを主とする領民たちとの関係に影響を与えている。次に私は、彼の公務についての簡潔な叙述に移り、徳川幕府および日本に対する彼の主要な貢献と、彼が関わることになった論戦、彼が直面した課題に焦点をあてる。そして最後に、権田村での短い生活を取り上げながら、その地の無秩序と政治的風土、彼の処刑、そして迫害から逃れる小栗一家について述べていく。

本章で用いられる一次史料においては、史実と記憶とが絡み合っている。小栗の公務に関する最も基礎的な文書は、東京大学史料編纂所の『大日本維新史料稿本』に収録されている。一方本章の後半では、地方に暮らす人びとと小栗の関係や交流をとりあげる。ここで私が依拠するのは、現存する小栗の日記の一部と地方史である。小栗の日記と家計簿が偶然発見されたのは一九五六年のことであり、それらがたどった歴史――東山道軍に没収され、岩鼻県の初代知事に受け渡され、八郎右衛門という名の県職員の目にとまり、八〇年後にその孫によって発見されるまで家の中に秘匿されていたのだが――は、小栗の暴力的な死を反映している。[2] その大部分は、一八六八年一月から彼の処刑の四日前までの、約束の履行、来訪者、そして出費といった日々の事柄を書きとめたものであるが、小栗クラスの高官によって書かれた多くの日記と同様、わずかではあるが、貴重な記録が存在する。そのうち最も長く、最も細に入った記述が現れるようになるのは、権田村への到着から逮捕までの、小栗の生涯最後の数か月である。地方史の典拠は、専門的研究者によって通常用いられている市町村や都道府県による収集物にくわえて、地方史家によって収集された口述史を含んでいる。歴史家は記念行為の代行人でもあるので、私はこれらの典拠を注意深く扱っているが、そのことを理由にこれらの典拠を低く評価することは、歴史と記憶の誤った二分法をつくりだすことになるだろう。本書が払拭しようとしているのは、まさにこの二分法なのである。(3)

## 小栗家

小栗家は、徳川家の祖である家康との密接な関係ゆえに、徳川家臣の一族として申し分のない家系を有していた。(4) 小栗家の嫡子に代々受け継がれていた「又一」の名は、徳川家臣団における高い地位を表すものだった。又一の名は、小栗家と徳川将軍家との独特の強い結びつきを示していただけではなく、戦場での武勇を思い起こさせるものでもあった。小栗家の第三代および四代の当主は、いずれも家康に仕えた。四代目の庄次郎は、姉川の合戦（一五七〇年）に際して始終家康のそばにつき従った。小栗にふさわしい働き方を決定づける出来事になったこの合戦において、庄次郎は、家康の不意を衝き突然襲いかかってきた敵兵を、素早く御物の槍をつかみとって殺し、家康の生命を救った。家康はその槍を褒美としてとらせ、かくして庄次郎は家康の家臣団のなかで若き勇士としての評判を上げることになった。のちに、三方ヶ原の合戦（一五七三年）と長篠の合戦（一五七五年）を通じて、こんな評判が立ったという。「又一番か」、あるいは「このたびの戦い、又一番槍は忠政どのか？」その後家康は小栗に「又一」の名を与え、名前とそれにまつわる伝承の両方が、代々の小栗家嫡男――漫画家になった直近の子孫をも含む――に受けつがれた。[5] 家康の敵対勢力との最後の戦いの一つである大坂夏の陣において、庄次郎は腹部に敵の銃弾を受けたが、その傷がもとで翌一六一六年、主君家康の死よりわずか五か月後に世を去った。庄次郎の遺骨は普門院（現埼玉県）の敷地内に埋葬された。二〇世紀の中頃に小栗の解釈をめぐる争いの有力な競争者になったのは、この普門院の僧侶だった。[6]

家康の家臣団の最上位に列せられていたわけではなかったが、小栗家は、収入源として領地をあてがわれるという栄誉に浴していた。およそ一万七〇〇〇人の家臣たちのなかで、「旗本」として知られる上層の家臣のみが領地から収入を得ており、一九世紀初頭に領地収入の恩恵を受けていたのは、五〇〇〇人いた旗本の半分以下だった。[7] これらの旗本が平均的に受けとっていた禄高は、五〇〇石と六〇〇石のあいだだった。ある旗本研究によれば、一〇〇〇石以上の旗本は約三〇パーセントに過ぎず、江戸をとりまく関東地方にその大部分が立地していた旗本知行所から収入を得ていたのは、半分以下だった。[8] 他の旗本と同様、小栗家の知行所は江戸の後背地のあちこちに広く散在しており、しめて二五〇〇石だった。一八六〇年の帰国後、忠順は二〇〇石を加増された。一一か村からなる知行所のうち最も古く、また最大のものは、一六六一年に小栗家が幕府よりあてがわれた高橋村だった。[9] 高橋村に次ぐ三大知行所村はすべて今日の群馬県に、それ以外の村は栃木、埼玉、そして千葉県に位置していた。

小栗家とその知行所とには長い歴史が介在していたにもかかわらず、一八世紀末までの両者の関係を知る手がかりは、ほとんどない。旗本たちは普通、知行所を訪れたりはしなかった。旗本と知行所の唯一の接触といえば、村役人による時折の訪問、もしくは不穏な事態が持ち上がった際、その収拾のため旗本が家臣の用人を派遣する場合に限られていた。加えて、知行所は幕府により没収され、再割譲される可能性があったので、旗本にも知行所の村人にも、互いの関係を深めようとする動機がほとんどなかった。それでもなかには、京都の朝廷への公式訪問に際し、あるいは伊勢神宮や日光東照宮への参拝行列の足軽として、従者を使う旗本たちもいた。名主――名字帯刀の特権を与えられていた――が名誉ある地位を占める一方で、より身分の低い村民は、武具の運搬に使われた。[10] 他の旗本の場合と同様小栗家は、人民の過度の搾取を避けつつも、彼らから物的および人的資源を引き出して、在地の名主らとのあいだに微妙なバランスを維持した。もし旗本が知行所からあまりに多くのものを要求したならば、農民たちは財やサービスの提供を拒否しただろうし、さもなければ立ち向かってくる恐れさえあった。大名諸侯と違い旗本は、農民の反抗が領地に無秩序をもたらした場合、よすがとすべきものが皆無に等しかった。悪くすれば、無能の咎で家禄没収の憂き目にあう可能性があった。小栗家は高橋村でそうした問題に悩まされていたので、小栗忠順が江戸を後にして向かう先としては、到底魅力的な場所とは言えなかった。

一八世紀末における、忠順の祖父による高橋村の統治は行政上の諸問題に悩まされていたが、そのすべては渡良瀬川の普請事業に起因するものだった。[11] これらの事業は、一七三〇年代以降、とくに高橋村とその周辺地域に課せられていたものだった。腐敗の最初の兆候が萌したのは、一七八一年のことである。この年、農民たちが勘定奉行に対し、名主惣兵衛の退役を求める請願を行った。[12] その所業を「我が儘非道」と呼んだうえで農民たちは、惣兵衛が小栗の家臣の一人と相謀って村から金を横領したかどで訴えたのである。[13] 惣兵衛は、自分の仲間だけに望ましい仕事を割り当てたのみならず、無報酬で農民たちを河川で働かせ、支払いが行われた場合にも、手渡されたのは借用証書だけだった。この事業には幕府が出資していたにもかかわらず、惣兵衛は農民たちに、労働の報酬は村の蓄えから支払われると告げた。事件は、小栗家による村の統治に悪影響を及ぼした。村人たちは、名主の免職を要求しただけでなく、汚職で利を得ていた小栗家家臣と村の支配層の取り調べをも求めたからである。一時は村じゅうが家臣の屋敷に押し寄せてくる危険まであったが、土地の二人の僧侶が周旋に入り、状況の激化をくいとめた。[14] これらの出来事は、小栗家と高橋村の関係に、その後幾世代にもわたって緊張をもたらすことになった。

二〇世紀を通じて権田村の内外で小栗の記念＝顕彰活動が活発に行われた事実とは裏腹に、一八六〇年代までの権田村と小栗家の関係について知られていることはそれほどない。一七〇五年に小栗家の知行所に追加されていた権田は、高橋村に次ぐ第二の大きさの村であり、材木の安定した供給源となっていた。権田での税は高かった——実際どれほど高かったかは、一八三七年に新しく旗本を迎えた隣村の水沼村の農民たちが、その一〇パーセント年貢増に抗議した際に、その旗本がただちに撤回した事実が物語っている。そこで年貢が増えていたとしても、まだ権田での年貢の八〇パーセント相当だったのである。[15] 一八五四年に起こったもう一つの事件は、小栗と権田村との行政上の関係の小ささを示唆している。権田地方の農民が一人逃亡した際、江戸町奉行は記している。権田には知行所の庁舎はなく、姿を消した農民の捜索を含む調査活動は、岩鼻の幕府代官所に依存していると。その事件に関する調査と報告は、江戸町奉行と勘定奉行、そして村役人のあいだを行ったり来たりした。小栗一家の唯一の関わり合いはといえば、江戸のさる旗本への尋問といった具合だった。[16]

にもかかわらず、小栗一家と権田村の支配層との私的なつながりが他の知行所のそれよりも深いものだったことについては、証拠がある。たとえば六代目の小栗政重は、権田村唯一の寺院である東善寺を改修し、父と祖父の名を刻んだ記念碑を寄贈した。八代目の小栗鍋四郎は、権田村で酒の醸造を営んでいた牧野家の人びとと暮らしながら、おそらく山の健康的な空気のなかで療養していたのだが、一七四四年に二八歳で死去した。鍋四郎と牧野長兵衛の名を記す記念の石碑が、牧野家の庭には今も建っている。[17]東善寺は、小栗家九代目の長男が僧侶になるための修行を終えたと述べる文書を保有しているが、その記述は、一七八一年に二九歳で死去するより前に、彼が東善寺で過ごしていたであろうことを示唆している。権田村の小栗家との関係を引き立たせる結びつきは、名主と忠順の父忠高との協力関係だった。

忠高は、小栗の家に生まれたわけではなかったが、彼らを断絶の危機から救った。後継者の相次ぐ死は、小栗家の存立を危地に陥らせた。九代目当主の後継者が死んだ際、その弟が家を継いだが、彼は、引き離された妻と四人の娘たちがやはりそうだったように早逝し、いずれも自然死だった。幸いにも、彼には忠清という息子が一人いたのだが、その忠清が一七歳のときに病にかかると、小栗家は万全策をとった。すぐに、近所の旗本の家の末男が養子に迎えられた。その養子が一一代当主小栗忠高となり、一八五五年に死去するまで小栗家を束ねた。[18]

忠高は、のちに息子の生涯の支えとなる二人の人物を召し抱えていた。一人目は権田村の名主で、忠高のお声がかりで佐藤家に婿養子に入った佐藤藤七だった。後年彼は、小栗家の信頼厚い用人となり、一八六〇年、米国に渡航した最初の日本人遣外使節団に随行した忠順と行動をともにした。[19] もう一人の運命的な奉公人である木村は、当初は目立たない存在だった。系図不明瞭で地位の低い家に生まれた文盲の青年木村は、一時江戸の小栗屋敷で中間奉公《ちゅうげんぼうこう》をしていたが、その折、一八二七年生まれで二、三しか齢の離れていない年下の忠順の世話をした。[20] 日を置かずに小栗家から暇をとり、油・砂糖商家の紀伊國屋の婿養子に入った木村は、名も美野川利八と改めた。一八五二年、彼は両替商の株を買うのに十分な資金を蓄えた。[21] のちに彼は姓を三野村と改めて三井グループを切り回し、小栗忠順とのつながりを生かして明治維新のさなかにその舵取りをした。

忠順は、江戸に暮らす一九世紀の武士に典型的な知的雰囲気のなかで成長した。一八一四年、朱子学者安積艮斎《あさかごんさい》が、しばし小栗屋敷の客となった。彼がいつ去ったかは詳らかでないが、一八二七年に私塾を開くまで駿河台界隈を転々とした。一八五一年、ついに幕府は彼を官立学問所の昌平黌《しょうへいこう》の教授に採用した。安積の経歴が頂点に達していたのは、東アジアにおける西欧の脅威の増大過程においてだった。彼は海防を強力にし、戦をせずに日本から夷狄《いてき》を撃ち払うことを主張した。[22] 彼はまた、将来的に商業が国を強くするという見通しのもと、商船団を創設すべきだと信じていた。[23] その教授歴を通じて安積は、二〇〇〇人以上の生徒たちを教えたが、そのなかには重要な幕臣、後年の明治知識人、さらには幕府に敵対した諸藩出身の武士たちが含まれていた。[24] 忠順もそうだったのだが、安積の生徒たちの多く――木村芥舟《かいしゅう》や栗本鋤雲《じょうん》のような人びと、あるいは吉田松陰や高杉晋作のような幕府外の人びと――は、西洋人と交流していた。忠順は、安積の異国嫌いをよしとはしなかったが、日本が世界情勢のなかで地位を向上するためには海軍の存在が不可欠であるという認識を、安積と分かち持っていた。

## 波乱含みの経歴

一八五九年に最初の重要な任務を与えられるより前の小栗については、信頼すべき情報に乏しい。井伊直弼によって監察（目付）に――理由は明らかではないが――選任された一八五九年までの小栗は、そのクラスの旗本に通有の一連の役職を経験した。井伊は、一八五九年一一月に彼を昇進させ、米国の新聞での通称になる「豊後守」の称号を正式に認可した。[25]

浪人に殺された清国人従僕に対する補償の交渉のため、一八五九年一〇月一一日、外国奉行に同行してフランス領事館に赴いたのを皮切りに、後続する小栗の経歴はすべて、外国人とのやりとりを伴っていた。[26] 彼は、一八六〇年の遣米使節団での役割を特に称えられているが、不幸なことに、そのことに関する記録を彼は残さなかった。小栗の場合に私たちが知っているのは、「監察」の肩書が、責任の範囲に柔軟性を与えるのに十分なほど曖昧だったということである。彼は助言者としての働きを期待されていたし、他の大使のいずれかが役立たずになった際には代役が立てられなければならず、学術文献は通常、小栗を三大リーダーの一人に数えている。[27] 使節団に対する彼の最も注目すべき貢献であり、メモリー・アクティヴィストによってしばしば引き合いに出される出来事は、フィラデルフィア造幣局での彼の振る舞いに関わっている。不当な通貨交換レートが原因で、西洋の商人たちは日本人から金銀貨を買い、それを日本人に売りつけることで利を得ていた。幕府は日本からの金銀貨の流出の阻止を望んだが、これを小栗は、日米通貨の再査定を要求することで果たそうとした。新たな査定は通貨危機の解決に影響を及ぼすことができなかったのだが、造幣局の試金分析者はその事態に黙って従った(28)。

小栗が最初に在外任務を命じられたことは、その家族と知行所とに直接の帰結をもたらした。小栗家はなかなか後継ぎを得られなかったが、忠順の健康状態も気がかりのうちだった——少年期に得た病気は、彼の顔にあばたを残していたのである。ただちに彼は、使節随行中に自分が死んだ場合の後継ぎの確保を行った。昇進確定の翌日すぐに、彼は父方のおじ日下《くさか》数馬から鉞子《よきこ》という名の娘を養女にした。一八五九年一二月一日に正式の委任を受けとるやいなや、小栗は鉞子の夫を見つけ、一二月二六日に祝言をあげさせた(29)。小栗の新しい養子は又一の名を与えられ、小栗家の相続者となった。また小栗は、使節団随行時の従者に権田村の名主佐藤藤七を選び、そのことで佐藤は、地元の人びとが主張するように、地球を一周した最初の日本人農民になった(30)。佐藤は、使節に加わったのち長らく、正式な小栗家臣として小栗家に仕えた。一八六二年、小栗の江戸町奉行としての在職期間に江戸で小栗の与力となり、一八六七年、小栗は彼をパリ万国博覧会での日本側の出展責任者に任命した。

一八六一年に日本に戻ってくると、すでに暗殺されていた井伊直弼の強硬路線から、朝廷および大名と連携する慎重路線へと、幕府の政治的意向が方向転換をとげていたにもかかわらず、小栗は国内統治に対する幕府至上主義の方向を主張した。帰還した使節団への人びとの反応は冷淡なものだったが、それでも随員たちは海外での勤功を認められて昇進をとげた。幕府が小栗に、上野国の二か村の形で二〇〇石を加禄したのは、使節団での小栗の勤功に対してだった。

ついで幕府は、外国奉行に小栗を任命し、ロシア海軍の艦長を説得し、対馬から退去させる任務にあたらせた。一八六一年の春、ロシアのコルベット艦ポサドニック号の艦長ニコライ・ビリレフが、船が損傷し航行に耐えられないという理由を掲げて対馬に来航し、暖水港利用のために対馬を租借したいということで対馬藩主への謁見を要求していたのである。小栗とビリレフは、ビリレフの行動とその対馬藩主への謁見の要求の適法性をめぐり、幾日も言い争った。一八六一年五月一八日の彼らの最終会談は不首尾に終わった。小栗は、一度はビリレフに与えていた地元大名への謁見の認可を、一週間で取り消そうとした。ビリレフは小栗に前言の履行を迫ったが、その約束をした際には江戸からの許しを得ていなかったのだと主張した。「江戸よりの御下知がない限り、謁見は承諾しない。もし異論があれば、私を射殺するなりなんなり、あなたの好きになされよ」*[31]。一九三〇年代と四〇年代を通じて、支援者たちはこの言明を、小栗のゆるぎない武士道の証拠として用いた。

最終的に幕府は、英国に対しロシアに圧力を加えるよう求めた。これは戦術的に成功だったことが証明されたが、小栗の見るところ、日本海域へのロシアの侵攻は、戦略的に配置された諸藩に対して幕府の権威を主張する機会をもたらしていたにもかかわらず、その機会を幕府が生かすことに失敗していた。箱館に赴きもう一人のロシア人と交渉にあたるべしという幕命と、ついで対馬に戻るようにという追加命令とに不満を感じた小栗は、あっさりと江戸に戻り、辞職の許可を求めた[32]。幕府は目付に対し、おそらくは上層部のあいだでの意見対立を隠蔽するために、小栗の箱館行きは病気理由で取りやめになったとの由を通達した。[33] いずれにしても小栗とその配下は、一八六一年七月六日にその職を辞し、外国奉行としての小栗の短く困難を伴う経歴に終止符が打たれた。

上役の水野忠徳に宛てた一八六一年七月五日付の手紙のなかで小栗は、対馬藩庁の重役たちとの仕事の困難と、現地の役人がいかに幕府の外交的慣習をないがしろにしているかについて、不平を述べた。さらに小栗は、対馬の役人たちが自分の助言に決して耳を貸そうとしなかったと主張した。[34] この不平は、対馬の役人のみならず、幕府に対しても同様に彼が抱いていたものだった。別の手紙で小栗は、次のように述べた。


一昨年、小判金の値の引き上げに関して私が意見を申し上げた際、何のお返事もいただけませんでした。彼ら（幕府の重役たち）が、昨年私が使節のお役目から戻った後で、金銀貨に関する私の考えにご同意なされたにもかかわらず、今では私の言葉に耳を貸そうとなさいません。彼らは、帰国する外国公使に関して私が意見をのべた際に、その助言を心にとめてはくださいませんでした。私は真剣に意見を具申しているのですが、それは決して取り上げられることがないのです。*[35]

対馬問題解決のための小栗の方略は、彼の同僚や上役たちとは根本的に異なっていた。小栗は、先行者である井伊直弼と同様に、幕府が対馬を直接管理し、そこでの海防を整備する必要があると信じていたのである。

対馬での失敗による経歴上の後退にもかかわらず、一八六二年に政治の風向きが再び変わり、新しい指導者たちが小栗のような旗本を登用し、幕府軍の改革を試みた。一八六二年、小栗は軍事改革者および勘定奉行として働き始めたが、こうした役職は、徳川強硬派としての彼自身のあり方を際立たせるものだった。彼は、一八六二年三月には小姓組番頭、一二月には勘定奉行を兼ねた歩兵奉行として、陸軍でのポストを得た。一八六二年の文久の改革の立案者であり、朝廷と幕府の妥協を模索して攘夷論を考慮に入れ始めていた松平春嶽の政治理念には反対だったが、その改革の一環として西洋式に歩兵を再編した[36]。一八六二年の秋、小栗は論じた。「(日本の)政治は鎌倉幕府以来、幕府に委任されている。しかし近頃では、京都より種々の干渉があるだけでなく、大名の発言にも遠慮がなくなっている」*[37]。その一方、京都からの報告は、小栗とその他の面々は免職されるに違いないこと、あるいは攘夷の大義に反対したかどで暗殺される可能性があることを明るみにした[38]。

小栗が公武合体(朝廷と幕府の緊張緩和)案の公然たる批判者となった一八六三年には、さらなる物議が小栗をとりまいた。将軍徳川家茂《いえもち》が徳川幕府創設以来の慣例を破って上洛したのは、この年のことだった。家茂の上洛と、孝明天皇の妹和宮との結婚は、朝廷の影響力の増大における一つの転機をなしていた。小栗とその同志の旗本たちによる軍事計画は、朝廷勢力の強まりに応じていっそう強化されたが、彼らに対する抵抗反応も同様に厳しかった。一八六三年三月二八日の夕べ、日本橋に掲げられた通張紙が、「井伊(直弼)と安藤(信睦)の意を受けた役人たち」と、「異国から学んだ世迷言を吹聴する」人びとを暗殺する企てがあると警告した*[39]。小栗は名指しにされた。幕府軍を京都に派兵する企てがあるという密告が何者かによってなされた一八六三年四月、この企てに関与した小栗の同僚たちのあいだに暗殺への恐れが高まった[40]。一八六三年八月、反=朝廷派、反=幕臣排除派へのより大きな粛清の一環として小栗は免職処分を受けたが、そのことは、小栗をのちの将軍一橋（徳川）慶《よし》喜《のぶ》との不和に追いやった。

## 幕府財政の課題

横須賀駅から出てすぐに現れるヴェルニー公園は、横須賀の製鉄所、武器庫、乾ドックの建設のために雇われたフランス人技師、フランソワ・レオンス・ヴェルニーに敬意を表したものである[41]。ヴェルニー記念博物館は横須賀の発祥を称え、一八六六年に輸入され一九九六年まで稼働していた巨大な蒸気ハンマーが、徳川時代から現在に至る産業近代化の遺産を観覧者に伝えている。船の修理に用いられる乾ドックと武器庫を具えた最初の製鉄所建設のころから、いずれ日本が船に関して外国の力に頼らずにすむことを可能にするような造船施設の建設に、小栗は思いをはせていた。横須賀は、海戦の重要な一勝因、日本におけるフランス文化の源泉、近代的な会計学と経営学の起源として称えられ、造船技師の訓練所、あるいは日本が木の国から鉄の国へと転換した時代のしるしとしても、称讃の対象となっている[42]。ところがその一方、財政的・技術的援助をフランスに過度に依存したことで日本の主権を小栗が脅かした好例として横須賀に注目する人びともいる。

乾ドックと製鉄所の建設への切望を小栗が抱くようになったことは、一八六〇年の遣外使節の経験に基づいていたが、造船事業に関する彼の意図を跡づける最初の史料は、一八六一年の対馬事件に由来する。小栗とロシアのビリレフ艦長との会談期間中、二人はアジアにおける船舶の値段や、日本におけるカノン砲および造船の現状について議論した。小栗はビリレフにこう語った。「わが国は独自の大型船をここ日本で建造すべきであると、私は考える。我々はすでに長崎でその事業に着手している」。[*(43)]一八六四年、小栗は、勘定奉行職もいつ辞めるとも知れないまま、長崎製鉄所に配属された。[(44)]

小栗は、造船所の建設という長期的な事業に取り組むよう幕府に説得を試みるという、険しい戦いに直面していた。幕府および一四藩は、一八五〇年代を通じてそうした工場の建設にあたったが、その大部分は途中で断念されるか、もしくは主要な造船施設の一環として機能するのに十分な設備を具えぬままなされた。[(45)]薩摩と長州の両藩でさえ、造船技術を身につけた人間も、必要な資金も、藩内では調達できないことを把握していた。小栗もまた、事業のコストを恐れた幕府の役人たちによる抵抗にぶつかった。外国人観察者のなかには、造船所の建設費用の高さ、採算が合うようになるまでに要する時間を理由に、外国から船を購入するにとどめておくべきであると論じる者もいた。

実際幕府は、そうした事業に単独で着手することは決してできなかった。そこで小栗やその他の人びとは、在日フランス公使に望みを託した。新任のレオン・ロッシュが、当時の外国奉行竹本正雅《まさつね》から幕府の機密事項を打ち明けられた一八六四年には、フランス公使館と幕府の役人とは早くも緊密な関係を結んでいた。[(46)]小栗は、幕府による長州攻撃に備えて、幕府の軍事力の強化を望んでいた。国内の反対勢力を破ったのち、彼はフランス人技術者に日本の鉱山採掘を要請することで、資源開発を計画した。[(47)]しかしながら、フランス人が関与した最初で最大のインフラ計画は、フランスの技術工学への多大な依存と実質的な設備投資を必要とした。小栗にとって幸いなことに、幕府は佐賀藩主から船体修理機械をゆずり受けていた。その藩主は、ドイツからその機械を購入後、修船場の建設に必要な財政的もしくは技術的手段が自藩にないことに気づかされたのである。[48] ロッシュは、上海で造船所建設に成功していた技師フランソワ・ヴェルニーに協力を要請した。

横須賀での事業の着手に加え、小栗はフランス政府と約定を取り決め、必要な資金を確保した。約定書は、製鉄所一か所、修船所二か所、造船所三か所、武器庫およびフランスの役人・職人の人員について定めた。ロッシュの提案を受けて、幕府はやはり横須賀に、日本人に工学とフランス語を学ばせるための学校を設立した。小栗と、横須賀で小栗のフランス語会話を補佐していた栗本鋤雲はいずれも、自分の息子を授業に出席させていた。[49] ヴェルニーによって提示された総費用は、四年間で二四〇万ドルだった。[50]

横須賀は、幕府が敵と戦う助けにはならなかったが、その原因は生産性の欠如ではなかった。造船所は一八六八年までに八隻の船舶を完成させるとともに、一一隻を建造中であり、もし海軍を用いて薩長主導の敵と争うことを幕府に決意させていたとすれば、歴史は非常に異なっていた可能性がある。いずれにしても横須賀は、小栗の処刑と幕府の滅亡より前には、完成させられなかった。明治政府は、当初のうちはフランスが幕府を支援して抗争してくるのではないかと疑いつつフランス人技術者を雇いつづけたが、その心配には横須賀では根拠がなかったことがわかった。

小栗は、幕府の資金不足という条件のなかで、横須賀のような高価な事業への代価を払うために、二つの基本的な戦略を推進した。一つ目の、富裕な商人に対する幕府への貸付の強制は、必要な現金を得るうえでの有効性がすでに証明済みの方法だったが、これには限度があった。小栗は、その限度を超えるのに必要な関係の育成に、三井組との個人的な結びつきを利用したのだが、それは緊張をはらみつつも互恵的なビジネス関係になった。二つ目の戦略は、富裕な町人に対し、利益の共有を約束し、特別な事業のための資本を拠出させることに関わっていた。この新しい形での投機的事業は成功した。一八六七年一〇月、小栗は江戸の大工清水喜助に、新たな外国人居留民のための西欧風ホテルの建設を依頼した。江戸の住民平野弥十郎の日記によれば小栗は、幕府の資金不如意を引き合いに、職人と江戸住民の出資でそのホテルを建てることをもくろんだ。おそらく土地は無料で貸与され、投資者は利益の分け前を受けとったのだろう。[51] 事業は成功し、一〇〇人の投資者を獲得した。一八六八年に清水は、米国風の設計で二階建ての築地ホテルを完成させたが、一八七二年にホテルは火事で焼失した。

自らの事業に関して、小栗は一人の旧知を頼りにしていた。それは、かつての家僕で油・砂糖商の美野川利八だった。一八五〇年代末、国内金貨の流出を防ぐため小栗が貨幣価値の切り下げを行ったおり、美野川は資本が許す限り、多くの古い天保小判を三井両替商で買い占めた。貨幣価値が切り下げられたときに、三井の商人が注目するほど美野川が棚ぼた式に巨利を得た背景には、小栗のもたらした内部情報があったのではないかと見られている。[52] 三井は、外部から助力を得ることを歓迎しなかったようではあるが、彼らの緊迫した財政状況を緩和するためには、美野川と小栗の関係を利用したいと望んだ。美野川は三井に、多様に展開されている事業を、一つが転んでも他に響かないよう個々の事業体に分割すべく助言したが、そのことでただちに彼は、三井グループにとっての自分の利用価値を示した。彼らは美野川を、三井御用所（幕府関係の御用金業務の取締所）の責任者に抜擢し、彼は名を三野村利左衛門と改めた。[53]

三野村に仲介されていた小栗と三井の関係は、緊張をはらんだものだった。小栗のほうでは三井の金と経営手腕と評判を必要としていたが、三井のほうでも、一九世紀中葉の経済的混迷を乗り切るために、幕府との好ましい関係の維持を望んでいた。一八六三年から六六年に至るまでのあいだに、三井はおよそ三五〇万両の金を、幕府がさまざまな資金にあてるために出資した。[54] たとえば、一八六六年に第二次長州征伐に乗り出した小栗は、その際三井に五〇万両の出資と、江戸におけるすべての救済融資の管理を求めた。[55] 負担の軽減を求めて三野村が小栗と交渉した際、小栗は同意し、出資額を一万八〇〇〇両に軽減したが、このことは三井を倒産の危機から救った。[56] 三野村が三井に雇われるより前、小栗は三井に、横浜の関税収入を江戸の商人たちに貸し付ける業務をさせていた——それは、最初の長州征伐で生じた財政危機に対する小栗の解決策だった。のちに保管中の関税収入が行方不明になったとき、小栗は三井の不正行為を咎めず、三井の評判を保たせた。[57]

一八六六年に小栗は、現在の長野県出身の富裕な企業家高井鴻山のような町人からも寄付を募った。高井は、幕府を支えた数少ない豪商の一人だったが、彼は幕府が方向を改め、朝廷の至上性を承認するよう望んでいた。京都の九条家は彼のパトロンの一人であり、高井は幕府が、京都の多くの人びとに支持されている公武合体協定に参画することになるだろうと信じていた。[58] 一八六六年、彼は江戸で小栗と会い、一年ごとの分割払いで、それにしても巨額である一万両を幕府のために用意した(彼が幕府の滅亡までに支払えたのは、三〇〇〇両でしかなかった)。高井はこうした寄付を通じて、幕府に関する自分自身の意見の表明が可能になることを期待し、幕府改革に関する長大なリストを小栗に送った。[59] 高井は小栗に敬意を抱いており、長野での輸送会社設立計画に関して、小栗に助言を求めた。[60]

小栗はまた、商人たちの組織的支持をあてこんで、貿易会社の兵庫商社設立への助力を三井に頼ったが、それは、築地ホテルの場合と同様の利益分配協定を用いた試みだった。とはいえ、一八六七年に小栗が兵庫商社の概要を定めた——彼にとってはその経歴に終止符を打つ前の最後の主要事業だった——ときまでに、幕府の財政は底をついていた。兵庫商社を通じて小栗は、貿易港システムの根本的な欠陥を是正する方法を見いだそうとした[61]。このことは、小栗を含む四人が合同協議で記した、兵庫商社設立建議書の文面に反映されている。「外国人が長崎と横浜の港を開いたとき、それは我々にとっての損失だった。我々は、政府に利をもたらす商人組合の一つも持っていないのだ」*[62]。兵庫商社は二〇人の商人からなっており、出資額に応じて階層的に組織されていた。小栗はすべての人事を承認し、また直属の部下である政府代表者が発した組織運営に関する指示にも賛成した。三井の商人八郎右衛門は、小栗と三野村とのつながりゆえにグループの臨時頭取役を務めた[63]。小栗と幕府にとっては不幸なことに、三野村は八郎右衛門に、兵庫商社には投資しないように助言した。その後商人たちは二の足を踏むようになり、事業の開始前に幕府は倒れた[64]。

小栗は、三野村と高井から支援を受けてはいたが、経済条件の悪化——とくに貨幣流出に起因するインフレの深刻化のもとで苦しむ江戸住民からひどい怒りを買ってもいた。物価が騰貴すると商人たちが米を買いだめし、さらに民衆の反感を呼んだ。一八六六年八月、江戸に小栗の生命を脅かす通張紙が掲げられた。「幕府の役人のなかには悪い人間が大勢いる。小栗上野介とその同僚は、物価の騰貴を素晴らしいことだと考えている。……我々が自分たちの生命を救うためには他に方法がない以上、我々は駿河台の小栗屋敷を襲撃するつもりである。それから我々は、彼の悪い子分たちを殺し、万民の難儀を救い、自らの怒りを散じ、日本国中に江戸っ子の名をあげさせるだろう」*[65]。小栗の生命への脅威は決して弱まらなかった。小栗暗殺の風聞が、遅くとも一八六七年の春には、西欧の新聞にも届いていたのである[66]。

## 主戦論

幕府終焉までの二年間に小栗は、横須賀でのインフラ建設と兵庫商社設立の企てと並行して、幕府の軍事組織を改革しうる地位に就いていた。彼はまた、一八六六年の〔第二次〕長州征伐計画を促進した。それは敗北に終わったが、将軍徳川慶喜は幕府、とくにその軍事力の強化に向けて、最後の一押しをした。それに関して慶喜はフランスに援助を求めたが、このことは小栗の経歴にとってプラスに働いた。彼は勘定奉行との兼職の形で、海軍奉行に任じられたのである。小栗は新たな影響力を行使し、一八六七年、フランスの軍事顧問を利用しつつ江戸薩摩屋敷の攻撃を計画した。小栗と慶喜の二人は、フランスからの継続的援助が得られる見通しに興奮していたが、ロッシュからの後押しとフランス政府の姿勢とのギャップが、結局は彼らを失望させた[67]。鳥羽伏見の戦いで幕府が敗れたあとは、小栗が圧力をかけたにもかかわらず、慶喜は望みを捨てた。

すでに慶喜は新政府軍に恭順の意を示していたが、小栗は、江戸の軍事的防衛に賛成する幕臣一派の先頭に立った。これに対し、流血を避けて平和裏に降伏する道を説いたのが勝海舟であり、しばしば言及され、今なお小栗を記念する際の要石でありつづけている小栗と勝との対立が、こうして形づくられた。一八六八年の一月一二日から一四日まで、幕府の官僚と大名が江戸城に集まり、幕府のとるべき道をめぐって議論した。小栗は、幕府陸軍を用い、東海道を進んでくる新政府軍を箱根の関で迎撃する案を提示した。そこで幕府陸軍が罠にかけた新政府軍に駿河湾から幕府海軍が艦砲射撃を加える。それからただちに軍艦を兵庫に動かし、新政府軍の進撃を抑え込むというのである。

各会派は最初、小栗案に従うことに同意の構えを示していたが、翌日までに流れが変わり、慶喜は軍事的衝突というアイディアを拒絶した。勝の主張が通ったのである。[68] 近代日本陸軍の創設者の一人である大村益次郎は、のちにこう語っている。「幕府でもし小栗豊後守の献策を用いて実地にやったならば……われわれはほとんど生命がなかったであろう」[69]。天皇方の誰もが、怖れに基づく大村の評価に与していたわけではなかった。江藤新平は、「小栗はそういう間抜けだからいかぬ（案が容れられなかったのだ）」と語ったとされている。[70] いずれにせよ、この最後の会議を通して、小栗の鬱憤は否応なしに高まっていた。列していた朝比奈昌広によれば、広間を去ろうとした慶喜の袴の裾をつかみ、小栗はこう訴えた。「ここでご決断なさらなければ卑怯者になります」*[71]。慶喜は制止をきかず、小栗の役職を解いた。徳川家の将軍が直接臣下を解職するというのは前代未聞だった。小栗日記によれば一五日、小栗は城に召喚され、歩兵奉行職の解任を言い渡された（勘定奉行職には死に至るまで在任したが）[72]。トットマンは、幕府が小栗を見せしめにして他の主戦論者たちに警告を発したことを示唆している。小栗が去った後、多くの者が天皇勢とのより平和的な解決に賛同し始めたのである。[73]

他の徳川家臣たちと同じように、慶喜が降伏を決意した時点で、小栗は江戸を離れる準備をした。ここで小栗日記は、江戸での最後の数週間における彼の活動の一端を、具体的には来訪者の記録を通じて明らかにしている。たとえば三野村は、小栗の免職前には小栗屋敷を三度来訪したことが記録されているだけだが、一八六八年一月一五日以降、彼は二度ほど小栗を訪ねている。三野村の息子はのちに、その折のやりとりのようすを明るみにした。それによれば三野村は、日本を離れて米国で身を隠すよう小栗に勧め、献金を申し出た。小栗は、上野国の知行所に移住するつもりであると告げ、その申し出を断ったが、わが身に事が及んだ際には妻子のことを頼むと言った。(74) 三野村は、金銭的援助を提供するとともに、小栗の処刑後数十年にわたって小栗家の女性たちに居場所を用意して、小栗との約束を守った。

幾人かの会津藩士もまた小栗を訪問しているが、そのことは、新政府軍に抗戦した人びとのなかでの小栗の象徴的重要性を物語っている。会津藩は幕府への忠誠を貫き、鳥羽伏見の戦いでは幕府の諸隊とともに戦った。会津藩主で京都守護職の松平容保《かたもり》は、鳥羽伏見で戦ってきたばかりの者を含む会津藩士たちと小栗が会ったのと同じ月に、領地に戻った。残念なことに、小栗と会津藩士たちとの会談の内容は不明であるが、十中八九、鳥羽伏見での出来事の報告と、今後薩長勢に抗する可能性をめぐる議論が行われていたのだろう。その会津藩士の一人、秋月悌次郎は、小栗の妻と母が会津に避難所を求めて権田村を脱出する際、彼らに手をさしのべた。(75)

江戸退去後の小栗の行動計画に関し、我々に別の洞察をもたらしてくれるのは、小栗への最後の訪問者の一人で渋沢栄一の従兄でもある、渋沢成一郎との会見記録である。成一郎は、江戸で薩長勢と戦った徳川方の部隊・彰義隊の頭取として活動した。(76) 群馬県出身の郷土史研究者早川珪村《けいそん》は、なぜ小栗は権田村に移ったのかと、成一郎に尋ねたことがあった。(77) その折成一郎が伝えた小栗の言葉は、次のようなものだった。

私があなたに言えるのは、もし前将軍が戦いを決心なさっていたなら、私たちにはたくさんの行動計画があったということです。不幸にして彼はその計画をとりあげませんでした。もし東北諸藩が手を携えて抗戦しても、盟主不在のもとではとても勝利は見込めないでしょう。さらに、いったん戦いが収束したとしても、権力をめぐって議論が起こり、群雄割拠の状を呈し、我々は国を統一できなくなります。その時諸外国がその隙に乗じるならば、それは破局への道です。もし変事があれば、私は前将軍の命に従い、意向をみなに告げ、事態の収拾につとめるつもりです。すべてがうまくゆき、天下が泰平に落ち着くなら、私は前朝の頑民として山間で生涯を終えるつもりです。だからこそ私はすべての混乱を避け――わが知行地の権田村で暮らすことを選んだのです。私の計画といえば、それだけのことです。*(78)

もちろん口述史と記憶の持つ危険性は、当然のことながら我々に、明治期に勝海舟、福地源一郎その他によって書かれた回顧録と同じく、この言明への疑いを抱かせる。しかし、ただ単に群馬の田舎で明治期に郷土史家によって行われた歴史研究の一部として現れたという理由だけで、私がただちにこの秘話を貶めることはない。第一に、将軍の意向を静観する小栗の態度は、小栗の江戸退去に関する史料的証拠、および権田村の戦略上の立地条件と一致している。第二に、他の旗本たちもまた田舎に隠棲して普通人としての新生活を始めようとしたし、彼ら同様、小栗の存在が田舎に騒動をもたらしたのは事実である。

## 一難去って……

小栗が権田村で暮らすことを選んだ理由をメモリー・アクティヴィストたちが説明する際、しばしば指摘しているのは、現地の人びとと小栗との深い結びつきである。小栗は村の若者たちを軍事教練のために江戸に招き寄せたが、無法者たちが権田村の小栗を襲撃した時に、そのことが有効だったことは証明されたし、佐藤藤七は長きにわたり江戸で、さまざまな働きを通して小栗に仕えていた。しかし、権田村への移住には別の利点が存在した。小さな知行所で上野国に位置する権田は、小栗と他の人びととをつなぐ結節点として機能した。戦略の点で権田は、京都から東にのび、関東地方と江戸に至る主要幹線道路である中山道に沿った、碓氷《うすい》峠近くに立地していた。将軍が進軍してくる新政府軍への抗戦を決意した場合には、小栗は碓氷峠の守りを固めることができただろう。権田はまた、助力を期待しうる知己に恵まれた会津藩領にも近かった。それだけでなく、幕府はフランスからの技術的援助のもと、近隣の山々で金採掘の試みを指揮した。その資源は、小栗が幕府のために確保したいと考えていたものだったただろう(79)。

免職後の小栗の意図を見定めるうえで重要な文書は、江戸退去の請願書である。一八六八年一月二八日、彼は権田土着の願書を提出し、翌日受理されたが、その文書は次のように書き出されていた。

中国および九州における旗本と将軍の領地は、混乱状態に置かれています。変事があった際には、私は上様［慶喜］をご救助できます。私はかつて勘定奉行を務めましたので、この先何が起こるかを考えますと、心痛に堪えません。幸いにも私は、関東で二七〇〇石の土地をお預かりしていますが、上様がそうお命じになられるならば、ただちにそれらの土地をお望みのままに返上する所存です。私が上野国の知行地権田村に到着しましたなら、何とか活計を立てていくつもりです。そこでは有事に備え、農兵隊も設置するでしょう。そうして、万一の御用に相立ちたく存じております。*(80)

白柳夏男は、小栗の願書に見られるわかりづらい矛盾点を指摘している。小栗は将軍に知行所の返上を申し出る一方で、同時に将軍に権田移住後の計画を知らせているのである。第一の可能性は、小栗は慣例に従って知行所の返上を申し出てはいるものの、実際に返上するつもりはなかった。とはいえ、小栗に向けられた将軍の怒りを慮り、上様が私に領地をお戻しになるか、私が権田村に去ってその地域の安定に役立つ民兵を組織するか、そのいずれをとるのかという選択肢を小栗は将軍に示したのだ、というものである(81)。この願書に先立ち、小栗がすでに退去を準備していたことが知られている以上、将軍に忠誠を示し、おそらくは武力による抵抗を再考する機会を将軍に与えたかった可能性が高い。もし小栗の知行所を取り戻しなどすれば、瓦解した体制をすでに前にしている官僚たちの不満をかきたてることになろう。いずれにせよ将軍はその翌日、小栗の申し出を謝絶したのだった(82)。

他の幕臣たちが街からあふれ出つつあるなか、小栗は江戸を離れた(83)。幕府は、知行取りの幕臣たちに知行地に戻ることを奨励したが、それは、あまりに多くの不満を抱き今や禄を失った幕臣たちを抱える困難を緩和するためだけではなく、軍隊を江戸に集中させるよりも分散させることで、反抗の意図がないことを新政府軍に納得させるためでもあった(84)。旗本たちは、自分たちが田舎に退いたのちの家族について案じ、東海道を東上する新政府軍が、不安のなかにいる徳川の幕臣たちに雇用を約束した時でさえ、新政府への不信感を抱きつづけた[85]。

もちろん、逃れてきた幕臣を村人がいつも歓迎するとは限らなかったが、徳川時代後期の旗本の深刻な経済状況は、村人に少なくとも交渉の余地を与えた[86]。ウィリアム・スティールは、一八六八年、村の自治へ旗本が侵入してくることに、農民がいかに抵抗したかを例示している。村人は領主の旗本に、旗本自身の経済状況を改善するよう要求するとともに、徴税に関する不正を訴え、ついには幕府のみならず、維新後には新政府にも請願を行った[87]。別の旗本の三嶋政養《まさきよ》は、江戸で菓子屋経営に乗り出す決心をし、村人たちの請願を無視した。彼らは、その武士の商法の責任を負わされることを望まず、店はすぐに倒れた。三嶋は、新政府軍による迫害を避けるため、一八六八年の夏に江戸を離れ、村の人別帳には農民として名を登録さえした。農民としてしくじったのち首都に戻った彼は、今度は古美術商として失敗し、その後最終的に土地を新政府の手に渡した[88]。

一八六八年に小栗が権田に到着するまでに、上野国および関東平野全域は、ほぼ一世紀にわたる無秩序のなかにあった。一九世紀は、一七八三年の浅間山噴火を受け、その地にとっては禍々しい形で始まったが、その噴火は前年の悪天候とあいまって、一七八三年から八七年にかけての天明の大飢饉につながった。地域はすぐに持ち直し、一定の豊作がもたらされたとはいえ、悪天候が農作物を台無しにして、一八三〇年代には関東全域にさらなる飢饉がもたらされた。農村の企業家たちが、ますます商業化された経済と、上野国では特に収益の多い絹産業関連の雇用の増大により利を得る一方で、最も打撃を受けたのは下層農民たちだった。一九世紀中葉においては、貧しい武士層が関東および上野一円を流浪する一方、さらに多くの農民たちは、土地を離れ、地方の城下町もしくはまっすぐ江戸に活路を求める公算が高かった。一八六六年から六八年にかけての関東では、凶作が農民たちの生活を混乱に陥れていた。あたかもそれは、貿易不均衡に起因するインフレが関東と江戸の庶民を憤慨させるなか、旗本と大名が知行地に向かっていた時期のことだった。

幕府は、一九世紀初頭から中葉にかけての上野国とその周辺の、ますます不安定になった人口の統制回復を試みた。関東地方は、旗本および大名の知行地と、代官を通して幕府に直轄される領地との混合体だった[89]。一七九三年、幕府は、一般住民、とくにその地を離れていた村人たちへの統制を強化するため、高崎——権田に最も近接した大藩であり城下町である——近くの岩鼻村に陣屋を設置した[90]。一八〇五年、幕府は関東取締出役を置き、種々の厄介者、とくに上野国における無法者や無宿人の拘束にあたる八名を選任した[91]。一八二七年、関東取締出役は、村々を再編成して地域のあらゆる犯罪人の報告にあたらせることで、その役割を拡張した。さらに重要なことに、その役人は、多くの民衆がしだいに手工業に従事するようになるなか、村人たちをつとめて農作業に集中させつづけた[92]。幕府の地方代官たちは、地域に満ちる暴力を取り仕切ることができなかったので、新設農兵隊の中核たるべく期待されていた農民子弟のために、武術訓練所を設立した[93]。幕府が群馬の田舎を完全に支配したことは決してなかったし、地役人にとってのいかなる問題も解決はしなかった。実際、村人たちは上野における代官の存在に激しく抵抗したが、それはとくに、幕府が村々に幕府の陣屋維持費の負担を強制したからだった。勘定奉行として、小栗は関東取締出役の拠点建設のための資金源に責を負う立場にあったが、そのことは地元が小栗に憤懣を抱く、もう一つの潜在的理由になっていた[94]。

一九世紀中葉の関東地方は、徳川時代のそれ以前に見られたものとは度合、頻度、構成の点で異なる、一種の暴力状態のなかにあった。反＝幕府、反＝外国、親＝朝廷的なテロリズムが、主要都市、具体的には江戸や横浜から高崎のような地方城下町へと広がった。たとえば渋沢栄一は、横浜に兵を進めて攘夷を促すその手始めとして、高崎城ならびに岩鼻陣屋の攻撃を計画した[95]。経済的、政治的そして社会的な不安定が、権威の象徴を攻撃するよるべない若者たちの一群を生じさせた。浪人となった親＝朝廷的な武士たちが水戸藩領で、幕府に同情的な人びとを攻撃目標にする一党派を形成した。そこには、彼らの掲げる大義には寄与しない人びとも含まれていた。一八六四年、これらのグループが高崎藩兵と衝突し、地域にさらなる不安定をもたらした。

　人民主導の暴動と千年王国的な抗議運動が、一九世紀以前の抗議や暴動の諸形態を超え出る形で拡大した。一八六六年、〔現在の〕埼玉県で起こった武州暴動が、隣県より岩鼻および高崎へと波及した[96]。地方の権威を攻撃するいわゆる「世直し一揆」や、地方の企業家たちに敵対するいわゆる「打ちこわし」もまた、関東平野で増大した。そうした出来事を、「地域の諸価値と自律性を守ろうとした」農民たちの政治行動と見る研究者もいる[97]。実際、多くの農民一揆研究者が垂直の相互作用――富者やその他の支配層を攻撃する貧しい農民たちの存在――に焦点をあてている。一九世紀より前の一揆は、計画的で、統制のゆきわたったものであり、殺人や放火のような深刻な暴力を伴うことはまれだったし、さらに一味の参加者たちに武器の携行を禁止した。しかし一九世紀においては、須田努の議論によれば、一揆がより暴力的になったばかりでなく、水平的な形で行われるようにもなった[98]。農民たちは、若い男たちが合法的な抗議形態をかえりみなくなることを恐れた。一九世紀の関東におけるもろもろの一揆は、政治的かつ組織的なものとして解釈されることもあるが、それらはまた、暴力的になりもしたのである。それらの混沌とした性格は、のちに小栗と権田村の関係を難しくすることになる、危惧にみちた情勢の一因となった。

親＝幕府的諸党と親＝朝廷的諸党の敵対関係は、上野国における紛争状態を深刻化させた。小栗の江戸出発の少し前に、上野の大名および幕府官僚が、進軍中の新政府軍に立ち向かう準備を始めた。岩鼻の代官は、薩摩藩の反逆行為を弾劾する、慶喜による一八六八年一月五日の声明書を受けとり、一月一三日、村役人たちに配布した。その文書は村長たちに、以下の言明を村の辻々あるいは彼らの屋敷の前に掲げ、周知させることを命じるものだった。

　これが薩賊に適用されるのは無論のことだが、怪しき風体の者が村々に潜伏していれば、ただちにとらえよ。そして手に余るなら、彼ら［容疑者］を殺さねばならない。反対に、彼らの意図を隠す者がいた場合には、厳重に罰せられなければならない。*(99)

その声明書は、薩摩に対する将軍の攻撃告知のみならず、田舎の統制の強化をはかる機会でもあった。

鳥羽伏見での敗戦後、慶喜は軍事的敗北を甘受して、「朝敵」の汚名を取り除くべく努めたが、薩長勢への抗戦に与する人びとは交戦の準備を続行した。山中を経由する新政府軍の進撃から江戸を守るため、主戦論者たちは箱根、碓氷の両峠の守備を必要とした。高崎、安中《あんなか》の両藩は、近づきつつある新政府軍を撃破する望みをかけて、碓氷峠にカノン砲を配置した。西南から江戸へと進んでくる軍勢は、山々を通ってくる東山道軍と、東海岸沿いに進む東海道軍の二手に分かれていた。忠実な藩兵を用いることに加えて、岩鼻に配置されていた関東取締出役は、およそ一五〇〇人からなる三〇の農兵グループを組織して、彼らにライフル銃を所持させようとした。しかし、一部の旗本大名それに大部分の村人たちが抵抗を示したため、計画が実現することはなかった。(100)

一八六八年三月における小栗騒動と、一八六八年四月六日のそれに続く小栗の処刑とは、明治維新のより暴力的な側面を構成する無秩序と曖昧性を例証している。小栗の忠実な支援者の一人は、裏切りのかどで告発され、小栗への迫害者は自責の念を表明し、地方諸藩の態度はみごとなまでに不明瞭でありつづけた。またその騒動自体は、農民の抵抗運動もしくは政治的行動に関するいかなるすっきりした分類にも適合しないものだったし、多くの一般農民自身が犠牲者となっていた。

小栗への攻撃は、小栗の権田到着前の数週間のあいだに上野国の大部分を恐怖に陥れていた無法者たちによるもので、十分計画的ではあったものの杜撰に実行された仕事だった。権田での仮住まいだった東善寺に小栗が到着してから二四時間以内に、村役人たちが小栗を訪問し、三ノ倉村〔現・高崎市倉渕町三ノ倉〕近くに集結している無法者の一団に関する悩みを表明した。無法者たちは、彼らの大義に加わらない者の家々を焼き払うと脅した。(101) 数週間前の二月一九日、鬼金と鬼定といういかめしい名の無法者二人が、下仁田宿で大暴れを見せつけながら近隣の村々に文書を配布し、人員の供出とライフル銃を含む武器の携行を村々に命じた。(102) 鬼定は、金井壮助という長州浪人と力を合わせ、いわゆる小栗征伐を組織した。多くの者は、小栗が最後の勘定奉行で軍事改革者でもある以上、莫大な金銀を携行し、武器箱と武器樽に秘匿しているのだと信じていた。無法者たちは噂に聞いた小栗の金銀を欲し、小栗から奪い取った金銀は〔征伐への〕参加者に分配する旨、村人たちに約束した。[103] 一八六八年二月の末には、同様の一揆が上野国一帯で起こり、富裕な農民たちが貧者に金を貸すよう強請された。[104] 他のグループは、官軍の大義を掲げて金を集めようと試みた。親＝朝廷的な浪人たちが関与することで、江戸における幕府関連の諸活動に関する情報ネットワークが形成された。

新たに権田に移り住みはしたものの、小栗の心は江戸の政治から離れていたわけではなかったし、かつての仕事を取り巻く論争が小栗を追いかけてもきた。彼にとっての初日だった一八六八年三月三日は、本来お祭りの日――雛の節句で、川に流された雛人形が邪悪な霊を連れ去ってくれる日なのだったが、小栗は祝いごとをしないことにした。「今日は春の節句だが、将軍が〔新政府の〕命に恭順しご謹慎されている以上、私もそれにならう。今日はお祝いはなしだ*」。とはいえ小栗の気持ちをそいだものは、近隣の町に一揆勢が集結しつつある折から、主人の運命以上に、おそらくは間近に迫る他の敵対勢力だっただろう。村役人たちからの圧力のもとに、彼は三ノ倉の一揆勢本部に大井磯十郎を遣わし、「不法行為について問いただした*」。大井は権田生まれの青年で、小栗屋敷で教育を受け、フランス式用兵術の訓練を受けていた。口述史は、長兄より与えられた太刀を携えた大井が、勇敢にも一揆勢の群れのなかを一人歩いていく姿を描き出している。たいていの二次史料はまた、大井が一揆勢に五〇両を提供し、小栗が権田に所持してきているのは日常の用を足すのに必要な金だけであり、幕府の資金は全く所持していない旨を、彼らに伝えたと主張する。[105] その夜半、大井は雪のなか帰還した。三ノ倉での談判は不首尾に終わった。その晩小栗は日記に書いた。「今は深夜。すでに私はおのおのに防戦の手筈を指揮し置いている」[*106]。

一八六八年三月四日の早朝、小栗はその日が血に染まる日になることを覚悟した。彼は用人〔塚本〕真彦の女性や子どもだけでなく、自分の母と妻と娘をも、村長の佐藤藤七と用人の武笠銀介の護衛のもとに山間部へと退避させた。彼の日記中で最も長い記載は述べている。

又一と私を支えていたのは、わが家臣、歩兵、その他村の猟師や壮健な男どもからなる一〇〇人余の者たちだった。私は彼らを五つのグループに分けた。又一と私は、二〇人の一グループを東善寺の前に引率した。私は別の二グループに川浦村の側面の防御を命じ、もう二グループには〔東善寺後方の〕山を登らせた。敵は二〇〇〇の軍勢をひきつれて、三方から攻撃をしかけてきた[107]。彼らは寺の北側と村の神社〔暴徒の本部の一つ〕の前に火を放った。それから、川浦村近くの烏川の対岸からライフル銃が発射され始めたので、私は兵士たちとフランス式調練を受けた諸部隊に、椿名神社の周囲の林に向かって前進を命じた。暴徒たちは撤退し、我々は彼らを追った。我々は三人の男を撃ち、村人の一人がもう一人を槍で殺した。その地域がいったん鎮まると、我々は川浦のほうへと戻ったが、そこでライフル射撃に迎えられた。我々はそこで何が起こっていたのかわからぬままに、そのあと池田長左衛門〔権田のもう一人の村長〕の家から山へと移動した。我々は暴徒の大群と遭遇したが、〔荒川〕裕蔵と〔沓掛〕藤五郎〔他の小栗家臣〕がその道を守っているようだったので、私は又一に上宿の丘に向かうよう命じた。我々は暴徒たちを攻撃し、山から川浦へと向かう烏川の対岸に彼らを追いやった。池田伝三郎と大井磯十郎は、兵士たちが一〇人殺しているあいだにおよそ五人を殺し、敵を敗走させた。山では、裕蔵と藤五郎が暴徒たちに撤退を余儀なくさせた。私は補強として大井のグループを派遣した。そして我々は村を掌握し、幾人もの捕虜をとらえた。*[108]

江戸に住んでいるあいだに、小栗は権田の青年たちのグループと親しくなった。小栗は彼らを屋敷に招き、彼らは江戸と横浜で教育と軍事訓練を受けた。メモリー・アクティヴィストたちは、小栗とこの青年たちとの関係を描きがちだが、さきに説明した組織化と軍事訓練の成功は、これが単なる村の偽史ではなかったことを示唆している。[109]

土地の人びとは、「勝利した小栗」と「疑わしい小栗」の両方と相渉るという厄介な立場に身を置いていた。戦闘で指導的な地位を占めていた大井や沓掛のように、明らかに小栗側につき戦った者もいた。日記における戦闘に関する記載のなかで小栗は、とりわけ称讃に値する人物として佐藤銀十郎を選び出した。「今日の戦いを通じて歩兵銀十郎はすこぶる奮戦し、四人を打ち取った。そのライフル銃の腕前には感服した」。*[110] あるいは、一揆勢に与した土地の者たちもいたが彼らのすばやい降伏は、彼らがせいぜい受動的な見物人でしかなかったことを示している。あるいはまた、一揆勢の一人を槍で突き刺した男のように自衛のために行動した村人もいれば、戦闘を通じて家を焼かれてしまう犠牲者もいた。[111] 戦闘でおよそ二〇人が死亡したが、そのうちの何人かは途中でつかまった村人だった。そうした場合の一例において、一揆勢は村長丸山源兵衛の家を乗っ取り、活動拠点に用いた。戦闘ののちに隠れ家から帰宅した丸山が見たのは、小栗家臣池田伝三郎の影であり、とっさに槍に手をのばした。瞬時に池田は丸山の首を刎ね、小栗に見せるべくその首をとり、家を焼き払った。[112] この事件は一九七五年、「丸山大十郎による語り」――おそらくは斬首された丸山の子孫もしくは何らかの係累によるものだろう――として村史に記録されたが、そのことは、二〇世紀に入ってもなお、この戦闘のトラウマが村の歴史的記憶に跡を残していることを物語っている。

軍事面での小栗の強さとは無関係に、村での彼の運命は、地役人との協力にかかっていた。情勢は緊迫していた。小栗に抗戦した幾人もの地元有力者たちは、宮原村の村長と岩氷村出身の二人の地役人を含めて、戦闘で殺されていた。(113) にもかかわらず、戦いのあった晩、川浦、岩氷、水沼、そして三ノ倉の村役人が、東善寺の小栗のもとに謝罪に訪れた。「賊が私どもを巧みに操り、私どもは「彼らに対して」なすすべもありませんでした。お詫びいたします。六か村の協同組織に、あなたさまと良好な関係を築かせてくださいませ。そして将来私どもで意見の相違が生じた際には、私どもに議論を尽くさせてくださいませ」。*(114) 小栗は、各村につき一人の役人をその夜留まらせ、さらなる攻撃が起こった場合の人質としたが、翌日には彼らを解放した。(115) 彼らは小栗の屋敷に戻って謝罪文を提出し、小栗は戦闘中に捕虜にしていた他の農民たちを釈放した。小栗はまた、江戸期には通例だった支配のテクノロジー――「梟首《きょうしゅ》」という方法を手にしていた。彼は、戦闘であげた首級を東善寺の前の石垣に晒したが、そこにはあの不運な丸山の首も含まれていた。これらの、ダニエル・ボッツマンの言う「記号としての身体」は、その地での自身の威光を土地の人びとに証し立てる小栗の方法を――新政府がとったのと同じ方法だったにもかかわらず――告知するものだった。(116)

騒擾のニュースはただちに各地を走った。安中宿の一八六八年三月四日の本陣日記は、前日の「小栗上野介様農徒」との戦いを記録している。(117) 権田での戦いが終わっていたとはいえ、上野国は依然として不穏だった。権田に定住を試みるにつれ、小栗の生活は懸念に満たされていった。一揆勢を撃退していたにもかかわらず、小栗はその指導者たちを捕えることも殺すこともできなかった。彼らは上野のいたるところで暴れつづけ、彼らの帰還はつねに脅威でありつづけた。そのうえ、新政府軍が上野に向けて進軍をつづけていた。

小栗の存在は土地に緊張をもたらし、村の相対的な自治を脅かすとともに地域に暴力を引き起こしたが、彼はまた軍事的知識の供給源でもあった。一揆勢が幕府目付の管轄する中之条の町に向けて北上すると、現地の役人が小栗に助けを求めた。一八六八年三月八日、二人の役人が小栗を訪ね、三月九日、小栗は軍事顧問の小グループ——みな江戸で教練を受けた権田生まれの兵士たちだった——を急ぎ中之条に派遣した[118]。現地の役人たちは、一軍を組織するための金、武器、それに志願兵を集めたが、彼らには戦闘の経験がなかった[119]。彼らは小栗に戦術上の助言を乞い求め、町の金銀請取帳によれば、ある晩小栗が訪ねてきて、彼らに防御に関する助言をした[120]。暴徒たちは中之条から撤退し、小栗の兵士たちは三月一一日に帰還した。一週間後、下斉田——小栗の知行所の一つ——から村長が東善寺を訪れ、村における何らかの出来事について相談した。小栗は大井と二人の兵士を調査のために下斉田に派遣した。彼らは三月二三日に戻り、その地域には一揆勢があふれていると報告した[121]。小栗は、自身を守るのに十分な防御力を具えていただろうし、一揆勢を前にした隣接する村々への戦力提供も可能だっただろうが、彼の新たな役割はまた、上野国に支配権を確立しようとする新政府軍の企てを刺激してもいた。

小栗はまた、江戸との接触を保ちつづけた。その江戸では、かつての知己たちの置かれた条件が悪化の一途をたどっていた。権田暴動の翌日、小栗は江戸の屋敷と駒井家（小栗の娘婿の実家）、それに日下家（小栗のおじおよび小栗の養女鉞子）に急使を立てて、事件のことを知らせた。暴動の八日後、小栗は記した。「本日江戸表より飛脚の者が、駒井・日下両家よりの返事を携えて戻ってきた。進撃中の新政府軍によって江戸表はことのほか混乱のただなかにあるが、将軍の支持者たちが事態をきわめて困難にしている[*122]」。江戸と知行所からの手紙と訪問者が続々と東善寺に到着するにつれ、小栗の懸念は強まった。とはいえ、最も痛ましい知らせは、小栗の親友で遠戚にあたり、江戸を退去する小栗に金銭を贈っていた、大平備中守の死だった。彰義隊のメンバーがその地域の家々に攻撃をかけ、大平は、その一人をライフル銃で仕留めた直後に斬殺された[123]。小栗は親＝徳川の彰義隊をその創設当初に支援していたのだが、江戸での戦闘が引き起こした無法状態は、友と敵との明確な区別を見失わせてしまったのである。

東山道軍は、有名な明治の政治家岩倉具視の子息、岩倉具定鎮撫総督のもと、一八六八年一月末には上野の地を脅かし始めていた。一八六八年二月二四日、総督府先鋒の指導者、南部清太郎と原保太郎が高崎藩の役人に、「朝敵慶喜討伐のため[*]」江戸に向かう新政府軍が用いる宿舎の準備を命じた[124]。現地の役人たちは、不本意ではあったが抵抗もできず、相応の準備を行い、新政府軍は一八六八年三月八日に到着した。

上野国における新政府軍の最初の任務は、自らの軍事権と行政権の正当性を現地で確立することだった。新政府軍は、小栗が権田の一揆勢と戦い、中之条から追い出してから数日後にはすでに、高崎近くに陣を据えた。その最初の軍事作戦は、富岡町での農民一揆の鎮圧を含むものだった。そこでは、「一部の農民が無実の富裕層を攻撃して金品を横領していた[*125]」。徳川の大義が失われたことを知った高崎藩主は、金銭および武器弾薬の提供を通じて、新政府支持の態度を表明した。四月一二日、彼は自らの姓を、徳川家から賜った「松平」から一族の親藩大名の苗字「大河内」に改めることで、最終的かつ象徴的に幕府と決別した。

一八六八年三月中旬、新政府は地元の大名のすべてに対し、上野を安定させ、土地の富裕層への攻撃を阻止するために、旗本知行地の管理の引継ぎを命じた(126)。絶望的な財政状態にある新政府は、富裕層の保護によって今後の資金の確保を望んだのである。四月一一日、高崎藩の役人は、新しく指定された村の保護領の管理に着手したが、そこには、小栗の知行所である下斉田と与六部の二か村が含まれていた。

暴動からひと月あまり後、新政府軍はついに小栗を標的にし、高崎、安中、吉井の三藩からなる軍勢に小栗の逮捕を命じた。四月二二日の高崎藩への命令は、以下のようだった。

近頃小栗はその領地［権田村］に要塞を築き、砲台を据えつけている。彼はよからぬことを企てており、さまざまな筋から寄せられる報告は、斥けることが困難である。彼が反逆を企てていることはもはや明白である。彼は帝に対して邪悪な意図をもっており、慶喜の政権復帰を望んでいる。我々は諸藩に小栗の逮捕を要請する。国家のため、我々は決して団結と忠誠を忘れるべきではない。もしこのことが不可能であれば、即刻本営に連絡されたい。我々は小栗を討伐するためにいくつもの部隊を派遣するだろう。*(127)

その命令が暗示したのは、小栗が新政府軍への抗戦を計画していたという二つの証拠、すなわち

(二) 小栗による大砲の所持、(二) および軍事施設の建設だった。暴動ののち、小栗が戦闘に大砲を用いたという噂が広まったが、これを支持する証拠はない。小栗は少なくとも、江戸の屋敷内で飾りとして用いられていた大砲一門を所持していたが、その日記によれば、小栗のもとにそれが届いたのは、権田到着から約一か月後の一八六八年四月八日になってのことだった。[128] 二つ目の言いがかりは、観音山の頂での新しい屋敷の建造に関わっていた。その小山は高崎市街から通じる主要道路を一望し、領地の周辺地域を戦略的に見渡しうる地点を小栗に与えていた。暴動の終結から新政府軍の到着まで、小栗はほぼ毎日、朝もしくは午後に観音山を訪れ、屋敷の建築過程を確認していた。

仕えるべき主を失ったことを受けて、高崎藩の重役たちは大慌てで談合し、命令に従う方針に決めた。その行軍のことを七日後に耳にした小栗は、権田在の家臣沓掛と大井を、おそらくは自らの代わりの嘆願の使者として、急ぎ高崎に派遣した。だが彼らは、用を果たせぬままに引き返してきた。高崎に向かう途中の榛名の町で三藩連合軍に止められて、いきなりこう告げられたのである。「我々は今後のことを談判するために、明日権田に到着するだろう」。*[129] 八〇〇人近くからなる連合軍の兵が三ノ倉村に駐営したが、その数か月前には、一揆勢がやはりそこに駐営していたのだった。

高崎藩兵は、小栗をその仮住居で尋問した。最初に彼らは小栗に命令書を示したが、その文面を後刻小栗は日記に書き写した。小栗は問い尋ねた。「もしあなた方の命令が事実を言っているのであれば、どれほど私が弁解したところで疑念が晴れることはないでしょう。しかしあなた方は、この一帯をご探索されています。事実はどうだと思われますか?」* 高崎からの兵たちは、非難には根拠がなかったことを認めた。観音山に関しては、あれは家を一つ建てて、帰農のため耕作に適した場所を確保しているのであって、要塞とみなしうるものは何一つないのだと、小栗は説明した。彼は彼らに、じっくりと検分したうえでその疑念を晴らし、それぞれの藩に持ち帰り報告してほしいと頼んだ。彼らは答えた。「そういたしましょう。我々の藩はこのこと［小栗の企み］について、実際には何の疑念も抱いてはいなかったのですが、何か証拠となるものを持ち帰らせていただけるとありがたいのですが」。小栗は兵たちに大砲を引き渡しさえした。(130)*

三藩兵は命令を実行し、問題は解決したようだった。権田北部の池田家に避難していた小栗の妻と母それに娘は、その夜遅くに帰ってきた。あくる日、小栗日記の最後の頁が記されることになる一八六八年閏四月二日、主人は無実であると東山道総督府に安心させたいと望んでいた又一と小栗の家臣数人を連れて、兵たちが高崎に戻った。(131) 兵たちが小栗を逮捕しなかったことに激怒した東山道総督府は、権田に戻って逮捕を最後までやりとげるよう、彼らに命じた。今度の兵たちは、新政府軍上野国巡察使兼軍監の原保太郎と豊永貫一郎に率いられていた。(132)

二日における小栗日記最後の記載と、六日の小栗処刑とのあいだに何が起こったのかは不明であるが、さらなる苦難が自らに待ち受けていることを、小栗はうすうす感じていたようである。地方の口述史によれば、三藩の兵が権田に戻ってくると伝えられた小栗は、権田の北東の亀沢という村落に家族を一時的に避難させようと目論んだ。もし小栗が危地を脱すれば、家族は翌日戻ればよいし、もしそうでなければ、家族を会津に落とすように家臣に命じた。小栗は家族とともに亀沢に赴いたのち、佐藤藤七の要請にもとづき権田に戻った、とする口述史もある。佐藤は、地元の有力者と会うことが村人と又一にとって最良の利益をもたらすと、小栗を説得したというのである。(133) また別の物語は、小栗が亀沢に着く前に、兵たちはすでにこの地を去っていると佐藤が伝えてきかせ、小栗をそこで引きとめたと主張する。[134] いずれの筋書きにおいても、佐藤は主人を裏切っているように見える。さらに、佐藤は小栗から三度にわたって莫大な額の金銭を借用していた。一八六八年三月二日に二〇〇両。これは佐藤が一〇パーセントの利息をつけて月賦で返済することを承知していた。また一八六八年四月二日にはさまざまな農機具を手に入れるための一〇〇両、さらに四月二五日にはもう二〇〇両。佐藤にとってその返金は、不可能ではなかったとしても困難だっただろう。そのことは疑い深い人に、佐藤が小栗逮捕の間近なことを承知していたのではないか、あるいは新政府の手助けをしたのではないかと推測させる、格好の根拠を提供している。[135] 地元の言い伝えによれば、処刑場で最後の時を迎えた小栗が、佐藤の目をじっと見てこう言ったという。「死してもお前を呪ってやる」[136]。

小栗を罰する根拠が存在しなかったにもかかわらず、天皇を奉じた王党派は、彼とその家臣二人を、周囲の村々から見にきた農民たちの前で斬首した。小栗の養子と幾人かの他の家臣は、翌日高崎で処刑されたが、そのうちで、主人がその前日に首を刎ねられていることを知っていた者は誰もいなかった。小栗の生き残った家臣たちは、妊娠中の小栗の妻、母、それに他の幾人かの家臣の妻や娘を会津まで護衛した。小栗家臣の幾人かは、その会津で新政府軍と戦い、会津武士とともに戦死した。そうした暴力のただなかで小栗の妻は女児を出産し、娘は国子と名づけられた。

小栗とその家臣たちの処刑は、新政府の政策の一環ではなかった。東山道軍を率いていたのは、新政府軍の総大将西郷隆盛からの命令をしばしば無視し、独断に走っていた板垣退助の助言に頼る一〇代の若者であり、その指導力は弱かった。[137] しかも彼らは凶悪ぶりを絵に描いたごとくであり、三月三日に相楽総三（「偽官軍」とされた赤報隊の指導者）、さらに四月二五日には近藤勇（新選組局長）を処刑していた。計画性のかけらもない小栗の処刑には、パニックもまた関与していたことだろう。二〇世紀の初め、小栗逮捕の責任者の一人だった原保太郎に、普門院の僧侶が面会した。最初に原は、近隣の宇都宮および三国峠での暴動との関係で、一揆が上野の他地域で勃発していたために、自分たちは小栗を恐れていて、処断を急ぐ必要があったのだと語った。[138] 当時二二歳の原と一七歳で同役の豊永は、岩倉具定の命令を忠実に実行していたに過ぎなかった。具定もまた、とりわけ大砲の所持ゆえに小栗を恐れていたようである。原は、小栗の死への関与を悔やみ、こう釈明した。「あの時はね、なんでも先きに斬った方が勝ちだとこう考えていた時だよ。官軍だ賊軍だということはあれは明治になってからつけたことだろう。戦争最中にはお互いに官軍と思っとるわけだね[139]」。

## 小栗一家の脱出

小栗処刑後の小栗一家は、実際にはほとんど脅威にはさらされていなかった可能性が高かったのだが、彼らが、自分たちが潜在的標的とみなされているように感じていたことは確かである。小栗はその処刑者に家族の助命を懇願し、原と豊永は、決して家族に危害を及ぼすことはないと請け合っていた。処刑ののち東山道軍は、小栗の妻、子どもたち、そして残りの知人たちを不問に付す由の掲示を行った[140]。にもかかわらず、小栗家の女たちや家臣たち、それに奉公人たちは、親＝徳川的な会津藩に避難した。

逮捕と処刑に先立って小栗は、村役人たちと会って家族の脱出の計画を立てた。江戸に戻ることは、小栗一家と他の人びとを危険に追いやる可能性があった。というのも、彼のかつての同僚たちは、増大する混乱から逃れるために江戸を離れていたからである。会津行きだけが自然な選択肢のようだった——小栗にはその地に、自分の家族を守りうるかなり大きな軍隊を組織した知人たちがいた。安中、吉井、高崎三藩連合軍の兵たちが原保太郎の命のもと権田に戻った時、小栗の家族はすでに東善寺を離れていた。彼らは上ノ久保近くの池田屋敷に身を潜め、小栗の運命を告げる知らせを待っていたのである。家長の死の知らせを受けた小栗一家は、権田の支配層の一員、中島三左衛門が率いる二一人の村人に護衛されて会津を目指した。一七歳になる中島の娘が小栗夫人の世話を受けもち、子どもが生まれた際には看護者として働いた。[141] 他の村人たちの大部分は、一揆の折に小栗側について戦った人びとからなっていた。

護衛者の全員と小栗家の女たちは無事に会津にたどりついたのだが、いくつかのエピソードがあって、新政府軍から逃れる際の苦難を私たちが理解するうえでの手助けとなる。小栗の老母と妊娠八か月の妻道子は、曲折にみちた旅の道のりを駕籠で運ばれていかなければならなかった。ある時、一人の吉井藩兵が偶然一行を発見した。しかしながら彼は、一行を通報せずに大きな草のかごに小栗夫人を隠し、彼女に金を渡した。[142] 一行には現金の持ち合わせがなく、ある時中島が権田村の佐藤藤七から資金を得るために使者を走らせた。使者は手ぶらで戻ってきた。佐藤は、借りた金はすべて軍に渡してしまったと主張したのである。[143]

小栗一家は無事会津に着き、ついには東京に落ち着くに至ったとはいえ、今日の小栗伝説においてくりかえし語られるように、塚本真彦一家の悲劇的な物語は、新政府への恐怖により引き起こされたトラウマの感覚を際立たせるのに役立つ。塚本はもともと、小栗夫人の実家建部《たけべ》家の家臣だった。道子が小栗家に嫁いだ時、塚本は道子に付き従い、そのまま小栗に仕えるようになったのである。彼は、他の幾人かの家臣とともに高崎で斬首された。後に残された六人の家族（母、妻、三人の娘、幼い男の子）は、小栗一家とはしばし同行したのみで、七日市藩をめざして南に向かっていた。彼らは、江戸城大奥に出仕中の縁者の一人からそこで援助が得られることを期待した[144]。塚本の母マキは、この人数で山道を行けば追手の目につきやすくなることを心配したのだろう、家族が再度離れ離れになることにしたようである。塚本夫人のミツが二人の娘と赤ん坊の男の子を、マキは一番年上の孫娘チカを引き受けることになった。七日市に向かって地蔵山の山道を分け入っていく途中で、マキは土地の人の下田喜十郎と遭遇した。彼はマキに案内を約束したが、彼らの食べ物をとりに行くと言って一行から離れた。下田が権力者に密告することを案じたと思われるマキは、チカののどを切り裂き、自らも自害した[145]。ちょうどそのころ、ミツと三人の子どもたちは山中で道を見失った。それからミツは男児とともに武井家に現れ、助けを求めた。武井家によれば、旅のあいだに持ちこたえられなくなることを恐れたミツは、二人の娘を川で溺死させていた。彼女はその際、護身用の懐剣を武井家の人びとに手渡したのだが、その懐剣は、関東地方に散在する小栗の形見の一部になった[146]。

小栗一家の最終目的地だった会津は「朝敵」の汚名をこうむり、戊辰戦争の主要な舞台になっていた。閏四月の末、一行は会津藩の家老横山主税の屋敷に到着した。小栗日記のなかに横山への言及は現れてこないものの、横山が一八六七年のパリ万国博覧会の折留学生として使節に随行した時期と相前後して、おそらく二人は面識を持っていたのだろう。一行が白河城に到着した時、横山はすでに白河口で薩長軍と戦っているさなかだった。彼らを迎えた主は長く生きられず、五月の初め、城に通じる峠の防衛に会津軍が失敗したのちに、横山の首が白河城の家族のもとに届けられた。小栗一家と生き残った横山家の人びとは、若松城に逃げた。それから間もなく、小栗の母と夫人は若松の荒廃を避け、道子は仮設の野戦病院で女児を出産した[147]。小栗の親類に関して言えば、小栗の処刑を知らされたいとこの日下寿之助は、天皇への忠誠を言明したのち、他の徳川家臣にならって静岡県の徳川本拠地に赴く由を願い出た[148]。

## おわりに

数年前に私は、小栗についての学位論文の執筆を一九七〇年代に構想した一人の米国人日本史研究者と連絡をとった。その研究者は当時の助言者から、それはやめておくほうがよいとの忠告を受けた。その主題を正当に取り扱うには情報源が少なすぎる、というのが理由だった。小栗が生前に残した文書は二、三に過ぎなかった。さらに言えば、奉行としての彼の名が記載された公文書には、他人による署名もあり、どの政策が完全に彼自身のものなのか、あるいはどこに彼の政策が淵源しているのかの判断を困難にしている。のちに解説者たちは、この曖昧さを用いて小栗を、そしてさらには幕府を、称讃もすれば批判もしたのである。たとえば、一般には小栗は横須賀の事業への功績を認められているが、実際にはロッシュの考え、つまり日本に利害関係を強制しようとする一フランス人の企てではなかったのかと見る歴史学者もいる。小栗の生涯において最大の評価を与えられる出来事は、最大の論議の種でもあり、彼の伝記におけるそうした断層線は、現在にまで及ぶ相反する解釈の基礎を形づくっている。

戊辰戦争以降の数十年において、こうした解釈の多くが、小栗とのやりとりを想起するかつての同僚たちによってもたらされた。そうした回想は、小栗の人となりについての何事かを私たちに告げているとはいえ、それらを用いる際には注意が必要である。それは、その回想が虚偽もしくは捏造物だからではなく、それが語り手自身の編集を経て想起されたものであり、小栗についての完全で正確な描写を与えるよりも、解説者について多くのことを明らかにしているからである。横須賀に関する事業を例にとってみよう。自らの小栗との関わりのすべてのなかで、横須賀の経費の大きさと幕府の命運に関する小栗の態度を端的に示すべく栗本鋤雲が選んだのは、しばしば引用される以下の逸話だった。

私は彼［小栗］に言った。「経費は莫大なものです。実際に、一切のことを考慮に入れてみましょう。……もし我々が［フランスとの］約定に署名をすれば、我々はどうすることもできなくなります」。彼は笑って答えた。「今の幕府の経済は、本質的にその場しのぎのものです。たとえば、もしこのこと［横須賀］に金を使わなかったとしても、何か別のことに使うことができるという状態ではありません。それゆえに、必要不可欠のドック修船所を造営したほうが、あとで浪費するだけの金を貯めこむよりもよいのです。またもしでき上がるなら、たとえのちに別の誰かがそれを引き取ったとしても、土蔵附きで家［政府］を売った栄誉を残すことになるでしょう[*149]」。

栗本にとってこの引用箇所は、幕府の滅亡を小栗が予見していたことと、自分が仕えた体制が崩壊したとしても事業の行く末を小栗が見たいと願っていたこと――真の愛国者の姿を例証するものだった。

　小栗の生涯と経歴のいくつかの局面は、単に逸話を通してのみ知られている。彼の幼少期に関する唯一の物語は、おそらく出所が怪しいのだが、小栗夫人の実家建部家の子孫によって一九二八年に書かれた伝記に由来している。小栗の学友は小栗に「天狗」というあだ名をつけたと考えられているが、その由来は、小栗が愚か者に不寛容で、何ものも恐れずに持論を開陳したことによる。実際にはありそうもないシナリオの一つにおいては、一四歳の小栗は彼の将来の義父で、駿河台の隣人建部政《まさ》醇《あつ》〔播磨林田藩八代藩主〕と討論した。「彼の挙動はまったく大人のようだった。言語明晰、音吐朗々、応対堂々としてすでに巨人の風があった。まだ一四歳の少年だったにもかかわらず、煙草をくゆらし、煙草盆を強く叩き立てつつ、一問一答建部政醇藩主と応答し、人みなその高慢に驚きながら、後世にはいかなる人物となられるだろうかと噂し合った[150]」。決然とし、自説を曲げず、始終煙草をふかす小栗は、まさに一九二〇年代の「モダン・ボーイ」のイメージを体現していた。伝記のこのくだりを読む読者は、小栗が時代を超えた一人の知識人というだけでなく、門閥など歯牙にもかけない度胸の持ち主であるという感じを受けとることになる。

　小栗についての伝記的回想は、小栗の偉大さを人びとに思い起こさせるだけではなく、彼を嫌う人びとに抱かれていた怒りの感覚を伝えてよこしもする。小栗を嫌う人びとのなかには、小栗を標的にしていた多くの勤皇家や攘夷派志士も、また不満を抱く一般庶民もいた。そしてそこには幕府の同僚さえもいた。たとえば、浪費節減のために小栗は、幕府の役人に支給される役料の取り消しを望んだ。戸川残花《ざんか》が述べたところによれば、幕府の出費削減に際して小栗は、旗本の俸給を切りつめ、大奥の予算を減らし、茶坊主たちを解雇した。茶坊主たちに至っては、江戸城内の障子という障子に穴をあけてまわることで、小栗への怒りを表現した。(151)

大部分の旗本と同様に、それも奉行職を務めた旗本とさえ同様に、小栗は歴史の薄闇に溶け込んでしまっているのかもしれない。しかし歴史の偶然と、幕府史の決定的局面における小栗自身の政策努力との組み合わせによって、のちに小栗は、幕末期の数年間を論評し、研究する人びとから重んじられるようになった。小栗の役割がプラスマイナスのいずれに解釈されるかは、ひとえに語り手とその意図、さらに歴史的文脈の変移とに依拠している。

# 第二章　明治期につくられた徳川ヒーロー

徳川の家臣たちは、明治への転換期を通じて苦難を経験した。ある者は江戸や東北地方で新政府軍に抗戦し、あるいは箱館・五稜郭での最後の戦いのさなかに命を落とした。大部分の者は戦わないことを選び、その多くは明治政府に仕えたが、他の多くの人びとにとっては、新たな雇用先の確保が難しかった。商店を開こうとした――そのため多くの場合自分の家財産を売り払った――者もいれば、帰農する者もいた。最後の将軍が静岡の徳川領に隠棲した際に、数千もの家臣とその家族がそれに付き従った。難民となった武士は、江戸に財産を残してきたのだが、それらはただちに明治政府に没収された。彼らにおける特権の喪失は、一八七〇年代を通じてすべての士族が経験することになる、大きなアイデンティティの危機の前兆となった。そして、明治政府軍に対する最後の抵抗が敗北した時、徳川の支持者たちは、新聞報道を通して「言葉による戦争」を遂行する能力を失った。記憶と記念が彼らの新たな最前線になった。旧幕臣のなかには、文筆の世界での成功を追求し、精力的に活動するジャーナリスト、作家、歴史家、そして教育者になる者もいた。彼らは明治政府を批判しつづけたが、それはもはや、徳川への忠義からではなかった。

明治新政府が促進した新手の歴史語りは、旧徳川政権とその支持者に対し、よくても時代遅れ、悪ければ朝敵の刻印を与えた。これを受けて旧幕府人たちは、徳川時代の欠点を承知したうえで、新政府のみが日本の発展をもたらしたのだという考え方に挑戦する、彼ら自身の物語を創造した。近代日本の成立における徳川幕府の役割を例証することで、彼らは支配力を持つ新種の物語から徳川の「遺産」、そして自分たち自身を救済しようと試みたのである。彼らは小栗の「遺産」を、明治寡頭制、および新政府で働く元同輩の両方を批判する武器として用いた。その過程において、彼らは小栗を殉教者に変貌させた。ミシェル・ド・セルトーが注目しているように、共同体がぎりぎりの状態にある、もしくは絶滅の危機に瀕している場所では、どこでも殉教譚がゆきわたることになる。[1]

セルトーは、「聖人の生涯」の物語を通して結びつけられている、二つの「明白に相反する」運動と彼が呼ぶものに注意を向けている。一方では、集団は自らをその起源から引き離し、過去との違いをしるしづける転換によって自分自身を定義する。旧徳川の人びとの場合で言えば、彼らは幕府が封建的だったことを認めるとともに、幕藩体制からの移行をよきものとして描いた。しかし、集団が解体の危機に瀕している場合には、セルトーがさらに論じているように、起源への回帰が統一性を回復させる。[2]オルタナティヴな歴史を叙述し江戸の記念祝賀行事を行うことによって、徳川の家臣たちは、自分たちの文化遺産が政府の後押しする歴史の言説によって消し去られないようにした。この課題にとって小栗の存在は、殉教者としてのみならず、幕府創設者の徳川家康との縁故に結ばれた三河武士として、二重の意味で好都合であり、そのことは小栗に、徳川ゆかりの人びとを一つに結びつけるうえでの理想的なヒーローの役割を演じさせることになる。小栗の名誉の回復を通じて、徳川の

「敗者たち」は、社会に対する自分たちの価値の回復と、歴史における自分たちの役割の明確化を要求したのである。

この章では小栗が、明治期における歴史的記憶、および国民的・地方的レヴェルでの歴史的言説の生産というより大きな文脈の内部で、いかに活用されたかを検討する。この時期を通して、その多くが国民的名士だったかつての同僚たちは、小栗に関する叙述の生産において決定的な位置を占めていた。小栗を朝敵とする告発を明治国家視点の歴史が額面通りに受けとるより前、それも小栗の死の直後にはすでに新聞記事が、徳川擁護的な著述活動が小栗を利用する端緒を開いていた。

著名になった人物を除けば、旧幕府の役人に焦点をあてた伝記や研究は、明治初期を通じてほとんど刊行されなかった。[3] しかしながら、国民的レヴェルで読まれる文章が短くも小栗に触れることは、文字に媒介された小栗に関する集合的記憶――過去についての記憶をつぎつぎに喚起する物語、事実、そして解釈の貯蔵庫――の基礎を確立する助けになった。[4] のちにメモリー・アクティヴィストたち――あるいは歴史社会学者の言う「評判づくりの企業家たち」――は、小栗やその他の歴史的人物に接近する際に、決して白紙状態から活動したわけではなく、ある特別の人物の記念において早くに確立されていた「評判の軌道」に注目しさえすればよかった。[5]

最も影響力をふるった小栗伝は、小栗が殺された地域の有力者の一員、塚越芳太郎によって書かれたものである。塚越は、小栗および明治維新についての歴史的記憶を、国民的レヴェルと地方民のレヴェルとで橋渡しする役割を担った。彼は東京で民友社の知識人たちに合流し、そこで見出した自らの新しい立場を用いて、国民的ヒーローとしての小栗の名を高からしめた。彼は、福地源一郎のような小栗のかつての同僚から多くの情報を採択したが、小栗最期の地の地元民として、小栗についての著述に際しては、東京の書き手にはとても入手できないような地元の知識《ローカル・ナレッジ》を利用した。

活字の世界において、親＝幕府的および反＝幕府的な人物が小栗評価をめぐって議論を繰り広げる一方で、上野国においては、小栗の記憶は文字テクストだけでなく、ヤン・アスマンとジョン・ツァプリカが「口承記憶」と呼ぶものを通しても媒介されていた。(6) 書かれた文字を通して不変性を獲得するタイプの記憶とは対照的に、口承記憶はまとまりを欠き、不安定で、特定の目的には向かわない。この種の記憶は、噂や冗談、ゴシップを通して日常のコミュニケーションのなかに生きてはたらいている。上野での小栗をめぐる論争が影響し、彼に価値を与えようとする地元民はわずかしかいなかった。上野の人びとは小栗のことを、主に迷信や伝説――とくに、群馬県の前身・岩鼻県の創設期に経験した暴力的な変移のなかに彼を位置づける、「埋蔵金物語」を通して記憶した。

この章は、二つの異なるタイプの場所で支配的だった記憶の二つのカテゴリーにしたがって、二部構成になっている。文字に媒介された記憶は当初、ほぼ完全に全国レヴェルのものだった。しかしながら一八九〇年代を通して、そうした記憶は地方各地でも現れるようになった。さらに、東京の親＝徳川的な新聞が、口承記憶を特徴づける噂の数々を詳しく物語った。しかし群馬では、変移の混乱により最も影響を受けた地域において、口承記憶がより長く持続した。小栗伝説の場合には、小栗が地域のヒーローとなり、メモリー・アクティヴィストたちが小栗についての語りの占有を試みたあとでさえ、口承記憶が維持された。

## 第一節　ナショナルな歴史叙述における維新の想起

歴史を物語ることの重要性は、一八六九年の勅令が官製の正史の必要を強調した明治最初期から歴然としていた。正史の確立は、天皇と国民の関係を統合し、それによりこれまでの武家統治を貶めようとする政府の要求を満たすものだった。「いまや鎌倉以来の武家政治の誤りは克服され、王政が復古された。それゆえに我々は史料編纂所の設立と、我々の父祖のよき習慣の回復を願っている」[7]。明治時代の最初の数十年を通じて活動した政府筋の歴史家は、八八六年に中断した『六国史』、一三九二年に中止された『大日本編年史』を嚆矢とする修史事業の伝統の存続を試みた。官立の歴史編纂所の性質と所在地は、この草創期において数回変化したが、二つの一貫した特徴が現れた。第一に、修史官の大部分は親＝明治政府の諸藩の出身で、それゆえにその多くは、明治草創期の伝記の表現に従えば「勤皇家」とみなされていた[8]。第二に、これらの修史官は、読者の興味を惹きつけもしなければ、その時点での政治的目標も満たしもしないような、データ収集と史料批判の伝統に従っていた[9]。ドイツモデルに従って、彼らは事実に基づく知識を生み出そうとしたが、「歴史的思考、同時代の経験、そして方向づけの問題のあいだの内的連関への視力［を失った］[10]」。そのような国家史は、のちの歴史家にとって重要な一次史料になったとはいえ、福沢諭吉や田口卯吉のような、国民の政治的啓蒙を目的とした旧幕府の人びとによる物語調の諸著作がなしえたようには、一般のエリート読者層を動かすことができなかった[11]。

官選歴史家たちはさらに、政府の内と外とでそうした読者層から怒りを買うに至った。政府外の知識人たちは、修史事業が完全に中国語で〔漢文で〕行われることに対し、平均的読者の手に届かないというだけでなく、国家主義的な感情を軽んじているという理由からも批判を行った――なぜ国内の歴史を外国語で書くのか？　ナショナリストたちは、存在していなかったことが厳密な吟味のもとに示された古代のヒーローたちを歴史の対象として扱うことも、受け入れようとはしなかった[12]。

国内外に開示される包括的国史の叙述という大がかりな企てに加えて、政府は明治維新の説明を試み、修史官に史料収集の仕事にあたらせた。その初期の努力に対して、伊藤博文が躊躇の念を示した。伊藤は、明治維新史の執筆が、旧幕時代に敵対関係にあった薩長閥間の緊張を激化することを恐れたのである[13]。一八八九年、ついに完成した公式説明――『復古記』――は、維新の過程をなす諸事件を編年体によって輪郭づける大部の史料集だった。他の国史編纂事業と同様、『復古記』は、事実を脈絡づける物語を欠いていたし、その大部さゆえに、一般の人びとに強い影響を及ぼすことはできなかった[14]。明治憲法の発布と同年に完成したとはいえ、それが一般読者の手に届くようになったのは、最終的に書物の形で公刊された一九三一年のことだった[15]。

明治政府に仕える専門的歴史学者がその努力を文書の収集と史料批判に集中する一方で、民間の学者やジャーナリストは物語形式の歴史を一手に引き受けていた[16]。こうした歴史的物語のつくり手の多くは、徳川幕府に仕えた経験をもち、もろもろの正史に存在する親＝明治政府的な偏向に対して批判的だった。明治期を通じて、ほとんどの親＝徳川的言説は、日記や回想、物語的歴史を通じて発表され、旧幕府の役人たちの集合的記憶の伝播に貢献した。彼らの著述は、個人の経験もしくは意見の表出が避けられている、国家を後ろ楯に編纂された史書よりも読みやすかった。スーザン・クレーンの指摘によれば、歴史の専門化は、「歴史の生産において、個人的な記憶もしくは個人的な関与のほとんどすべての痕跡を取り除く訓練を、歴史家に義務づけさせた」[17]。維新の出来事を目のあたりにした人びとによって書かれた多くの非公式的な歴史は、それらの著者が生きた経験に訴えたことにより、正当性《レジティマシー》の雰囲気を獲得した。武力による明治政府への抵抗が一八六九年に終息していたにもかかわらず、言説の前線での戦いは続けられていた。徳川の遺臣たちは、自分たちの文化的伝統を守りたいと願い、社会の片隅に追いやられつつ罵倒されること、あるいは多くの親=明治政府的史書において「旧弊」もしくは「悪しき過去の権化」などと不当表示されることを拒絶した。彼らはまた、日本の文明に対する自らの貢献を明らかにし、天皇制に対する自らの支持を立証することを望んだ[18]。こうして親=徳川の歴史は、国家主導型の歴史の主要な特徴である天皇もしくは天皇制を批判するどころか、トットマンが「明治の歪み《バイアス》」と呼ぶものを代わりに提示した。これは、自分たちが実際どれだけ愛国的であり、明治天皇に忠誠心を抱いているかを証明してみせることによって、幕府の役人たちの復権をはかろうとする戦略である[19]。たとえば『七年史』は、会津藩主松平容保を、公武合体を主張し京都守護職を務めた天皇の護衛者として描く。容保の失墜は、その徳川への忠誠心と、悪しき幕臣たちの影響によるものとして叙述されている[20]。これらの明治の批評家たちは、国民的一体感と日本人のアイデンティティを明確にする必要性を彼らの敵と共有していたが、彼らはまた先回りをして、幕府側の敗者をないがしろにする史観の成立を未然に阻止したかったのである[21]。

## 殉教者としての小栗

一八八〇年代を通じて最初期の親＝徳川的な歴史叙述が現れる前にもすでに、新聞報道の世界では、それに先立つ「言葉の戦争」が起こっていた。明治維新期のジャーナリズムに関するハフマンによる綿密な研究は、草創期の諸新聞が圧倒的に政治的であり、その大部分が親＝幕府的だった事実を例証している。[22]全部でおよそ二〇あったそれらの新聞は、エッセーや漫画を通して維新を読者に物語り、新政府を批判した。これらは通常、前線からの報道、明治政府による通達、江戸周辺での戦いに関する風聞を掲載していた。殺された人の報道は常に行われていたが、数字はあいまいで、名前が記されることもまれだった。小栗および新選組局長の近藤勇は、二つの際立った例外だった。近藤の場合は、その処刑と梟首が、天朝の軍隊に逆らった罪を告発する立札とともに記録された。[23]小栗についての記事が記載していたのは、小栗に向けられた一揆であり、安中、高崎、吉井の三藩による捜索であり、彼の処刑であり罪のリストであり、小栗家の代表およびその他の人びとの反応だった。小栗関連の風聞の一例は、「この一条は岩鼻宿を通行したる人の物語を記す」として記載された。それは、小栗への攻撃だけでなく、小栗が東善寺の裏手に建てた要塞の描写をも盛り込むものだった。興味深いことに、その男はまた、安中と高崎で当局によって没収された一万両――のちに埋蔵金伝説の形成に寄与したかもしれない噂の富に言及した。[24]

有力で幕末の長期にわたって刊行された柳河春三《しゅんさん》の『中外新聞』は、小栗に対する最初の言及を行った。そのくだりは簡潔である。

近頃板倉伊賀守［勝静］は行方知れずのまま。小栗上野介は土民の一揆に襲われたのち、どうなったのだろうか。近藤勇も敗走ののち行方詳かならず。そのほか有名な剣客、洋学者、医師など、［江戸を］立ち去って他郷で暮らす者がすこぶる多い。[*25]

その大部分が江戸の住民であった平均的読者にとって、ここに列挙されていたのは、説明の必要のない人びとだった。板倉は、一八六八年に箱館で薩長軍と戦った老中職だった。彼は投獄されたが、のちに特赦をうけ、東京〔上野〕の東照宮の神官になった。近藤勇は東山道軍によって、小栗の死にわずかに先立って処刑されていた。その記事の筆者の心配げな調子は、上層の市民たちの移動や離散を悲しみ、おそらくその読者たちが同情を寄せている幕府のより上級の役人たちに、一体何が起こったのかを懸念している。

小栗に関するさまざまな報告には、いくつもの共通する特徴が一貫して現れており、どの報告もそれに続く小栗のとらえ方に影響を与えている。第一に、ほとんどの新聞は、上野国での処刑後に小栗に言及したにすぎず、また彼の死に関して同じ語り口を提示した。第二に、『中外新聞』『そよふく風』、そして親＝政府的な大阪の新聞『内外新報』はすべて、親戚の小栗忠順の処刑を通知すべく、小栗仁右衛門が政府に提出した文書を用いた。小栗一族の分家筋にあたる仁右衛門は、本家筋の父子の処刑後、一時的に小栗家全体を代表していた[26]。句読点や名前の綴りに些少の異同はあるものの、どの新聞に現れる文書も、つぎのように書かれていた。

小栗上野介は、本年一月に幕府に申請していた通りに、権田村の知行所に［一八六八年］二月二八日に到着した。先月二九日、松平右京亮［高崎藩主］、板倉主計［安中藩主］、それに松平鉄丸［吉井藩主］による、兵三〇〇からなる新政府軍は、三ノ倉村に入った。今月［三月］一日、その軍勢は岩倉［具定］の命によって、小栗父子を従わせるために権田村に送られた。彼らは小栗に武器を明け渡すように要求し、小栗はそれに応じた。小栗の後継者又一は、状況を一歩でも打開するために高崎に向かった。……彼は、三人の家臣および三人の従僕とともに四日の暁七つ［午前四時］に到着し、宿に滞在した。総督［岩倉］は彼らの武器を没収するように命じ、七日、彼らは高崎の奉行のもとに連行された。最初に又一が、続いて三人の家臣が処刑された――彼らは取り調べさえ受けなかった。三人の従僕は投獄されたのち釈放された。彼らは、権田からきた村人たちの何人かとばったり会い、上野介［小栗忠順］の無事を尋ねた。小栗と三人の家臣たちは、六日の昼四つ［午前十時］、やはり取り調べを受けることなく処刑された。彼の家産はすべて没収され、誰もその行方を知らない。[27] 従僕の一人がただちにこのことを江戸に知らせた。一八六八年閏四月二〇日*[28]

この物語には二組の主役が存在する。小栗と、息子又一に連れられた三人の家臣である。読者は、小栗が江戸を去るための適切な手順に従い、無事に権田村に到着したことを知らされる。[29] なぜ彼が江戸を離れたのか、あるいはなぜ新政府軍が彼を処刑したのかについての説明は皆無である。文書の後半は、又一の家臣と小栗の家臣について説明している。いずれの部分でも、「取り調べを受けずに」*という内容を二度、繰り返している。そういった文言を二度用いることによって、記事の筆者は小栗の処刑とその息子および家臣たちの処刑とに等しく注目し、それゆえに、新政府の二重の不正を強調している。江戸市民の多くは、小栗に向けられた積年の怨恨を理解していた。それゆえに、彼の死は悲劇的ではあったものの、驚くべきこととは言えなかっただろう。しかし、若い後継ぎと家臣たち、つまり江戸の庶民たちと同じ下層の人びとの処刑によって物語を進めることで、この記事の筆者は、小栗の死の物語と、より一般的な公衆との情緒的な距離を縮めている。彼は、明治の権力には行き過ぎがあったと示唆しているのである。

当代きってのジャーナリスト福地源一郎は、小栗の死に最大の注意を払った。小栗と同様に、彼は改革された徳川主導の政府を構想した。長崎育ちの福地は、オランダ語を名村八右衛門のもとで学び、一八五九年、外国奉行の配下に属した。彼は小栗と交流し、彼らは幕府の将来に関する認識を共有した。一八六七年、慶喜が将軍を辞職したのち、福地は小栗に建白書を差し出し、徳川を指導者とする議会制度への改革案の概要を述べた[30]。結果から見れば、小栗は福地の案を幕閣の要路に届けることはなかった。福地の見解に共感を抱いてはいたが、小栗は将軍が滞在している京都の幕府機関を信用してもいなければ、そのような案がそこで受け入れられるとも信じてはいなかったのである[31]。二人はともに、薩長勢の挑発に対して最後の将軍が武力的な解決策を求めることを望んでいたし、薩長軍と戦うための戦略を、それぞれが別の形で編み出していた[32]。職業経験と政治的見解が共有されていたことが、福地が後年小栗の最も強力な名誉回復者の一人になった背景にはある。

さまざまな維新期の新聞のうち、広範な読者に向けて十分わかりやすく書かれ、最も広い意味でのニュース報道を提供していた福地の『江湖新聞』は、日本最初の近代的新聞とみなされている[33]。さらに福地の論説は、新政府および薩長軍に最も批判的だった。小栗仁右衛門の文書が『江湖新聞』に掲載されたのち、福地は後記に論評を寄せた。

小栗は、自分自身のことよりも公務を優先する断固とした人間だった。彼は、国のあらゆる問題に直面し、決してあきらめなかった。とはいえ彼は狷介で、他人と協調しなかった。にもかかわらず、彼の死を耳にして私は、帝国はかけがえのない人物を失ったのだと感じた。さらに、彼らは彼の罪を取り調べず、まさに虐殺したのだが、私にはその理由が理解できない。私はあなた方日本の読者公衆に、このこと［果たしてそれがよいことだったのかどうか］を問う。この文書は仮名で新聞社に届けられ、私［福地］がそれをここに印刷した。*(34)

数日後福地は、おそらくは小栗最期の言葉を伝える無題の詩篇を発表した。その詩篇に前置きはなく、作者は「不詳」とされる。「なぜ私は罪を問われるのか。彼らはなぜ我々［家族］を豚のように殺すのか。なぜ天はこのようなことを許すのか。私が黄泉の国に行ったとしても、私の魂は決して滅びないだろう*(35)」。

これらの記事は小栗の処刑に関して公表された最初の論評であり、彼の死に関する最初の小栗語りの例である。それらが表現する憤りは、処刑者による小栗へのぞんざいな扱いと、彼の晒されようという二重の侮辱によって高められた。江戸期の刑罰においては、幕府は通常、高位の侍への尋問は行わなかった。彼らを一般の罪人と同等に扱うことになるからである(36)。侍の罪人は一般庶民よりも注意深い取り扱いを受け、「儀礼的な自殺」を用いて非公式に処刑された。

処刑をめぐって表現された明白な怒りに加えて、福地の論評と詩篇は、小栗の能力を評価し損ねていたことで、明治寡頭制は小栗の死を悔やむことになるだろうと仄めかしていた。これは、単なる誇張以上のことを言い表していた。新しく発足した政府は、西洋に関する十全の知識を持つ人材をしゃにむに求め、かつての徳川の役人たちを各省庁に大勢招き入れていたからである。[37] 福地はレトリックを駆使して、処刑が「人民の感情」をないがしろにするものだったことを暗示し、そのことによって、自分たちは人民の福利を重んじるものだとする新政府の主張に対抗したのである。

他の草創期のジャーナリストたちは、政府が引き起こした無秩序状態について政府を批判する際に、小栗の死に言及した。徳川幕府の崩壊後、明治政府は関東地方に対するいかなる統制も確立していなかったし、東山道軍の放縦を抑えることもできずにいた。親＝徳川的『公私雑報』の編集者橋爪貫一は、これらの失点についての私見を、「官軍何が故に急遽小栗を斬る」と題する短い記事のなかで表現した。橋爪は小栗の迫害者たちを、彼らの主張とは裏腹に、天皇の命令に従わなかったかどで告発し、こうつけ加えた。「その罪が明白でない場合は、誰一人として行き当たりばったり式に処刑されるべきではない。……いかにも気の毒なことである*[38]」。

結局は維新の後、全新聞に公的認可の取得を義務づける政令を発することで、太政官は大部分の親＝徳川的新聞を排除した。[39] 福地は、政府に対するさまざまな攻撃のために投獄されたが、すぐに釈放されてジャーナリズムで経歴を積み重ね、最も名高い徳川の擁護者になった。

## 小栗および敗者の名誉回復

一般に、もと徳川家臣による物語的歴史のほとんどは、回想の部分もあるとはいえ、別の部分は政治的論評でもあり、そこで小栗は、批判の道具としてか、もしくは不屈さや勤勉、自己犠牲、それに愛国的精神——死によって神聖化され、同時代の卑劣な政治を超越した小栗の伝記において強調された諸性質——の手本として登場した。小栗について最も多く論評を行った全国的に著名な評者たち——福地源一郎、福沢諭吉、勝海舟、栗本鋤雲といった人びとは、とりわけ西洋人との関わりという共通項を通して、小栗のことを知悉していた。[40]だが彼らはまた、旧幕臣として時にはライバルとして互いに結びつけられていたが、そのことは、彼らがなぜ小栗についてあのように書いたのかを考える時、おさえておくべきポイントである。

どの著者も、「人民の諸権利」を擁護する立場から寡頭制全体に反対するか、政府内の特定の派閥に反対するかの違いこそあれ、藩閥政府に対しては各個なりの批判を持っていた。「敗者」という語を維新期に関して用い、それを政治評論に最初にもちこんだのは、島田三郎だった。島田は一八五二年に幕臣の家に生まれ、長じてのち、徳川の故国で旧幕臣が設立し、生徒の大半を静岡藩士が占めた沼津兵学校に通った。ついで彼は、新聞の編集人および改進党の活動的政治家、そして大隈重信の支持者の一人になった。彼は、井伊直弼の二七回忌を機会として、明治政府寄りの歴史叙述の視点からなされる井伊への中傷を正した。[41]徳川幕府への批判者たちはしばしば、井伊が米国との条約に性急に調印したこと、徳川幕府の継嗣論争に介入したこと、安政の大獄を引き起こし、吉田松陰や橋本左内のような維新への貢献者を処刑したことを挙げて非難する。その井伊は、外国人への嫌悪感を周りと共有していたにもかかわらず、島田によれば、国家のためにその個人的な感情を脇に置いたのだという。[42]島田による井伊への擁護的言及は、それに続く小栗の名誉回復において見出された多くの主題群

――すなわち時代を先駆ける偉大な洞察、それゆえに受けた誤解、真の愛国者、明治日本の基礎の創造者、小人物の弱さがもたらした犠牲者といった主題群――を予告するものだった。

重要なことに、島田の著作は、一八九〇年代の明治維新ブームを通じて現れた最初の親＝幕府的著作の一つだった。自由民権運動が崩壊し、一八八〇年代を通じて出版活動が制限されたにもかかわらず、政治小説作家によって政治的論評がとりあげられた。[43] 政府の批判者たちは、彼らが未完と信じている明治維新を完成させるため、一八八〇年代を通じてしだいに「第二維新」を唱えるようになった。彼らの要求は、井伊忌、そして一八八九年の恩赦を受けた西郷人気の上昇のような維新を記念する出来事と、はからずも時を同じくしていた。維新の記憶を呼び起こすこれらの政府批判者たちは、マーヴィン・マーカスが示しているように、出版の熟成期と言うべき一八九〇年代に至っても活動を続けた。そこには、最初の「近代的」伝記（西郷隆盛に関するもの）を含む伝記的著作のブームと同様に、民友社を典型とする大衆的な文芸ジャーナリズムの急速な発展があった。[44]

小栗のイメージは、維新ブームから恩恵を受けた。小栗の同僚に率いられた旧幕臣たちは、徳川の記念事業を支援する団体を創設した。旧交会はその最初の一つであり、箱館で戦った兵役経験者によって構成される碧血会、江戸開府三百年祭を立案した八朔会、それぞれが記念に関わる独自の出版事業を行った同方会と江戸会がそれに続いた。多くの旧幕臣たちが複数の団体に属していたのは驚くべきことではなく、榎本武揚、栗本鋤雲、木村芥舟それに勝海舟は、いくつもの団体を主導する立場を築いていた。小栗は、彼らによる最初期の親＝徳川的な書物の多くや、『國民之友』『史学会雑誌』、さらに『旧幕府』のような雑誌で言及された。なかでも、一八九七年から一九〇〇年にかけて刊行された『旧幕府』は、生存中の幕府の役人の回想録を含む徳川幕府の最大級の資料を集成した。勝、木村、栗本、それに戸川残花のようなこの雑誌の後援者たちは、彼ら自身でも幕府最後の数年間の名誉回復と説明を行う書物を刊行し、明治期の歴史記述から徳川の文化遺産を救済する努力を互いに支え合った。たとえば、島田三郎と田口卯吉は、栗本鋤雲の一八九二年の著作『匏菴十種《ほうあんじっしゅ》』に序文を寄せた[45]。そこでは、西洋への開国を主張した努力のゆえに田口が小栗を称讃する一方で、「小栗など諸老」と横須賀造船所との関わりについて、島田が言及した[46]。一八九六年に島田は、「土蔵附き売家」に関する栗本の物語を、小栗は単に幕府のためだけに働いていたのではなく、幕府を支えることによって、日本の将来のためにも働いていた証拠として用いた[47]。

小栗を知り、尊敬するがゆえに小栗を称えた人びともいた。たとえば、一八六〇年の遣米使節において小栗のかつての部下だった木村芥舟〔喜毅〕は、重要な幕府役人の八八人のなかに小栗の名を挙げた。木村の著作は、歴史における個人の役割を軽視し、長期的な歴史のマクロ的な進歩を強調する、現今流行の「文明史」に対する反発の現れだった。「一国の盛衰は自然の勢いに起因すると人は言うかもしれないが、ほとんどの国家は、その臣下の忠誠心と質とに影響されている」*[48]。木村の見るところ、このことをまさに小栗は、〔西洋式〕軍隊の提唱、一八六〇年の使節で果たした役割、そして横須賀の建設によって実証してみせたのだった[49]。

小栗を語った人びとの多くは、小栗やその他の人びとが薩長勢にどう扱われたかを問うことで、歴史の真実をうかがうより長大な視野のもとに小栗を位置づけた。『旧幕府』の編集者戸川残花は、短く二部からなる小栗伝を書き、その雑誌ののちの二つの号に掲載した。先行する文献に依拠し、小栗の伝記的情報に新しい何かをつけ加えることはなかったとはいえ、戸川は小栗の生と死を、その雑誌が取り組むべき、より重大な議論の文脈に位置づけた。他の人びとが小栗の処刑を慨嘆し、短くかつ間接的に薩長の指導体制を批判したのに対し、戸川は、歴史の恣意性を引き合いに出すことによってその小栗伝の序文を認めた。「昨日の朝敵は今日の王臣となり去年の臣は今年の朝敵なり。嗚呼、何者か名分の標準を製せしぞ、標準は勢力の強弱に従いて義となり不義となり忠となり奸となる」(50)。これが戸川にとっては、同時代の歴史叙述において小栗が無視されている理由の説明だった。

戸川による小栗の描写は、他の歴史上の人物の諸特徴の合成に由来していた。戸川の見解によれば、幕末期における最も進歩的な二人の政治家は、井伊直弼と水野忠邦だった。小栗の具えた強さ、頑固さ、率直さといった特徴は、彼をこの二人の同類に見立てさせた。もし小栗が大名に生まれていたならば、井伊のごとく見事に統治を行っていたことだろう(51)。戸川は、軍制改革者や外交官としての小栗の重要性を認めてはいたが、小栗をその同時代の誰にも代えがたい存在にしているのは財政家としての才能であると信じていた。「当時の老中は殿様なりき、勘定奉行さえも金銀貨に差あるを知らず、属僚の調書に盲判を押すのみなりき、当時経済の新知識ありしは小栗上州のみなりしなり」(52)。他の人びとと同様に戸川は、横須賀を建設し兵庫商社を設立した小栗の仕事を称讃し、小栗の失敗に責を負うべきは「時」と徳川体制の弱体化であるとした。さらに戸川は、国家の手による不当で暴力的な死を回避し、日本から逃亡し再度戻ってきた他の悲劇の英雄、すなわち源義経と西郷隆盛に関しておなじみの比喩で小栗を形容した。「流説ありき」と、戸川は感慨をこめて記した。「小栗上州は官軍のために死せず、死せしは家人にして上州は外国へ行きしと……。ために明治の初年その筋より内諭あり、大蔵大丞に召すとの恩命ありしという[53]」。

戸川は、薩長主導の明治政府への攻撃手段としてだけではなく、『旧幕府』の寄稿者仲間への非難に際しても小栗を用いた。戸川はかつて、薩長主導の連合軍と戦った親＝徳川の軍組織、彰義隊の一員だったことがあった。小栗と彰義隊とのつながりは明らかではなく、確かなのは一八六八年に彰義隊の幹部たちと接触を持ったということくらいである。とはいえ死に際しては、小栗と彰義隊の戦死者は同じ悲劇の一部だった。「嗚呼……黄泉の門に倚りて小栗上州は彰義隊の陣没せし勇士を歓迎せしならん[54]」。戸川の見るところ、小栗が悲劇的人物であるのは、単に明治政府が恣意的に彼を殺したためなのではなく、近代日本に対する小栗の偉大な貢献にもかかわらず、彼よりも劣る徳川家臣たちが明治の英雄になったからだった。「勝伯榎本子爵等も小栗の時代には［小栗とは異なり］幕政に関する人にはあらざりしなり。世は廻り合せというは理か[55]」。

戸川その他の人びとにとってみれば、勝や榎本のような人間は、結局は明治政府の側について働き、徳川を裏切っていた。福沢諭吉でさえも、彼らの敵によって占められている政府の内部に地位を得た人びとを厳しく批判した[56]。榎本と勝への戸川の攻撃は、実際、一八九一年に福沢の書いた短い試論を想起させる。「瘠我慢の説」と題されたその一文は、福沢に関する西欧語圏での学問研究においてはほとんど注意が払われていない。実際、福沢はこの一文を決して公刊しようとはせず、ほんの数人、とりわけ栗本鋤雲、木村芥舟、榎本、そして勝に示したのみだった[57]。

これらの人びとと福沢の個人的なつながりが、この試論を執筆し、かつ選ばれた人びとに示した政治的動機の根本にあった。勝と福沢のライバル関係は、一八六〇年の遣米使節にまでさかのぼりうる。福沢の恩人木村芥舟は咸臨丸の司令官を務めていたが、勝はその艦長だった。年長者の勝は、年少の木村の下風に立つことを好まなかった[58]。この敵対意識が福沢に伝播し、勝を尊敬すると断言していた福沢が、すぐにその批判者になった。たとえば、自伝のなかで福沢は、決して咸臨丸の船室の外に出ることのできない至極船に弱い人だと勝を形容したうえに、サンフランシスコに一行が到着する際に、勝がやめておけと言った応砲を船員たちが撃つことができたなら自分の首をやると約束しながら、その段になって前言を翻した勝を揶揄した[59]。他人の本の序文を書くのが嫌いな福沢が、恩人の著作『三十年史』には喜んで序文を寄せて、咸臨丸での木村の成功を書き記した[60]。栗本は勝とうまが合わなかったが、勝はそのことをこう述べている。「小栗は初めは私を大相ひいきに仕たものだつた。然し此の［フランスからの］借金事件から、アレも、栗本も、其一味と云ふものは、非道く儺敵の様に扱つた。栗本は其後来たこともない[61]」。

「瘠我慢の説」のなかで福沢は、徳川家との積年のつながりを保ちつつ敗れた旗本御家人たち、つまり三河武士を典型とするような、私情に起因する日本育ちの精神を説明しようとしている。この精神は、立国に際しては根本理念の役割を果たした。国やその内部の小区域は、そこで一つの利害や苦楽が共にされた時におのずから形成されるのだが、そこでは、自分たちの集団を守るためにはあらゆる労苦を払ってでも戦う者が現れるだろう。それゆえに小国は、この瘠我慢という私情を保つことによってのみ維持されうるのである。福沢は小栗流の発想をこの文脈に引き込んでいる。「その趣を喩えていえば、父母の大病に回復の望なしとは知りながらも、実際の臨終に至るまで医薬の手当てを怠らざるがごとし。これも哲学流にていえば、等しく死する病人なれば、望なき回復を謀るがため、いたずらに病苦を長くするよりも、モルヒネなど与えて臨終を安楽にするこそ智なるがごとくなれども、子と為りて考うれば、億万中の一を僥倖しても、故らに父母の死を促がすがごときは、情において忍びざるところなり」[62]。小国は、国とその担い手の感情の絆が親と子の私的絆のように強い場合にのみ、大国に伍してよく独立の栄誉を保つことができるのである。

福沢は幕府の崩壊を嘆いたわけではなかったのだが——彼は著作のなかで幕府の封建的で保守的な体質を批判した——にもかかわらずこの試論のなかでは、敗れることを承知のうえで最後まで戦いたいと願う、三河武士の「士風の美」は捨て去られるべきではないと主張している。福沢は、明治新政府への服従を通じて和平と人命の救出をもたらした勝が、畏敬すべき人物であることは認めていたが、そのことによって同時に勝は、日本の士風を台無しにし、ひいては日本の国際的地位を損ね、将来世代に禍根を残しもしたのだと、福沢は論じた。さらに悪いことに、勝は手際よく新政府側につき、得々とし、富貴の身となり、みなから英雄視されているのである[63]。福沢は同様に榎本をも批判しているが、そこで指摘しているのは、榎本が新政府に抵抗したにもかかわらず、結局は新政府に加わりもしたことで、箱館で彼とともに戦い、死んだ人びとの記憶を辱めた点だった。

福沢の一篇は、刊行されるとただちに話題になった[64]。勝と榎本がそれぞれに示した反応も、同時に公にされた。榎本が、自分は多忙なので折をみて愚見を申しのべたい、とのみ返答したのに対し、勝は、自分の行動には自分で責任をとる、それを批評するのは他人の自由であると明言した[65]。ジャーナリストであり、著述家、活動家でもあり、福沢や勝よりも一世代下に属していた徳富蘇峰は、二、三週間後に『國民新聞』に応答の弁を掲げた[66]。そのなかで彼は福沢の試論を、「草間蛇の過ぐるが如き」

学問的訓練以上のものではないと批判した。[67] 徳富は、小栗によって示された勇気は称えられるべきであるという点には同意したが、もし将軍が戦う道を選んでいたとすれば、フランス、英国、さらにはロシアの侵略を受けていただろうと述べた。徳富によれば、勝を危惧させたのはこのことであり、それゆえに彼の政治上の臨機の措置こそ称えられなければならないのである。[68] 歴史と政治に関する徳富自身の見解は、民権の唱道（平民主義）から帝国主義的膨張の擁護へと、時とともに大きく変化した。[69] その出発期に『将来之日本』を刊行した際、徳富は、いかなる好戦性の徴候をも社会の進歩の妨げとみなし、これを激しく非難した。[70] あるいはこのことは、小栗の武断主義より、維新に向けた勝の平和的解決を徳富が好んだ理由かもしれない。一八九〇年代初頭、そして日清戦争と三国干渉以後にはいよいよ、徳富が海外への植民地的および軍事的膨張の支持へと傾いたのは確かであり、そのことは彼が、小栗のような武断的人物の支持に至る可能性を示唆している。だが、二〇世紀の変わり目において徳富は、大衆迎合的な政治よりも政治的便宜主義を選び、寡頭制との結びつきを強化する一方で、リベラルな理想主義には距離を置いた。その際に徳富が共感を寄せていたのは、自分同様に政治的便宜主義者の誹《そし》りを受けていた勝海舟だった。個人的な結びつきも深く関わっていた。勝は隣人であり、家主であり、そして政府の批判者から支持者へと転向して世論の風当たりが強くなった徳富を励ました恩人でもあった。[71]

福沢の熱烈な支持者で、かつて新聞社の社員だった石河幹明は、幕府の外交的状況をとりまいていた事実への認識不足のかどで徳富を非難する反論を公にした。石河は、徳川家康との由緒で結ばれた名家出身の「典型的三河武士」と彼が呼ぶ小栗の周辺に、議論の焦点を合わせた。[72] 小栗とロッシュのやりとりを強調することによって、石河は、まさしくいかにこの三河武士が賢明たりえたかを例証した。小栗は、漢方の名医浅田宗伯をロッシュに引き合わせることにし、ロッシュの熱海での病気療養を口実に用いて浅田を診察に遣わしつつ、自分の意を汲む使者として働かせたのだった。石河は、そのことがいかに外交上の手腕を物語るものだったかを、称讃の調子をこめて注記した(73)。

小栗と勝のあいだに存在したであろうライバル関係に明白な、また旧徳川の人びとによる明治期の文章群に見られる重要な主題である歴史叙述をめぐる闘争は、現在に至るまで続けられている。小栗と勝の両者が歴史的記憶のなかで相対峙するさまを、伊藤痴遊は適確に表現した。「それであるから小栗を偉いという人は、自然勝を貶《くさ》すようになり、勝に感心して居るものは、小栗を戦争に熟した短見者として排斥する傾きになるのでもあろう(74)」。

勝に関する限り、その文章においては、大部分の徳川家臣に対して総じて批判的だった(75)。彼は、三河武士としての小栗の精神に敬意を払ってはいたが、幕権の維持に関する小栗の見解に対しては不賛成だった。勝の見るところ、小栗はフランスへの依存によって日本の主権を危うくしていた。勝にとっては、西郷のみが高い称讃に値した。「維新時分の伝記として存すべき価値あるは、ただ西郷南洲一人だ(76)」。勝がそのような伝記の共著者であったことと、その回顧録のなかでしきりに西郷に言及していることは、偶然の一致ではない(77)。歴史における勝自身の立場は、新政府軍に対して最後の将軍の降伏を取り次いだ際の、西郷との伝説的な会見によって実証されている。

西郷伝説は、福沢と勝とでのただ一つの合意事項であるようだった。福沢の「瘠我慢の説」は一九〇一年に連載されたが、最終的には、「明治十年丁丑公論」と題されたもう一つの論争的試論と合わせて一冊の形で刊行された。福沢によれば、多くの論者たちが西郷に否定的評価を与えた際、西郷の行為を擁護する一文を福沢は執筆していたが、讒謗律《ざんぼうりつ》（一八七五年）への違反を恐れ、出版しなかった(78)。この試論でも福沢は、自分は暴力を擁護する者ではないけれども、腐敗した政府に挑む西郷の抵抗精神を高く評価すると主張した。「瘠我慢の説」におけるのと同様、貶価された歴史的人物を用いつつ、この抵抗精神は専制政府に抗い戦う個人だけでなく、同じく他の国々〔強国〕に抵抗する必要のある、日本の独立を支える態度に関するものでもあると、福沢は論じた。

旧幕臣に対する福沢の共感は、西郷をめぐるその一文においてさえ明瞭である。彼は哀悼した。「数万の幕臣は静岡に溝瀆《こうとく》に縊《くび》るる者あり、東京に路傍に乞食する者あり、家屋舗は召上げられて半ば王臣の安居と為り、墳墓は荒廃して忽ち狐狸の巣窟と為り、惨然たる風景又見るに耐えず(79)」。このような困難な条件は、旧幕臣だけでなく、士族の大部分に対して存在していたのであり、福沢によれば、西郷こそはこうした運命の転変に責任を持つ主要人物だった。とはいえ、結果的に言えば、文明の進歩と国民の諸状況の改善は着実に行われた。福沢を怒らせていたのは、西郷や、別の反乱の指導者江藤新平のような人びとが、文明を前に進めた彼らの功績にもかかわらず、不当に扱われたことだった。まさに小栗の支持者たちが、榎本のような闘士が赦免される一方で、一つの裁きもないままに小栗が殺された点を指摘したのと同様に、福沢はこう不平を述べた。「都《すべ》て国事の犯罪はその事を悪てその人を悪むべきに非ざれば、往々之を許して妨げなきもの多し。……榎本の輩を放免して今日に害なくて却て益する所大なるが如し。然るに維新後、佐賀の乱の時には断じて江藤を殺して之を疑わず、加之《しかのみならず》この犯罪の巨魁を捕えて更に公然たる裁判もなくその場所に於て刑に処したるは之を刑と云うべからず、其の実は戦場に討取たるものの如し」[80]。

福沢が、幕府そのものではなく、幕府の忠実な支援者を称讃する一方で、福地源一郎は、より重大な徳川の文化遺産の復権運動を開始した。維新後に福地が書いた歴史に関する文章は、勝者贔屓版の明治維新史への対抗軸を打ち出し、徳川幕府とその指導者たちの値打ちの再考を読者公衆に強いた。この姿勢は、徳川家にも広げられた。慶喜が皇統を支えたことは、明治天皇が正式に認めていたにもかかわらず、他の者たちは寛容ではなかった。華族の子弟が通う学習院では、厄介事を避けようとして、徳川時代についての授業をさぼる徳川家の子孫もいたし、ある徳川家の少女などは、教師が家康のことを「狸おやじ」と呼んだ時に泣き出したほどだった[81]。

歴史叙述を刊行し始める時までに、福地はすでに、徳川支援者たちの戦いと死を報道する維新期新聞界の草分けから、近代的なジャーナリスト、随筆家、劇作家、そして政治家へと経歴を広げていた。一八七八年に地方官会議で伊藤博文のもとで働いたのち一八七九年、彼は東京府議会議長の椅子をめぐって福沢諭吉と対決した。福地は勝利し、これをよしとしなかった福沢は、「多忙のため」という理由から副議長の職を辞した[82]。福地はのちに政党「立憲帝政党」を創設したが、支持は得られなかった。一九〇三年、彼は最晩年の数年間に衆議院議員となったが、それは作家およびジャーナリストとしての経歴が頭打ちになった後のことだった。

徳川弁護を主題とする福地による二著作は、「明治の歪み」の格好の例証を提供するとともに、徳川の人びとによるそれ以外の文章と同様に、回顧録を中心としている。彼の初期の親＝徳川的報道、その幕府とのつながり、ジャーナリズムの領域の外部での多産な執筆活動を考えれば、福地が歴史家として内部者の視点から維新期の歴史を書いたとしても、驚くにはおよばない。一八八〇年代末に刊行された井伊直弼びいきの諸著作は、幕府衰亡史を書くという福地の決断に影響を与えた(83)。政治だけが、福地が徳川の文化遺産に与えた支持を説明するわけではない。福地は単純に明治寡頭制を憎んでいたわけではなかった。実際ある研究者は、福地の政治的野心と寡頭制との結びつきは、その政府批判の矛先を緩めさせ、それに応じて小栗についての文章も変わっていったと示唆している(84)。

一八九二年、福地はその最初の、そして最も影響力を持った著作『幕府衰亡論』を刊行したが、これは、すでに徳富の雑誌『國民之友』に連載されていた文章をまとめたものだった。そこで福地は、徳川将軍家は皇室の権力を奪ったわけではなく、むしろその封建的・鎖国的な政策は、日本に安定をもたらしたのだと論じた。反天皇どころか、幕府は行政的ならびに政策的な諸儀式で天皇の名を呼び起こすことによって、明治維新の原因となった天皇への忠誠を育んだというのである(85)。薩長は天皇の統治を回復したのではなく、単にもう一つの幕府を創り出したに過ぎない(86)。貴族、高位の大名および幕府の政策立案者に関する説明が彼の分析の大半を占める一方、彼自身や勝のような下級武士については、その果たした役割は大したものではなかったと記しているが、このことは、身分の低かった人士が大半をなしていた明治寡頭制に対しては、微妙な一突きだった(87)。小栗は、自らの敵と戦う準備を幕府が欠くことに不満の念を表明していた同僚の幕臣、岩瀬忠震《ただなり》と並べて言及されている。福地によれば、小栗はこう述べていた。「一言以て国を亡ぼすべきものありや、どうにかなろうと云う一言、これなり。幕府が滅亡したるはこの一言なり(88)」。同様に岩瀬は、次のように述べていたと考えられている。「幕府の評議には「可成丈［なる・べく・だけ、何事も起こるべくして起こるもの］」の「三」字を厳禁すべし」[89]。これらの評言は、岩瀬と小栗が幕府の内部にあって戦おうとした当の相手である優柔不断さを示唆しているのだと、福地は論じた。

『幕府衰亡論』における小栗への言及は寄り道程度のものでしかなかったが、そこでの言及は、続く著作『幕末政治家』での小栗の取り上げ方の基盤をすえた[90]。その著作の大部分は、幕府最後の数年間に幕閣の主要メンバーだった三人、すなわち阿部正弘、堀田正睦《まさよし》、井伊直弼によってなされた貢献の記述に割かれているが、短い最終章において福地は、外交問題に関わった比較的地位の低い三人の役人に注意を払った。その三人は、いずれも福地が関わっていた人物で、岩瀬忠震、水野忠徳、そして小栗忠順だった[91]。福地の信じるところによれば、数ある幕臣たちのなかでも、この三人を「「幕末の三傑」と言っても誇張ではない。これは私の賛辞というのみならず、栗本鋤雲、朝比奈閑水〔昌広〕によっても共有されていた感情である」[*92]。福地は論じた。幕府への献身にもかかわらず、岩瀬、水野、そして小栗は決して昇進の道を歩まなかったし、その能力の大きさを実地に示すことも叶わなかった。そのうえ、岩瀬、水野は憤激やるかたないままにこの世を去り、小栗は罪なくして殺された。福地は、一篇の詩のなかで彼らを悼んだ。「ああ天道は是か非か」[*93]。

小栗の生と死に関する福地の評価は、それに続くもろもろの小栗論の先例を築いた。福地の主張によれば、一八六〇年の遣米使節の時期に小栗自身、こう述べたという。「我々は、諸外国を政治、軍備、商業、製造業の領域における模範として、我国の改善をはからねばならない」[94]。教養ある明治の読者層にとって、小栗の戦略は、「富国強兵」の実現をはかる明治政府の政策に適合するものだった。明治の政治家たちは、西洋の富強の基礎にあるのはその海軍力と産業的・商業的土台であると信じていたが、それは、一八七二年の岩倉使節団が始終痛感させられていた点だった。福地および他の旧幕府の吏僚たちはまた、西洋の範例に基づいて明治国家が着工した事業の多くが、徳川幕府による立案だった点に注意を向けた。福地は、フランス人教師を雇って軍隊を調練し、兵学校を創設し、横須賀を建設したことに加え、フランスと英国から物品を輸入したのは小栗であると注記した。明治政府はこうした政策を、鉄道の敷設からビール醸造に至る多様な産業において外国人労働者を雇用するなどして、模倣したのである。福地は、商業に対する小栗の貢献はむろん重要であるとみなしていた。小栗は、商人たちに兵庫商社の支援を納得させることはできなかったけれども、その失敗に責を負うべきは幕閣であると、福地は批判した。なぜなら彼らは、そのような冒険に乗り出すのは時期尚早であると主張して、計画への反対意見を述べたからである。福地にとって小栗は、幕府の諸問題に目をつぶることを拒否し、困難な事業を決してあきらめることのなかった英雄だった[95]。

　福地によれば、小栗の一徹な忠誠は、その失墜の源であるとともに、読者が彼を記憶すべき理由でもあった。福地は、幕府に対する小栗の忠誠とその先見の明とに横たわる矛盾を、次のような仕方で説明した。「病の癒ゆべからざるを知りて薬せざるは孝子の所為にあらず。国亡び、身倒るるまでは公事に鞅掌《おうしょう》するこそ、真の武士なれ[96]」。福地の視野において小栗は、しばしば非難されているような徳川絶対主義者としてではなく、一人の愛国者《パトリオット》として現れているのである。

　小栗擁護のために福地が際立った努力を払っていた一方で、小栗の最初の本格的な伝記が、全国的に認められた書き手によってではなく、権田の近隣の村出身の一地方知識人、塚越芳太郎（停春）によって著された。塚越の経歴は、東京の外の農村地域の知識人が国民の形成に、彼の場合は国民史的視野の形成に果たしうる役割が増大しつつあった状況を実物教示するものだった。塚越は、一八六四年、権田および小栗が殺された水沼を含む五か村共同体の一部をなす岩氷村に生まれた。若い頃には権田村の名主佐藤藤七が開いた漢学校で学び、長じてのちは地元のいくつもの小学校で校長になった。廃娼運動との関わりが生じて上京。そこで廃娼論者の同志徳富蘇峰と知り合うと、一八九〇年、その徳富率いる民友社で働き始めた。[97] 塚越を育んだ背景は、田口卯吉、島田三郎、矢野文雄〔龍渓〕のような他の民友社系の知識人たちのそれと酷似していた。その知識人たちは、将来の日本を背負って立つ力は、彼ら自身がそうであるような「田舎紳士」の手中にあると信じている、教育を受け富裕な社会的エリートだったのである。[98] 彼らは明治維新を、封建的な侍の日本から工業の日本への移行であるとみなす傾向があった。[99] 一八九三年に『國民之友』に掲載された塚越の小栗伝は、横須賀や兵庫商社に例を見る近代化への努力を通して、この転換を推進した最初の幕臣として小栗を描くものだった。

　塚越の詳細な小栗伝は、不幸、死、そして地元の状況の喚起により書き起こされていた。「上毛の州、榛名山の西麓、烏川の上流にあたりて一地あり」と、塚越は書いた。「村の故老は、幕末の偉大な政治家小栗上野介がそこに家を建てようとして未完成に終わったのだという。……しかし、今そこに見られるのは落ち葉だけだ」。*[100] 小栗が将来に賭けた希望はついえ、東善寺の彼の墓の隣には、小栗の最期を知らぬままに不当に迫害された恨みを湛え、その家臣たちと養嗣子の墓が並んでいる。塚越は、自身の悲嘆を表現するために藤原俊成の歌を引いた。母の墓を訪れたのちに、俊成は詠んだ。

まれに来る／夜半もかなしき／松風を／絶えずや苔の／下に聞くらむ[101]

このように語り起こしながら塚越は、一般に小栗が知られている文脈——江戸での生活——から一時的に彼を切り離し、彼が最後の日々を過ごした田舎の環境に彼を置く。くわえて、小栗の死はおのずから、民友社の知識人が古い日本の代表者、とりわけ政策を異にする明治の独裁者たちをさして言った「天保の老人」の典型として小栗を分類することを困難にした。

塚越は、小栗の政策を「文明開化」の枠の内部に位置づけることによって、徳川の歴史の片隅から小栗を救い出した。郵便制度の創設、政府による紙幣の発行、横須賀の建設を小栗が切望したことは、文明国の政治家としての功績の好例だった。[102] 兵庫商社が失敗したことは大した問題ではなかった。商人たちの投資と引き換えに公債を発行しようとした小栗の努力は、その深い経済的知識のみならず、彼が信託という考えに置いた価値を実証するものだった。[103] 幕府の役人たちは、フランスからの借款のことで小栗を憎んでいたけれども、その進取的な思考は「建設的改革家」としての小栗の名を高からしめたのである。[104] 多くの人びとにとって、この借款計画と薩長両藩の討伐に向けられたその努力とは、小栗が徳川絶対主義者であることの証だったが、塚越にとってそれらは、小栗の究極の目標が国の進歩改良だったことのしるしだった。

確かに、小栗は最も熱心な佐幕家であり、薩長を征伐するために借金を抱え込んだが、彼は時の愛国者以外の何者でもなかった。尊王攘夷家のごとき固陋狭隘な愛国者とは違って、小栗は、長期的な視野からみて日本によかれと思うことのために働いた。……まさしく彼は、自己の本分を行ったのであり、「文明的愛国」の意味を理解していたのである。*(105)

ここで小栗は、進歩と開化という民友社知識人のホイッグ党〔英国のかつての政党で、都市の商工業者と中産階級を基盤に市民的自由の拡大をめざした〕的物語における理想的な英雄になった。この塚越版の伝記のなかで小栗は、自分への政治的評価など気にせず国のために行動した先覚者として描かれているのである、それは結果として、明治の国家指導者たちに帰せられている達成を割り引くことになった。

塚越の一文は、小栗に関するその後の記述に直接的影響を与えた。これに続く多くの伝記作者たちは、塚越の与えた詳細な記述と解釈を無批判的に受け入れ、時には一言一句変えずに盗用したほどだった。たとえば、一八九三年から九四年にかけて川崎紫山が上梓した、一二巻にわたる『戊辰戦史』に現れた小栗およびその妻道子に関する短い伝記の部分は、塚越の文章の逐語的写しだった。川崎は、小栗の描与に関して塚越の肖像から借用しさえした。「小栗は能文家でもなく、詩作も酒もたしなまなかった。唯一愛したものは、書物だった。彼は古美術を集めはしなかったし、宋と明の陶器の鑑定家に感心することもなかった(106)」。そのメッセージは、実用的訓練を政府が教育上重視したことを理解していた明治期の読者公衆にとっては明瞭だった。小栗と同年配の人びとはぜいたくで浪費的なライフスタイルを追求したが、小栗は簡素な生き方の理想の実例だった。

明治維新の他の敗者たちとのあいだで、諸価値の見本として小栗が示していた重要性は、明治期に現れた小栗に関する唯一の書物にとりわけ明白だった。それは、勢多桃陽が執筆し、一九〇一年に博文館より刊行された『少年読本』だった。[107] 一八九〇年代を通じて博文館は、伝記出版の分野では競争者の民友社以上の成功をとげ、一八九九年には、伝記の教育手段としての価値を反映して、子ども向け伝記叢書を創刊した。[108] 山口昌男は、博文館の創立者大橋佐平が親＝幕府的な長岡藩に生まれたことが、その出版物の多くが維新の敗者側に関する主題をとりあげる傾向を持っていた理由だったと指摘している。[109] その叢書でとりあげられた歴史上の人物には、軍事司令官として戊辰戦争で薩長勢に抗戦した長岡藩士河井継之助（戸川残花が執筆した）、幕府の軍事調練者で大砲輸入者の高島秋帆《しゅうはん》、そして井伊直弼が含まれていた。西郷隆盛、三条実美《さねとみ》のような反幕府的人物も名を連ねていたが、彼らは比較的著名であり、幕府側の人びとの知名度が低いのとは対照的だった。

勢多の書物は、小栗に関わる多様な出来事に関する江戸期の文書を多く引用している。彼は、勝海舟、栗本、福地といった人びとによる文章を含む、小栗に関する明治初期の文章をしばしば引用し、他の明治期の書き手たちがそうしたように、塚越の論説中の表現のいくつかをそのまま採択している。しかしながら、勢多の読者は、彼の先行者たちのそれとは異なっていた。勢多が想定していたのは子どもたちだったからである。小栗の日本への貢献を語る短い物語を置いたのち、ただちに勢多はその中心的主題に達する。すなわち、小栗の不屈さ、意志の固さ、そして有能さである。確かにこれらの特性は、小栗の強さの源泉ではあったが、同時にそれは、上役たちの遺恨をもたらすことで、小栗の活動をしばしば妨げもしたのである。「世にもし八方美人の政治家ありとせば、彼は一方美人の上乗なるものにして」[110]。小栗の上役たちは小栗の態度を嫌ったが、小栗の同僚の旗本たちはまた、俸給を削られたことで小栗を憎んだ。そして「攘夷」を唱える人びとは小栗の西洋好きを攻撃した。勢多の著作においてはどのグループも罪を免れなかった。進歩の持続に無力だった存在として幕府が描かれる一方で、あらゆる進歩の中断に責を負うべきは、攘夷党の人気であるとされた[111]。

勢多の見解によれば小栗は、幕府の財政問題に対する全く文字通りの万能薬だった。勢多は、幕府の財政的・経済的困難を伝統的な中国医学と近代的な西洋医学の違いになぞらえながら、「国庫は国家の心臓である」というアイルランドの外科医ロバート・アダムズの言葉を英語で引用した。「幕府の心臓は麻痺した。……小栗は、幕府の心臓の機能不全の特効薬だった[112]」。さらに勢多は自らのアナロジーを同時代の医学界にまで拡張し、小栗はその特効薬を、洋学の訓練を受けた医師・佐藤進のごとく「西洋医学」の形で与えたのだと述べた。時代錯誤的な中国医学――近代の明治で宮内庁侍医になった漢方医「浅田宗伯の方法」――は遅れており、役に立たない[113]。一般に徳川時代は儒教の学習の影響によって、明治時代は西洋技術（この例では医学）の優位によって特徴づけられる。おそらく勢多の知らないうちに、石河幹明は浅田との結びつきによって小栗を称讃していたのだが、にもかかわらず勢多は、徳川を伝統的、明治を近代的とみなす特徴づけを反転させることによって、明治日本が後進性の契機をもつ可能性と同様に、徳川日本が進歩的な要素を持っていた可能性に目を開かせようとしたのである。

東京の書き手たちは、維新期の新聞における最初期の言及から二〇世紀における勢多の少年向け読本に至るまで、文字を介した小栗の記憶を「全国レヴェルで」支配していたが、これと並行して起こった地方での展開が、小栗の「遺産」を増やしていくことになった。地方独自の視点から小栗を見るという塚越の方法は、小栗が地域史のなかに明確に組み込まれていった一八九〇年代を通じて受け継がれたが、そのことは、村の知識層からなる小規模な中核グループが、小栗との関わりから恩恵を受けてあまりあると、実際に信じていたことを示唆している。カレン・ヴィーゲンが最近論じたように、地方の歴史、記憶、アイデンティティの形成は地方の出来事ではあったが、ナショナル・アイデンティティの形成にとって重要な要素でありつづけた。すなわち、近代日本の創成に対して、地域のアイデンティティや制度は重要な役割を果たしたのである。[114] ちょうど信濃／長野の地名、地質学、地方史が長野を日本とつなぐ固有の地域特性を生み出したように、群馬の歴史家たちも彼らの語る歴史を、より大きな国全体に結びつけたいと望んだ。ナショナルな歴史上の人物としての小栗は、この目標達成のための格好の道具になったのである。

一八九三年に地元で出版された『近世上毛偉人伝』は、小栗の禁欲的な流儀、横須賀への貢献、繰り返される役職の転変（信じられないことだが七〇回）、将軍慶喜の袴をつかんだ事件といった具合に、すでに別の場所で書かれていた小栗の物語に倣ったものだった。[115]『碓氷郡史』は、当地における小栗の敵勢との戦いを記録するとともに、小栗の妻の会津への逃避行を助けた吉井藩の兵士を回想している。[116] 群馬でも小栗は、同様の教育的文脈において姿を現し始めた。一八九四年に刊行された補助教材『小学上野志』は、郷土の歴史地理に関する情報を提供しているが、群馬県の教師たちはこれを、地域と国のアイデンティティについて教える授業の一助として用いた。その本のなかで著者岩神正矣《まさい》は、徳川の大義、西洋の知識、そして精力的な労働倫理に対する小栗の忠誠を強調している。岩神は、鳥羽伏見での敗戦後に小栗は幕府の崩壊を予測し、それゆえに権田での農業生活に退いたのだと信じていた。しかし、他の伝記作者たちとは違って、岩神は小栗の死のことで明治政府を非難することはなかった。それは、教室での教育にとってはあまりにデリケートな議論だった。代わりに彼は、小栗を朝廷にとってよからぬ人物として不当に言い立てた暴徒たちを非難した。兵士たちが彼を逮捕し、処刑するために派遣されたのは、そのためだったというのである[117]。

地域的なアイデンティティと、東京在住の書き手による全国的著述で徳川を記念する動きの拡大との融合が見られるのも、またこの時期のことである。かつては小栗の部下で明治政府の官僚となり、雑誌『旧幕府』の編集者だった大鳥圭介は、一八九五年に群馬を訪れ、地元の人びとに対し、小栗の記念事業を行う際にはできる限りの手助けをすると約束した[118]。大鳥は自身の群馬訪問をふりかえりながら、読者たちを安心させている。「私も小栗とは懇意にしていて、死後その跡はどうなっているかということを始終心配していた。幸い昨年の夏前橋へ行きしにより、群馬県知事中村元雄氏に面会して、そのことを尋ねしに同氏の言わるるに、それはご心配には及ばぬ。私もそのことが心配であるから、小栗の采地〔領地〕へ行って尋ねたところが、墓標も立派に立っており、小栗に縁のある者が菩提所〔東善寺〕の住持になって……私も大いに安堵して……その地には行かず安心して帰りました」[119]。小栗の記憶を保護し、利用したいと願う地元の人びとと国家の支配層とのやりとりの機会は、小栗を知る世代が世を去っていくにつれて増えていった。

## 第二節　小栗と、維新後の上野国における伝説

一八九〇年代の地方史に小栗はわずかに姿を現したが、地方で活用しうる小栗の「遺産」は、噂、

迷信、伝説の領域に大きく制限されていた。野口武彦が論じたように、群馬および埼玉県における小栗の支援者たちは、一九世紀から二〇世紀にかけての歴史の主流が小栗を除外していたため、これらの伝説を用いて「土俗」の領域で小栗の名の復権を図った。[120] 野口による伝説の理解は、アスマンとツァプリカによる「口承記憶」——文字を介した記憶の外部で当初存続する境界的な記憶——の概念をなぞるかのごとくである。口承記憶にとっては時間の尺は短く、ほんの数世代しか持続しない。第二次世界大戦の後でさえ、地元の村人たちは、小栗と出くわした両親あるいは祖父母について、もしくは彼が関わりあいになった戦いについて語ることができたのだが、しだいにこれらの噂は埋蔵金の話に変形されるか、地方史の方向に転回するようになった。

一八七一年、明治政府は上野国の八県を群馬県に統合した。その多くは旧藩領と一致していたが、そのなかで岩鼻県は、権田を含む、それまでの幕府および旗本の領地を組み込むものだった。旧徳川の人びとが彼らの立場から東京で書いた文章と同様に、徳川から明治への転換と急成長する国民国家という文脈の内部で、地域に起こった一揆と岩鼻県知県事の命により厳しく実行された法とは、維新後の上野における小栗の「遺産」に関する認識に影響をもたらした。

群馬県史という、より大きな文脈への小栗の包摂を容易にした周縁性の物語は、上野において経験された、徳川から明治へのトラウマ的転換によって生じた。群馬の歴史家中島明が示しているように、地元の官庁は、一揆の頻度と規模のゆえに上野の人びとを「朝敵」呼ばわりした。[121] 人びとは単に新政府に抵抗したばかりではなく、転換期を通じて彼らが直面していた変化を切り抜けようと試みてもいた。中島が論じるところによれば、その際明治政府は、上野（のち群馬）の人びとに「貧農」「無宿」「無頼の博徒」といった類の忌まわしいレッテルを押しつけ、明治維新の歴史的記憶において彼らの存在を疎外したのだった[122]。

転換期の苦しみは、関東地方の複雑な行政区分に根ざしていたが、そのことは明治政府の指導者たちに独特の困難をもたらした。政府は、その地域に暮らし、心情的に幕府と結びついた武士たちのなかで、誰が潜在的な敵なのかを確認する必要があった。それは、譜代大名とその家臣であり、小栗のような旧徳川の旗本であり、旧幕府領を管理していたその他の武士たちだった。さらに、徳川幕府の終焉と新政府の際立った始動とのあいだの裂け目が、普通の人びとに、地方の権威に抗い自らの存在を主張することを可能にした。関東取締出役に対する能動的ならびに受動的抵抗は、新政府指導者による岩鼻県創設ののちにも続けられた[123]。東山道軍は、旧岩鼻代官所を引き継ぐとそれが象徴するものを徳川権力から明治のそれに取って替え、「臨時知県事兼軍監」大音《おおど》龍太郎による過酷な支配のもと、軍事政府を設置した。大音は、関東地方の巡察使としては小栗の迫害を指揮し、人望のない統治者としては明治政府と地方の人びとの緊張関係の火種の役割を果たした[124]。郷土史家たちは大音の在職期間を「恐怖の支配」として描くのだが、無計画に編み出された彼の岩鼻県統治は、明治初期の指導者たちが直面していた諸問題を例示するものだった[125]。突然行われた土地の併合は、新設された太政官に軍人を知県事に任命するよう促すほどの一揆勃発を、関東全域で起こした主因だと考えられている[126]。明治政府は、上野を混乱に陥れ、朝廷の統治に挑みかかってくる農民一揆の鎮圧を大音に望んだ。地方の官僚たちは日々の業務をこなしていたが、綱領を定めたのは大音だった。彼は村々の役人にこう告げた。「この度天朝政府は、私を軍監兼当分岩鼻知県事に任命した。私の目標とする政治は善良なる県民を褒めたたえ、邪悪なる者には厳罰を加え、貧しい者の生活にも政治の目が届くような支配をすることである。そして、天朝政府の有り難さを県民の一人ひとりに理解させることである。したがって県民は私の命令は朝命として必ず守るようにしなければならない」[*127]。

　行政官であるよりははるかに有能な迫害者であった大音は、三〇〇人の賊徒をとらえて処刑したこともある「人切り龍太郎」として有名になった[128]。これはただの噂ではなかった。ある岩鼻県の役人は、大音の命で次々と斬首が行われた由を日記に記録した[129]。大音は新政府軍の兵士だった者が記録したように、その任務を熱狂的に遂行した。「二四日、豊永と原は上州［上野］一円の諸藩兵を率い、三国峠で逆徒会津を攻めた。賊は武器を捨てて敗走し、賊三人の首が永井駅に晒された。これを聞いた大音は狂喜して手を叩いた」[130]。一八六八年、村役人の代表が、大音が賄賂を受け取り、勝手に民を処罰し、人びとにあまねく災禍を引き起こしたと訴え、大音の罷免を朝廷に請願した。請願の文面は政府の慈悲に訴えるもので、これは徳川治下の農民がよくとっていたような戦略だった。「私たち人民は、王政御一新が勧善懲悪を意味することを存じ上げており」*、「天朝政府がそのような所業をなさることはありませんが、龍太郎の所業は国家に対する大罪であると私たちは信じています」[*131]。

　大音の苛烈だが短命だった統治と、加えて一八六八年以後の政府の変遷と相渉ろうとする地元の試みは、小栗に関するそれ以後の歴史的記憶のあり方に影響を及ぼした。始末に負えない岩鼻県の事例が例証するように、発足当初の明治政府は、上野の鎮定に完全に失敗した。明治政府は、大音を罷免することで大音への不満に応えてはいたが、多くの人民は依然として明治政府の政策に憤慨していた。大音の罷免を訴える請願の書面は、確かに明治政府の正当性を認めてはいたけれども、近世の上野国から近代の群馬県への転換は、そのなかで新政府が上野の人びとと小栗の両者を不当に扱うことになった、緊張と無秩序の背景としてはたらいた。大音が行っていたことでさえ、きちんとしたカテゴリーにはあてはまらない。小栗の処刑から間もなく、大音は権田村の名主に、小栗の墓を建て追善供養を行うために二五両を与えているのである[132]。

　岩鼻の人民が一般に直面していた圧迫に加えて、権田村およびその周辺地域の住民と、小栗のために働いた人びとは、地元の政府機関による小栗への中傷と戦わなければならなかった。村人のなかには、小栗の処刑後も小栗一家を援助しつづけていた者もいた。彼らには、権田から小栗および塚本一家を護衛する義務はなかったし、彼らを天皇の政府に引き渡せば、反政府的感情を抱くものとして村が咎めを受ける恐れを和らげることにもなっただろう。二つの出来事が例示しているように、彼らは小栗に敬意を払い、リスクを冒すことを選んだ。その一つ目は、斬首された小栗の首を奪回するという大胆な企てである。首の最終的な行方は不明だったが、文書上の証拠は、家臣数人が小栗の首を高崎市内の境内から盗掘し、おそらくは東善寺の境内に埋め直したことを明らかにしている[133]。二つ目は、小栗一家の護衛にあたった指導者の中島三左衛門に関わるものだった。中島は、小栗家の女たちを会津、東京、そして最終的には多くの旧幕臣とその家族が最後の将軍〔慶喜〕に従って隠棲した静岡に送り届けたのちに帰村していた。郷土史家によれば、そしておそらくは伝承に基づくものだが、中島は小栗一家との関わりを、権田村を管理する前橋藩庁に報告した。彼を逮捕する代わりに、前橋の藩役人は中島に言った。「汝等は小栗の臣下ではなく、村役人であり、百姓に過ぎない。だが汝等が行ったことに、世襲の家臣たちは及ばない。小栗上野介は汝等の赤誠に満足しているに違いない」*。彼らは中島に「ゴンダ」の姓を与え、その「ゴン」の字に、「名誉」の「誉」をあてさせた。[134]

村の支配層が小栗を支援した動機は、徳川から明治への転換を通じての、身分制度の変質という文脈のなかで説明されうるだろう。権田一揆に際して始終小栗とともに戦った村の家臣たちは、小栗の江戸屋敷で教育を受け、それゆえに身分の制約を超えた社会的移動の機会を与えられていた。これらの青年たちは、合法的に軍事調練を受け、より高次の大義に参画することで、武士の理想を全うした。権田の小栗家臣は、理想化された武士の忠誠を、同様に示してみせたように見える。中島の改名の例は、もしその言い伝えが「真」ではなかったとしても、少なくとも彼と他の農民たちが、自分自身のことを武士的価値観から評価していたことを示唆している。小栗の死は、彼らが小栗の「遺産」を守ることで小栗との関係から獲得していた社会的・文化的威信を、奪いとりはしなかった。

村での小栗の交際のすべてが友好的なわけではなかった。なかには、小栗との結びつきに悩まされた人びともいた。小栗の処刑後、新政府軍は村役人の家々を捜索し、まだ東善寺から没収されていない小栗の財産を探した。[135] 戊辰戦争の諸記録によれば、幾人かの小栗家臣が新政府軍と戦って会津で戦死した。[136] 他の家臣たちは、中島三左衛門のように、会津から先も小栗一家の護衛につきつづけた。そうした生存者のなかには、制裁を恐れて一年以上権田を避けていた者もいたし、決して戻らなかった者も二、三いた。後者の一例が佐藤龍作であり、子孫の佐藤久男によれば、彼は地元の支配者による処罰を恐れ、決して帰郷することがなかった。[137] 最後に、権田での小栗の親友で村の名主だった佐藤藤七の死を取り巻く、不可解な出来事の数々がある。村人たちは今でもなお、権田出身の小栗家臣で、会津まで小栗一家に同行した池田伝三郎の物語を語り伝えている。会津を離れたのち池田は京都に移り、そこで警察官として働いた。一八七二年、その池田が突如警官の制服を着たまま再び権田村に現れ、佐藤藤七を屋敷に訪ねて「主君の仇」と呼ばわった。佐藤は裏口から逃げ、池田の義父が襲撃を止めに入った。その年、佐藤は謎の死をとげた。今日に至るまで、自殺した、もしくは毒を盛られたのだという噂が絶えない(138)。

小栗に関する初期の、そして地方の口承記憶の大部分を特徴づけたのは、この最後の噂に示されている特質――新政府と村人が等しく持っていた疑念――だった。一九世紀末の宮内大臣だった土方久元は、小栗を逮捕したグループのもう一人の指導者だった豊永貫一郎より伝えられた物語を語った。

小栗父子の首を斬ったのであるから、我々の村を睨んで首を斬られたから、村が必ず後難をうけるに違いない、どうしてくれるかというのであるから、懇々道理を説諭したが、どうしても分らぬ。すなわち我々が小栗父子の首を斬ったのであるから、我々の名を書いて門戸に貼って置け、然らば村には何の崇りもあるまいと申し渡したので、彼らはそれは有難いといって争って貼ったとかいうことである。よって多分今日でも一枚や二枚は残っているだろうとのことである(139)。

村人たちの恐怖は、小栗と彼らの両価的な関係を物語っていた。村の迷信を否定するよりも、新政府は小栗の権威を正当な仕方で奪ったのだと村人に信じさせるために超自然的な根拠を持ち出した豊永は、この関係を賢明に利用していたように見える。小栗の「遺産」を田舎において東京の知識人たちとは異なった形で定義していたのは、迷信や噂、そして伝説――この不安定な転換期を通じて広く行き渡っていた空想的な世界――だった。[140]

小栗の「遺産」に永久的に結びつけられるようになったのは、お宝の伝説だった。一八六八年から今日に至るまで、小栗に関連した宝探しブームが、徳川から明治への転換期を発端に、日本が危機に瀕するたびに起こってきた。伝説が始まったのは、小栗の側近が金貨のつまった箱や壺を所持しているという話を耳にした地元のやくざたちが、それを盗もうと暴動を起こした一八六八年だった。岩氷の村長によれば、小栗の処刑後、新政府軍の兵士たちが金の行方の捜索のため権田に滞在したのだが、何も発見できず、それでも一切のものを「衣類さえ残さずに」奪っていった。船で届いた小栗の所有物の一部を政府が売却した時、ある地元の商人がいくつかの品物を購入し、そのうちの一つだった味噌壺の底に隠されていた金を発見したという。[141]

取り沙汰されることの最も多い埋蔵金伝説は、群馬県の赤城山に秘匿されたという一〇兆円相当の幕府資産に関わっている。その伝説の起源は、一八五一年に幕臣の三男として生まれた水野智義にまでさかのぼる。ある日水野は、勘定奉行所で働いていたと主張する、かつての隣人の中島蔵人から一通の謎めいた手紙を受けとった。中島は水野のおじだったという者がいる一方で、中島は水野の母と不義の関係にあったのだと主張する者もいる。いずれにせよ、水野少年は中島を「まま父」と呼んでいた。[142] 中島によれば、一八六八年の正月から四月のあいだに、江戸からくる一万両強とともに、山梨県から群馬県の榛名山まで二四万両の運搬を、中島は手助けしたという。しかし、彼がのちに戻ってみると、すでに金はなくなっており、彼はその金が赤城山に埋め直されたのだと信じた。一九三三年の裁判で行った証言によると、中島は、横浜で鉄道事業に雇われていた一人の米国人に、頭金（理由は明かされていない）として古い慶長金貨一枚を渡した。それから中島は赤城山を発掘したが、金を採り出すことができず、外国人は彼を訴えた（別の物語では、中島はその米国人に土地を売り、赤城山の埋蔵金を信じこませることで、その相手から金を騙し取っていたという）。結果として、中島は横浜刑務所で二年過ごした。出所後、彼は智義からの借金で生計を立てていたが、そのことで水野家ともめごとを引き起こした。死の床で中島は、智義に、彼らの家近くの赤城山に隠されたお宝について語った。一八八八年、智義は、東京の商人として稼いだ金で自宅で発掘を始めた。[143] 一九二六年、智義が死去したのちはその子息が捜索を引き継ぎ、三代目の水野智之は二〇一〇年の死に至るまで、群馬の山々を発掘した。この物語の大部分は、一九三〇年代を通じて広く知られるようになったのだが、隣県の茨城県に埋蔵された「軍資金」の伝説は、明治期にまでさかのぼる。一八八〇年のある新聞記事は、徳川家によってそこに金の延べ棒が納められたのだと考え、それを探してある村で日夜の発掘に三か月を費やした男に注目している。[144]

人類学者たちは埋蔵金伝説を、転換を経験している共同体の経済的条件を反映するものとして説明してきた。通常の経済が失望をもたらす一方で、お宝物語の内部では、「今すぐ手に入る富と、自然界に対する力の感覚」の両方を約束することで、超自然的な経済が地方の共同体に希望をもたらす。[145] お宝伝説はまた、とりわけ近代化の過程のただなかの村にあって、非伝統的手段を通して共同体のある一員が手にした突然の富の説明にもなる。[146] 埋蔵金の噂と陰謀の恐怖が発生したのは、たとえばフランス革命期の、口伝えが知識を広めるための主要な手段として働いた、堅固な自給自足経済圏においてだった。[147] 一八七〇年から七四年にかけて日本で暮らしたある外国人は、金貨を発掘した農民たちの物語を回想した。その物語は、近代経済のなかでの農業への不安を映し出した風聞である。その観察者には、彼らへの共感がほとんど見られない。「ところで私は、日本に滞在しているあいだに、埋蔵金を発見して大金持ちになることで頭がいっぱいの愚かしい連中に出会ったことがある。彼らが何の成果も達成できずに費やした鋤仕事と畑掘りの量は、彼らをよき農民にするのに十分のものだっただろうに。米国におけるのと同様日本においても手堅いのは、財宝を探してむやみに掘るのではなく、着実な仕事と機会を注視する精神で黄金を見つけることなのである(148)」。

これらの埋蔵金物語は、小栗「遺産」の利用法にもう一つの次元をもたらしている。徳川埋蔵金の物語と小栗との関連は、世界中のお宝伝説に共通する、より広範な道徳的寓話とも一致する特徴を持つ。ジョン・クロッサンはそのお宝伝説の研究において、お宝譚を「宝の隠蔽」と「その捜索」という二つの場面に分けて考えている(149)。「隠蔽」の場面では、宝はしばしば侵犯の脅威に備えて秘匿される(150)。もろもろの伝説のなかの小栗は、潜在的侵略者であり、日本の金塊流出の終点でもある西洋の脅威の及ばぬ場所に金銀を埋蔵するように、もしくは幕府の国内の敵である薩摩藩と長州藩から金銀財宝を守るように命じられる。地中に埋められた財宝は、物語のなかでは通常、ある程度の迷信、とくに死と大地の関連を示唆している。小栗伝説においては、作業を完遂させた働き手たちはその後殺され、金とともに葬られるのである。

もろもろの宝探し伝説は、一つの道徳的教訓を伝えている。どれほど大がかりに探しても決して宝が見つからないのは、それらの物語が通常は「善／悪」「貧／富」「美徳／貪欲」、あるいは小栗のケースでは「周縁化された小栗の記憶／親＝薩長的な明治史」といった二分法を含んでいるからである。小栗のお宝伝説のなかで金銀が発見される際には、たとえば味噌壺の底から地元の商人によって金銀が発見されるといった具合に、偶然が関与する。このパターンの物語の一つでは、その商人が小栗の霊の怒りを鎮めにその墓を訪れる。[151] またこれとは別に、金銀を貯めこんだことで小栗の霊の怒りにふれたため、その商人が急死するとするストーリーもある。[152] お宝伝説の片々には、西洋さえ顔を出した。一九二〇年代中葉に赤城村で記録された口述史は、一人の米国人によって横浜から連れてこられ、一八七三年の春と秋を、地元の住民には決して見つかることなく、大型の機械を用いて山中で穴掘りに費やした労働者の一団に注意を向けている。中島が、当時としては決して少額ではない五万円で山掘りの権利を売ったのだが、騙されていたと知ったその米国人がただちに中島を訴えようとしたという噂が広がった。この物語のなかで、その米国人は弱い立場に置かれている。地元の人びとに騙され、強力な機械の購入によって救いようのない経済的損失を被っているのである。[153]

その伝説はまた、初期の明治政府とその遺産を標的にしてもいる。郷土史家とメモリー・アクティヴィストは、伝説が、最初の暴動と後続する小栗の逮捕とから生じたものであると論じているが、全く理に適っている。[154] 小栗処刑の数か月後、埼玉県大宮の普門院の僧侶が棍棒で撲殺された。小栗は、江戸から権田に向かう途中に普門院を訪れ、その寺を修復した先祖の一人が所持していた数々の家宝をその僧侶に託していた。地元の人びとのなかには、その僧侶が殺されたのは小栗とのつながりが原因であると信じる者もいた。一〇年後の一八七七年、地元のある男が得た富について、それは普門院の僧侶をむごたらしい目に遭わせた後で獲得した、小栗の財宝に由来するものだという風聞が広まった。[155]

# 結論

全国レヴェルで見れば、小栗について語ること、もしくはその評価を定めることに私的な関心を抱いたのは、旧徳川の人びとのコミュニティのみであり、一八九〇年代および一九〇〇年代初頭に、栗本、福地、福沢、そして勝のような人びとが相次いで世を去ると、小栗への関心は衰えていった。最終的に明治期の議論の焦点が変質したのは、日清戦争（一八九四—九五）の後だった。徳富蘇峰のようなより若い世代は、もはやその注意を薩長藩閥政府の批判には向けず、代わりに一八九〇年代以降の日本の帝国主義的膨張を支持し始めた。(156) この時期になると、西郷隆盛、坂本龍馬、そして吉田松陰のような人びとが、名誉回復と「遺産」の利用にとってより魅力的な人物としてよみがえってきた。確かに小栗は、これらの悲劇的なヒーローたちといくつかの特徴を共有していた。たとえば小栗と坂本は、ともに明治の到来を前にして非業の最期をとげたが、そのことは二人を、明治の政治につきまとう不名誉から解放した。しかし、小栗以外のヒーローたちは、明治期の政治的潮流への適合性を欠かさなかった。たとえば坂本は、若く冒険的で、さらに重要なことに、高位の幕臣ではなかった。坂本や大塩平八郎は、下級武士として「人民」を代表することを根拠に、自由民権運動に語り寄せられた。(157) 西郷隆盛は、二〇世紀の上半期を通じ、広範なグループによって最も語り寄せの対象とされた人物だった。専門家たちは、明治政府の愚劣さと戦った人物として彼を見ており、第二次世界大戦前には、第二維新の唱道と結びつけられる機会の最も多い人物になった。(158) さらに銘記すべきは、小栗の「遺産」には、彼の存在をメモリー・ランドスケープに定位しうるような記憶の場が欠落していたことだった。これとは対照的に西郷の人気は、歌舞伎、錦絵、そしてさらに重要なことに東京上野の銅像から恩恵を受けており、こうしたものが文字を介した集合的記憶を支えた。明治期の小栗について、同様の事実が指摘される余地はなかった。

　全国もしくは地方レヴェルで、彼に対する関心の支えとなるような、モノを介した記念が行われなかったにせよ、小栗物語の骨格の成形は、のちの称讃に影響した。西郷の「遺産」と同様に、明治期の人びとは、彼ら独自の解釈を小栗に投射した。塚越にとっての小栗は進歩的だったし、福沢にとっての小栗は伝統的精神を代表する存在だった[159]。塚越と福地は、文字による集合的記憶を確立したが、それを他者が引き写すことで、小栗の生についての物語と評価の一部になった。たとえば、二〇世紀と二一世紀〔のこれまで〕を通して、勝を貶価し、小栗を称えようとする人びとが繰り返し引き合いに出したのは、福沢の「瘠我慢の説」だった。

　明治維新の歴史的記憶における小栗の存在は我々に、異論含みのナショナルな物語というものがいかに書かれたかについて、何ごとかを示唆している。小栗に関する最も強力で影響力を持った文章は、全国レヴェルの物語の内部に語りの場所を見出すことのできた村の知識人の塚越や、小栗を——個人的かつ地縁的に——よく知る人びとによって書き記された。小栗の同僚たちが世を去り、薩長閥への批判が衰微するに及んで、国民的なヒーローとしてだけではなく、地方のヒーローとしても小栗の名を広めていく役割が、地元の人びとに担われるようになった。メモリー・アクティヴィストたちは次の大正時代（一九一二—二六）、横須賀海軍基地五〇年祭の期間に、ついにこのことを達成した。明治期の横須賀基地も、小栗に関する潜在的な「記憶の場」ではあったのだが、そのような意味合いが満たされるには、大正期を待たなければならなかったのである。

地方における小栗の復権は、全国レヴェルでのそれほど目立ったものではなく、明治時代の後半になって生じたものだった。小栗の親友佐藤や、その他の地元有力者たちのもとで学んだ塚越は、自分が小栗を記念すべく強いられているかに感じていたかもしれない。しかし、小栗が群馬で過ごした期間はほんのわずかでしかなく、それも、彼の「遺産」が明らかに緊張を巻き起こしていた権田においてのみだった。結果から言えば、権田とその周辺の多くの村人たちは、小栗の存在に起因する、反小栗一揆と、小栗とその支持者の逮捕のために派遣された何百もの地元の武士たちの突然の出現によって苦難を被っていた。さらに、維新直後にその地域で経験されていた無秩序は、小栗についての噂や伝説が生まれる土壌となる、恐怖と混乱の雰囲気を醸成することに寄与した。群馬や長野のような県が地方および国レヴェルでのアイデンティティの形成に貢献していた一八九〇年代になってようやく、群馬の歴史家たちは、郷土的なものと全国的なものを結びつけようとして、小栗に乗じるようになった。いずれにしても、地方起源の口承記憶、および文字を介した記憶の両方が、東京と関東平野を超えていく「小栗遺産」の広がりを、のちに条件づけることになった。

# 第三章　悪者の救済

一八六八年から一八九〇年にかけて確立された、文字を介した記憶は、小栗にどのような利用のされ方がありえたかを決定づけた。たとえば、過ぎし日の徳川的価値の模範として、国際主義者として、進歩主義者として、あるいは惜しむべき悲運の人物として。けれども、群馬の東善寺での数少ない例外をのぞけば、彼を物理的にメモリー・ランドスケープに位置づけるべく、時間、資源、そして人員を投入する大規模な努力は存在しなかった。この章では、そのような風景《ランドスケープ》の発展の初期段階――いかにしてメモリー・アクティヴィストたちは有形物を創造し、過去を現在につなぎとめる儀式に参加し、そのことを通じて小栗についての集合的記憶を創り出していったか――を扱っていく。しかしさらに一般的なレヴェルでは、歴史的人物の地位向上に際して物質的な記念＝顕彰行為が文字テクストに対して持つ優位性についても、本章は論じる。小栗、もしくはより一般的には維新の敗者たちに関する新しい著述の多くは、記念事業が催され、銅像が建造され、自分たちのヒーローが死後の贈位を受け認知されるために支援者たちが戦った後に、世に現れた。それらの新たな著作が、今度は記念事業に影響を与えた。

有形物と記念＝顕彰活動は集合的記憶を強化し、それを作動させる。文字では不十分なのである。記念事業の成功のためには、書かれた言説を、諸感覚に衝撃を与え情動を引き起こすことで支えていくような物質的要素が必要になる。さらには、これらの物質的要素の有効利用がしばしば、正当性を争う際の決め手となる。このことをタカシ・フジタニは、ピエール・ノラの「記憶の場」の概念を用いつつ、人民の記憶の統制や、万世一系の皇統にそった歴史の喧伝のために明治国家が設置した博物館、国民の祝日、祝賀行事を検討することで例証している。[1] フジタニが示しているように、明治国家は感覚と情動にはたらきかけることで、最終的には、親＝明治国家的なヒーローと物語を徳川のそれの上位に置くような、維新史に関する主流の見方を創出した。しかしながら、そうすることで国家は、記念＝顕彰活動の文法と語彙を、別の人びとが意図的に利用しうる形で供給することにもなった。

たとえば徳川の「遺産」の支援者たちは、一八八九年の江戸開府三〇〇年祭式典を行うことで、明治国家による歴史と記憶の専有に対し、有形の記念事業を活用して挑戦した。この三〇〇年祭について行われたジェイソン・カーリンの研究は、江戸期の文化と歴史をことほぐことで、東京のあらゆる社会レヴェルのあいだに統一感が創り出された過程を明らかにした。彼は、徳川の旧幕臣たちが、明治国家による「過去についての公式の語り」[2] に抵抗するために、どのようにして江戸期の日常生活や文化の記憶を保ちつづけたかを示している。江戸開府三〇〇年祭は、国家中心の記念＝顕彰活動に抵抗し、歴史と記憶の産出を争う主体の複数性を表現していたのである。[3]

本章で私は、広範囲にわたる有形物や儀礼を通じて行われた、メモリー・アクティヴィストたちの活動を跡づけていく。そこで用いられる説明は、理論主導型《トップダウン》でもなければ、事象優先型《ボトムアップ》でもない。地方の人びとは、しばしば銅像の建立と記念事業を起動させた。彼らが、自分たちのヒーローを表象する地域固有の権威を主張するために、死者との近さを利用したのは確かである。しかし、彼らがそのヒーローの宣伝に成功するためには、明治維新の「敗者たち」――小栗だけでなく井伊直弼、会津武士やその他の人びとも含まれる――への支援という点で共通の地盤を有し、これに賛同する全国レヴェルの政治家、ジャーナリスト、そして学者たちからの協力を必要とする。小栗の死後の贈位を得るために他の人びとと提携した地方のアクティヴィストたちは、この相互作用を最も端的に例示する。

おそらくは最も重要なことに、記念式典の挙行と銅像の建立は、文字に始まった事業にも拡大する、強力かつ情緒的な言説を生みだすことになった。維新の敗者たちの名誉回復にあたっては、何よりもまず、彼らを「敗者」としたものの脱構築が要求され、それを受けて、主流とは違うもう一つの語りが創り出された。このことが、地方のグループに彼ら自身の計画を推し進めさせるとともに、それへの対策を政府に必死に講じさせる機会を提供したとしても不思議ではなかった。たとえば、横浜五〇年祭での井伊の記念と横須賀五〇年祭での小栗の記念は、この二人に全国的な注目を集めさせ、メモリー・アクティヴィストたちにこれを記念する彫像の建立を促したのだが、井伊の場合、彼の銅像をめぐる論争は、井伊の敵の支持者のうち少なくとも一人に対抗的な文章を書かせるに至り、政府後援の委員会の発足を誘発して、政府公認のヒーローの伝記が出版されるという事態を招いた。さらに、メモリー・アクティヴィストたちが東京で井伊の銅像を建てようとすると、ただちに政府は、東京での公的記念行事への参加を制限する法律を制定したのである。

これらの敗者たちに向けられた新たな関心はその後の数十年にわたって、支配的で親＝薩長的な維新史観と相容れないとされた悪者たちへの新解釈という形で論争を起こしつづけた。「悪者たち」の支援者たちのあいだでさえ、誰の語る物語が優勢をとるかについての争いがあった。歴史的記録の欠落が物語の捏造を後押しした小栗の場合、並び立つアクティヴィストたちが、誰が正統的に小栗について語ることができるかをめぐって競い合った。しかし競合者たちは、不正な仕方で小栗を利用しようとした者たち、具体的には一九三〇年代に見舞った経済恐慌につけこんで小栗ブームを利用したお宝ハンターたちについては、これを攻撃した。

## 銅像および儀礼における悪者の記念＝顕彰

公共空間は、ヒーローを記念＝顕彰したい人びとが争う場所になったが、すべての公共空間が平等に創られているわけではなかった。国家的な視点から見れば、公共空間は階層的な配置を持つものだった。東京の公園には横浜のそれ以上の象徴的価値があるし、横浜の全国的注目度は、横須賀のそれよりも高い。メモリー・アクティヴィストたちはこうした象徴化の新しい動きに乗って、貶価されてはいるが一国の歴史において重きをなすと彼らの信じる人物の記念物を、公共空間に設置していった。中央政府は最終的に、東京、京都、大阪における個人のおよび特定の土地に関する記念＝顕彰活動を制限することにより、こうした努力に対する統制に努め、国家および帝国の歴史において重要であると考えられる記念碑を設置するために、それらの都市を確保しようとした。(4) しかしながら、他の都市においては、論争の種となるヒーローの記念＝顕彰活動は、国のアイデンティティに加え、地元のアイデンティティをも特徴づける空間の二重性によって、複雑化した。ここで重要なのは、タイミングだった。開港五〇年祭のさなかに政府が、横浜の果たした歴史的役割を祝賀した際には、地元による井伊直弼の記念が脅威になったのだが、いったん祝賀行事が終わってしまうと、横浜はもとの一地方都市に戻り、井伊の銅像の存在はもはや、国家の諸目標と齟齬をきたすものではなくなった。

国家が第一の問題だったという事実は、明治末期までに銅像の建造に想定されていた重要性を解き明かす鍵である。銅像の建造は、近代的国民国家を建設した人びとの価値を定める「記憶の場」の創設として開始され、そのヒーローとしての遺産が、メモリー・ランドスケープのなかで物質的存在感を持つことを可能にした。明治初期には、そのような記念物が建てられることは皆無に等しく、あったとしても、それらは西郷隆盛、大村益次郎、日本武尊（ヤマトタケル）、楠木正成の銅像のように、帝国の忠誠や武勇を強調したものだった[5]。西郷のブロンズ像は、一八七七年の反乱におけるその役割ゆえに、潜在的に議論の火種を抱えていたが、反乱者のイメージを表には出さない銅像の建造によって西郷の圧倒的人気を支配することを、政府は望んだ[6]。つまるところ西郷は、維新期を通じて明治政府の権力を牽引していた同僚なのであって、彼の銅像が江戸城の方角を向いているのは、このことの反映である。政府は、彼が抵抗のモデルとなることのないように、その遺産のうち牙を抜かれた側面のみを支持したのである[7]。いかめしい好戦的特徴を示す他の勤皇家たちの銅像とは異なって、一八九八年に上野公園に建てられた西郷の銅像は独特の牧歌性を湛え、彼の未亡人がひどく慨嘆したように、いかにも重みに欠けていた[8]。その西郷は、笑みを浮かべているようであり、浴衣を身にまとい、短刀を携え、目立たない犬を傍らに伴っている。彼の故郷の鹿児島では、洋式軍服で正装したもっと横柄な感じの西郷像が、一九三七年に鹿児島の中央公園に建てられて、維新史における彼の遺産についての地元の見方を披歴した。西郷のイメージは、実際のところ、入れ替わっていた。一国の首都では田舎風の相貌を湛える一方で、田舎では全国的有名人の面影をとどめているのである。

しかし井伊直弼は、明治寡頭制の仇敵だった。井伊は、日本の唯一の統治機構としての幕府の卓越性を断固として護持しながら、西洋の圧力に屈したとみなされていた。井伊への悪口雑言は、明治維新の前でさえ、勤皇の志士や排外主義者（井伊自身は西洋の愛好者ではなかったにもかかわらず）、さらに次期将軍の座をめぐる対抗勢力だった一橋派の支持者のあいだでは、最も激烈に行われていた。一八五〇年代末に政敵に弾圧を加えたことが井伊にとっては致命的な決断だったことが、一八六〇年に不逞の士が彼を暗殺したときに、はっきりした。前章で述べておいたように、徳川幕藩体制における井伊の役割は彼を、維新後、井伊のイメージの復権によって自分たちの「遺産」を救おうとした徳川支援者たちのあいだで、旗印ともいうべき人物におしたてた。とはいえ井伊は、小栗と同様、ただ単に全国的有名人であるだけではなかった。井伊は旧大名として、地元のヒーローでもあった。

一八八一年初頭、井伊の支援者たち――徳川御家人の子息でのちに井伊伝を書いた島田三郎も含まれていた――は、東京に井伊の記念碑の建造を計画したが、内務大臣の品川弥二郎に阻止された。品川が指摘したのは、品川の教師であり先輩でもあった吉田松陰のような尊皇家を、井伊が大勢殺したことだった。その際島田は、政治家で元神奈川県知事の陸奥宗光に訴えかけ、井伊を貶めつづけることは、今の日本の現実により無意味と化していると主張し、ついには、かつて「攘夷」を唱えた品川のような権力者が、今では井伊の足跡に追随し、開国を支持しているのだと論じた。[9] 陸奥は、幕府転覆に尽力した活動家歴にもかかわらず、井伊の記念の支援に同意したが、その陸奥でさえ品川の説得には失敗した。数年後の一八九九年、もと井伊家家臣の豊原基臣は、井伊の銅像を建てるべく日比谷公園に借地するための請願運動を起こした。ここでもやはり島田は、井伊と小栗の両方について書く機会の多かった歴史家の田口卯吉がそうしたように、その運動に加わった。市役所の役人は土地の貸与に同意したが、おそらくは論争の回避を願って、東京市に銅像問題を預けた。一九〇〇年五月、五か月待っても返答が得られなかった島田とそのグループは、東京、京都、大阪の公有地に銅像を建てたいと思う者は、内務大臣の認可の取得を義務づけられるとする新法について知らされた。新法は、政府が「国家の」都市と定義する場所で井伊が顕彰されるあらゆる機会を閉ざすべく、効力を発揮した。

明治寡頭制が島田と田口を拒絶したことは、ヒーローとして井伊の新しい役割を否定していた以上、ありうることだった。この二人は、長年にわたる親＝徳川的な記念＝顕彰事業の支援に加えて、大隈重信の支持者でもあり、大隈同様、繰り返し薩長藩閥政治を批判していた。経済通であり、軍人としての経験を有し、国会議員も務めた田口は、政府の保護経済政策に批判的な態度をとりつづけていた。歴史に関する彼のもろもろの著述は、同時代に出た歴史書に比べて広く読まれたとは言えなかったのだが、皇室の政治的価値を世に知らしめようとする、神道の基礎をなす神話を攻撃するものだった。[10] 真の理由が何であれ、中央政府は、論争の火種となる歴史的記憶の場である東京の公共空間の保有に関して、妥協しようとはしなかった。

品川弥二郎に代表される明治寡頭制は、ナショナルなメモリー・ランドスケープ上の戦いで、井伊の支援者たちを打ち倒したのだったが、横浜における公共空間を直接支配できたわけではなかった。一八八四年、井伊の故郷出身のある旧彦根藩士が横浜に土地を購入し、そこを井伊の銅像と郷土の記念のためにあてようとした[11]。一九〇三年、横浜在住の日本人および外国人による寄贈とともに、銅像建造計画が着手され、一九〇七年、県知事および地元の警察が銅像建造を認可した。横浜市はその除幕を、開港五〇年記念祭開催中の一九〇九年七月一日に行うことにした。

日本の近代化を象徴する港、横浜の記念祭に合わせた形での井伊の銅像の建造は、地元の利害関心を、明治政府の指導者たちのそれに対抗させることになった。言うまでもなく銅像は、明治維新期に関する相対立する物語を支持してきた人びとのあいだで、論争を巻き起こした。ある者は、井伊には開港に関する責任はなく、彼は単に前任者の阿部正弘や堀田正睦によってすでに始められていた政策を引き継いだに過ぎなかったのだと論じた。より問題があったのは、井伊の中傷をやめなかった、「元老」と呼ばれる薩摩と長州のもと藩士たちだった。彼らは神奈川県知事の周布公平《すふ》に、除幕式を中止させるように命じた。自分自身がもと長州藩士で、反井伊的な感情を共有していたかもしれなかった周布も、その要求には衝撃を受けたのだが、招待された高官が記念行事への出席を拒否しないようにするために、除幕を一〇日間延期した[12]。このようにして除幕の反対者たちは、近代日本の潜在的な象徴としての井伊を、一時的に排除することに成功したのだった[13]。

井伊の銅像はまた、その新しく英雄的な銅像に対抗したい人びとに、執筆ブームを引き起こした。一九一〇年、文部省内に、維新の勤皇家たちについての書物の紹介と伝記の出版を目的として、一グループが結成された[14]。最も強力で直接的な反動は、井伊の英雄化による水戸浪士への中傷を恐れた岩崎英重によりもたらされた。義憤にかられた岩崎が、このことを阻止すべく水戸浪士の行動に英雄的な説明を与える書物を刊行すると、その書物は文部省によって買い取られ、一九一二年、小学校の教材として配布された。政府は、どちらの側につくかを決めていたのである[15]。批判者たちは政府が、政府代表の暗殺を称讃に値する自己犠牲の例として喧伝していると苦情を述べた。岩崎一派は、政府による支援を擁護して、井伊を暗殺した水戸浪士が靖国神社に祀られている以上、政府はすでに浪士たちのことを認めているのだと主張した。靖国は、現在の日本におけるのと同様に、犯罪の告発を抹消したように見える。さらに彼らは、この書物の企図が、水戸浪士を中傷しようとする旧彦根藩士から、水戸浪士の評判を守ることにあると論じた[16]。

大隈重信は、その除幕式で演説し、政府が圧力をかけて式典を延期させたことへ遺憾の意を表明した、ただ一人の政治家だった。彼は前天皇（孝明天皇）および——とりわけ長州出身の——攘夷論者たちが、世界の情勢を知らず、日本の開国を拒否した点を批判した。井伊は日本全体のために尽力していたのであって、天皇のためだけに働いた伊藤博文首相その他の面々とは、そこが違うのだと大隈は論じた[17]。大隈の発言が過激すぎたように感じた市の役人たちは、一九〇九年の記念式典に関する出版物の刊行に際して、天皇に関する大隈の発言を削除した。

井伊および小栗の記念に対する大隈の貢献は、薩長寡頭制と彼との積年の確執と軌を一にするものだった。維新後間もなく彼は西郷と衝突し、西郷のお気に入りたちを大蔵省で職につけることを拒否した。彼はまた、かつての小栗のように、日本を中央集権国家（郡県制）に改革すべきことを唱えたが、これに反対したのが西郷だった。英国の制度を範として立憲政治への大衆の参加を求めた大隈は、より微温的な独裁主義者の憤激を買うことになったが、彼が政府に抗い、人民のために戦うことができると感じた多くの人びとの人気を集める結果をも生んだ。[18] 複数政党制への大隈の支持と、その政府批判は、他の元老たちと彼を争わせることになった。[19] 著書『開国五十年史』のなかで大隈は、一八九〇年の帝国議会設立後の薩長藩閥政治の長命について、「この藩閥内閣は憲政開始の後にもなお勢力を保持し、議会を並び存して我国政治組織の上に甚だ奇異なる形を成し、政治上に種々の困難を生ぜり」と描写している。[20] その多方向的な政治姿勢によって、一八八一年、彼は政府から排斥されるに至り、立憲改進党とともに政界で、また新たに創設された早稲田大学で、さらにいわゆる不平等条約の改正再交渉において活動を続けたものの、一八九六年まで政府に戻ることはなかった。『開国五十年史』を執筆し、横浜開港五〇年記念祭で演説をする時まで、彼は一時的に政治から離れていたのであり、その後第一次世界大戦前夜に政治に戻るまで、一連の文化活動に従事することになる。

政治家としての大隈の困難は、井伊や小栗の困難を反映していた。この三人はみな、その西洋との交渉、国内の政敵に対する強硬姿勢への厳しい批判を耐え忍んでいた。小栗と井伊は命を落とし、大隈は暗殺未遂によってその片脚を失い、また一時的に政治生命を失った。井伊に寄せる大隈の共感は、はっきりしていた。二人とも西洋列強と条約を結んだ。大隈が結んだ条約は実際、井伊が不評のうちに結んだ条約の改定版だった。大隈は井伊の横死を悼んでいた。「是れ皆国家進歩のために余儀なき犠牲にして、日本今日の変化は是等犠牲の集まり成れる結果と云うべし」。[21] 大隈はまた、ある部分で同様の経歴を歩んだがゆえに、自身と小栗とを重ね合わせていた。大隈は、外務省と大蔵省をともに率いていたが、それは、一八六〇年代の小栗の地位と同じだった。彼はまた、横須賀造船所への投資のため、幕府がフランスから借りた借金を完済した。同時代の他の書き手たちは、小栗と大隈をさらに直接的に結びつけた。その一人である三宅雪嶺は述べている。「人或いは、小栗を以て大隈伯に酷似すとし、或は一層有力とするが、そはともあれ、当時能《よ》く比肩するなく、而して現に少しも聞えざるは主として官軍に殺されしに由る[22]」。

とはいえ、政治的な動機づけと、相似た職業的経歴のみによっては、大隈が行った小栗擁護の努力を説明することはできない。実際、小栗家に対する大隈の関係は、直接的で親密なものだった。大隈の二番目の妻綾子は、小栗忠高の姪で、小栗家で育っていた[23]。大隈はまた、小栗の死後の一八七七年、小栗の妻および娘国子を、世話人三野村利左衛門のもとから引きとった[24]。彼は国子の結婚相手を見つけるために尽力し、『郵便報知新聞』の社長で大隈の政治的見解の代弁者だった矢野文雄の末弟、貞雄を彼女に引き合わせた[25]。このことは、小栗家についての記事を地元での刊行用に提供するよう貞雄に求めることで貞雄と、そして間違いなくその名声とに乗じていた群馬のメモリー・アクティヴィストたちにとって、些末なことではなかった。

## 横須賀と小栗ブーム――記念＝顕彰活動と言語表現

小栗遺産《レガシー》、港市横須賀五〇年記念祭でのその振興、および彼のブロンズ胸像の建造は、井伊直弼＝横浜の事例とは異なる記念活動と資源利用の関係を例証している。横須賀の記念祭は国家の祝賀行事ではあったが、主に海軍および地方自治体の行事だった。大隈は、出席者のなかでは最高の経歴を持つ政治家だったが、彼は行事を主宰したわけではなく、責任は、横須賀工廠長兼横須賀鎮守府艦隊司令官の海軍中将黒井悌次郎にゆだねられた。さらに、海軍への小栗の貢献を称讃していた海軍高官のあいだで、小栗が物議の種だったことを示す証拠はない。一九〇五年に足立栗園《りつえん》が出した『海国史談』は、小栗の「思起せねばならぬ」「海軍建造に就ての大功」について、一頁ばかりの短い記述を収めている。[26] 明治期の他の小栗解説者と同様に、足立は、勝海舟や大久保〔一翁〕のような明治期のよりお馴染みの人物が小栗の部下だった事実に読者の注意を促した。足立の小栗評価は主にその横須賀との関係に注目しつつ、その関係は、いかに小栗が同時代の標準的な考え方に挑戦していたのかを例証するものであると主張した。海軍の刊行物のほとんどが、小栗の徳川幕府擁護とその死をめぐる論争を回避したが、足立は違っていた。「上州の末路は憫むべきであるが、この明敏果断の士ありたればこそ我国当時の兵利上かつ財政上にも基礎を固めしむるに至ったもので、これは大いに称揚せねばならぬ所に相違ないのである[27]」。

日露戦争（一九〇四―〇五）の英雄東郷平八郎は、のちの横須賀鎮守府の原型を計画する先見の明の持ち主として小栗を称讃した、最初の政府官僚だった。東郷自身、一八八〇年代の後半、その海軍歴の初期に横須賀鎮守府兵器部長を務めたこともあり、横須賀市は、日露戦争の戦勝祝賀会を東郷に捧げることで、彼が率いた海軍のロシアへの勝利に応えた。一九一二年、東郷は小栗貞雄とその子息又一を自邸に招き、日露戦争における日本の勝利は小栗の横須賀建設によるところが大であるという持論を披露した。[28] 二人の訪問の記念に東郷は二幅の書をしたためたが、その書は、一九三〇年代と四〇年代を通して、小栗「遺産」の主要な擁護者二人にとって正統性のしるしになった(29)。

　横須賀の海軍および自治体の歴史家たちが、日本の軍事に対する小栗の貢献を強調することで小栗の名誉を挽回する一方で、一九一五年九月二七日の横須賀記念祭における小栗の記念行事は、彼に全国的な脚光を浴びせることになった。その日の式典には二〇〇〇人以上が参列した。その行事をとりあげた新聞記事は、横須賀最大の支援者として小栗に光をあてる一方で、フランス人建築家のヴェルニーを第二の地位に降格させた。一九一五年九月二八日、『國民新聞』の二つの別々の記事がその行事をとりあげ、その一つは式典についての必要最小限の紹介だったのだが、もう一つの「開港五十年」という記事には、「小栗上野介によって作られた最初の鎮守府」との副題がついていた。一九一五年の海軍刊行物も同様に、小栗のイメージへの関心を再認識させた。横須賀海軍工廠が出版した三巻本の『横須賀海軍船廠史』は、横須賀創設のために働いた人びとのなかでも、とりわけ小栗の努力を強調した。八人の役員たちは「小栗と役員たち」として言及されるのみだったが、それでもたとえば、建設の鍵となるフランス人を小栗に紹介した栗本の役割にも記述が及んでいる。同じ年、福地の著書と、栗本の横須賀回顧に準拠する短い小栗伝を織り込んだ小冊子が出版されたが、そこで小栗は、およそ不可能なるものを信じず、その問題解決力と財務能力とによって横須賀の完成を導いた官僚として描き出されていた。

　海軍への貢献という一事をもって小栗を称讃するのみだった海軍の刊行物とは異なり、横須賀の歴史家たちによる著作は、記念祭をきっかけにして、論議の的とされる小栗の過去そのものを復元してみせた。一九一五年に横須賀市役所が出した『横須賀案内記』のなかの「横須賀製鉄所創設の濫觴《らんしょう》

〔起源〕」と題された一節は、主に小栗の経歴をとりあげているのだが、その著者たちは、小栗に向けられる最も典型的な――彼は徳川絶対主義者であったという――非難を否定した。「［小栗は］国事の日に非なるを慨し、遂に幕府の崩潰すべきを想い、国幣を無用に摩消せんよりは、むしろ不朽の事業を起こし、幕府一日も存するの責を尽すにしかずとなし、首として異論を排撃し、ついに造船所新設の議を定め……り。我海国に必須なる造船事業の振興したると、従って今日の横須賀あるは、上野介の卓見のあずかるもの多しというべし」[30]。言い換えれば小栗は、単なる忠義の徳川家臣ではなく、日本近代への貢献者とみなされることになった。

記念祭は群馬県のメモリー・アクティヴィストたちに、正当性の源泉としての地縁を楯にとって、自らの存在や、国家的英雄としての小栗に関する自らの見解を世に広める、比類のない機会を与えた。彼らは記念祭の折、五年前に彦根の人びとが横浜で井伊直弼を世に広めていたのとちょうど同じように、最も活動的な小栗支援者たちと歩み寄った。権田村からは少なくとも一〇人が出席し、そこには村役人、教育委員会および群馬県政のメンバー、それに東善寺の僧侶が含まれていた。彼らは式典期間中に展示するため、小栗に関する記念物を持参した――それらの記念物は、小栗に関する群馬の集合的記憶の景観を支えるとともに、横須賀で小栗および彼ら自身に具体的な存在感をもたらした[31]。

小栗の記念物の独占に加えて群馬の歴史家たちは、小栗に関する著述を専門的歴史学者にはできないやり方で行っていた――彼らの主張によれば、権田における小栗の生と死の真相にアクセスしうるのは、地元の人間だけだという。群馬生まれの出席者のなかには、横須賀の祭典の際に会場に配布された小冊子の著者だった塚越芳太郎もいた。『小栗上野介末路事蹟』というこの小冊子は、横須賀の記念祭に際して書かれたほとんどの文章が黙殺していた、小栗ストーリーの二つの部分に光をあてた。小栗と権田村との交流、それに小栗の死である。小栗の犯罪行為なるものが権田村周辺でのその活動に由来するとされていたことから、塚越は一人の地元人として、小栗のイメージ回復に外部の歴史家より重みのある役割を果たした。とりわけその死についてはそうだった。たとえば塚越は、最初の農兵整備の意図は反クーデターに乗りだすことだったという類の、小栗に関して流布している誤解を一掃したいと望んだ。塚越は説いている。

小栗の悲しい結末についての誤解の最大のもとは、実にその農兵整備計画に関わり、偶然ないし必然になった事柄だった。彼は、最も困難な仕事にあたった時期に、人生の働き盛りを迎えていた人間だったのであり、権田到着後の農兵の組織も、歩兵奉行として以前に抱えていた仕事の一部だったことだろう。彼がこの組織を用いて新政府軍と戦う意図を持ちあわせていたのかどうか、もしくは、横須賀の事例――土蔵附売家の建設――のように、彼は単に将来の準備をしていたに過ぎなかったのか。十分な考量を必要とする問題である。*(32)

国家の祭典時に全国の読者にむけて書く際に、塚越は、小栗の名誉回復に用いられたナショナリズムを刺激しないように注意した。彼は小栗処刑の責を、帝国政府にではなく、地方の人心の不安に帰した。塚越の伝えるところによれば、ならず者たちが攻撃したのは、武器箱や漬物樽に隠された小栗の富についての噂が広がった、無法状態期のことだった。小栗の富を欲していた一団の首領金井は

「村人たちを脅し」*、権田に向けて七〇〇〇人の勢力を集めた。「これは、小栗にとって最も悲しい出来事だった。……そしてそのことは、官軍による彼の処刑に直結したのである」*(33)。塚越は、近隣の村落に満ちていた不平不満こそが、小栗に対する暴動ののち、最終的に官軍が小栗を処断した唯一の理由であると指摘した。「暴動を受けて、地元の村民たちは小栗のもとに赴き和平を訴えた。表向き事態は平和裏に動くかに見えたが、調停は不首尾に終わった。小栗との関わりの薄い土地の村長その他の人びとは、東山道軍に不満を訴えたのだった」*(34)。そのときはじめて新政府軍は事態を調査し、小栗の軍備が脅威であるかどうかを判断するために部隊を派遣した。小栗処刑の後でさえ政府は悔恨の念を表したのだと、塚越は強調した。「小栗の追善供養のため、大音龍太郎は東善寺への二五両の寄贈を命じた。小栗の不当な死は、政府に知られることになったのだ」*(35)。

横須賀記念祭は群馬県の歴史家に、地元での小栗振興の動機づけも与えた。僧侶で、地域雑誌『上毛及上毛人』を創刊した豊国覚堂は、地域の主体性の促進に寄与しうる人物として小栗を選んだ。「我々上州［群馬］人は、この［横須賀での］盛挙を耳にして喜んでいる」*(36)。より広範な読者層に訴える際には、豊国のような歴史家は、論争を呼びおこさずにはいない小栗の地元での過去をどう解釈するか、再考を強いられることになった。塚越とは違って豊国は、地元の集合的記憶の増大に際して誰一人のけ者にせずにすむよう、小栗の死の叙述に地元住民を関与させることを避けた。彼は、他の研究者たちが小栗逮捕の一つの予兆と見る、小栗に敵した群衆を重視せず、金銀を狙って小栗を攻撃した貪欲な地元の悪党どもの物語を、東山道軍の統率者豊永貫一郎と原保太郎の物語に置き換えた。豊国によれば、彼らは小栗への敵対感情を悪用し、「小栗が［権田に］持ってきた莫大な金銀の噂を聞くや、欲得ずくで小栗の追補にあたったのである。彼らは小栗を謀叛人として処刑した。取り調べ一つせずに」*[37]。小栗の名を悲劇的な群馬の英雄として高らしめるために、豊国は、地元民ではない悪役を必要とした。彼は、薩長寡頭制に小栗の死の責任の一端があると信じていたが、明治維新のさなかとその後に大混乱を引き起こした非地元民である東山道軍統率者へと非難を集中することで、さらに強い情動を群馬の人びとに呼び起こした。

横須賀市もまた小栗をヒーローであると主張したが、小栗の胸像制作に向けての運動が始まったのは、その時だった。横須賀の海軍高級将官で群馬県出身の小関奨は『上毛及上毛人』に公開書簡を送り、横須賀に小栗とヴェルニーの胸像を建造するための寄付を、郷里群馬県に要請した。胸像は、小栗の「海軍こそわが海国の急務だという洞察」[38]を世に知らせることになるだろう。『上毛及上毛人』の編集者は小関の書簡と嘆願書を掲載し、読者に訴えた。「郷国を愛する群馬人として、各人の資力相応の寄付金を横須賀市に直接送ってください」*[39]。その要請のなかで小関は、小栗とヴェルニーの貢献を近年では社会も認めてはいるが、「それを記憶する人の数が減っていることが残念です」*と記しており、このことが理由で、横須賀市民は諏訪公園内の丘に銅像を建造することに決めた[40]。横須賀記念祭から七年後の一九二二年九月二九日、小栗の孫の又一および姓名不詳のフランス人聖職者が、銅像の除幕を行った[41]。この行事には参列者が居並び、徳川家から一人、また大隈の妻綾子の兄（大隈はこの年すでに死去していた）、それに陸軍および海軍の高級将官たちが顔を見せていた。フランス大使ポール・クローデルは、小栗の復権を西郷のそれと比較した。「今日ではすべての古い諍いは忘れられ、帝国政府はこうした歴史的亀裂を除去したいと願い、反抗的人物西郷に対してそうするのとまさしく同じようにして、謀叛人小栗の記憶に敬意を表しています」[42]。

小栗の銅像の建造は、群馬県民の小栗への関心を喚起したことで、彼の記念における転換点となった。一九一五年の横須賀記念祭と一九二二年の銅像除幕のあいだで『上毛及上毛人』における小栗関連の記事数を見ると年平均で一本程度に過ぎないが、一九二二年から一九二〇年代末では月平均およそ一本にまで上昇している。一九一七年に雑誌『関東の少年』に掲載されたある小栗伝は、一九二二年に『上毛及上毛人』で再連載されたが、それはおそらく、新たに創造された群馬のヒーローについて知る必要が群馬市民に存在したからだった。地元研究者の早川珪村によって書かれたその伝記は、一八九〇年代に塚越が書いた最初の伝記以降、最も綿密をきわめる小栗伝だった。早川の伝記が他にまさっているのは、地方史における小栗の役割をとりあげており、それゆえに小栗のメモリー・ランドスケープの地平を拡大したことに由来すると、同誌の編者は注記した。

それぞれの記念式典を通じて、井伊と小栗の記念には相似た特徴が存在したにもかかわらず、小栗の事例は、そのメモリー・アクティヴィストたちのネットワーク内部でさらに独自の発展を遂げた。その二つの式典に大隈が参加したことは、明治維新の記憶のされ方に関心を抱く支配層にとって、一九〇九年や一九一五年の時点ではすでに何十年か昔の出来事だったとはいえ、明治維新がまだ遠い過去にはなっていなかったことの証だった。大隈がこれらの行事に足を運んだのは、井伊と小栗に共感を抱いていたからであり、日本の発展への彼らの貢献を認識していたからであり、また、自分の政敵たちが描いた二人の人物像は不公正であるとして、それに抗いたいと思ったからだった。これらの式典とその後の銅像との主な違いは、メモリー・アクティヴィストによる小栗の復権に対する地理的反応の広さだった。小栗の銅像の建造にあたって、群馬県の人びとは横須賀の支援者と協力したが、その一方で、群馬、横須賀それに埼玉県の人びとはみな、小栗をそれぞれ独自の仕方で郷土のヒーローの役にあてていた。このことはやがて、群馬と埼玉のアクティヴィストのあいだに競争を引き起こし、日本全国のお宝ハンターから不本意な注目を集めることになった。さらに、井伊の物語が一般によく知られていたのに対し、小栗遺産は十分に復元する必要があり、そのことが、地方でのより活発な記憶活動を発展させることになった。

## 死者への格づけ

新たに獲得された小栗の名声を利用して、メモリー・アクティヴィストたちは、各地で運動家――とりわけ潜在的な維新のヒーローの支援者たる会津藩士の子孫――が獲得を目指しているある栄誉を追求することによって、小栗の名誉回復の完成を願った。すなわち死後の位階である。死後の位階は天皇による正式な認可を前提としていた。最初期かつ最高位の死後就位者には、天皇中心のイデオロギーを護持し、創造し、代表した者が含まれていた。授位に際して宮内省は、家族、歴史家、政治家、さらに政府閣僚からの推薦を受けて昇格を開始し、かつ支援したのだが、メモリー・アクティヴィストはそれら同じ人びとを、彼らのヒーローの位階獲得のために用いた。

古色蒼然とした慣行ではあったが、死後の贈位は明治維新後の天皇制の再興とともに、新たな意義を持つようになった。[43] 贈位は、フジタニがその著作のなかで概説した博物館、シンボル、祝賀行事に加え、天皇の重要性を高めるために用いられるもう一つの「記憶の場」になった。維新後の贈位制度は、前近代の先例とは全く異なるものだった。維新以前においては、死後の位階は支配階級、通常は武士に与えられるものだったのだが、近代の制度ではすべての「歴史的人物」――国家にとって重要な人物や地方自治体が重要だと考える人物――が包摂されることになった。[44] 一八七〇年代における最初の贈位は、天皇制と深い結びつきを持つ人びとにもたらされた。たとえば、遠い過去の人物（新田義貞、楠木正成）、勤皇大名、あるいは尊皇イデオロギーに貢献した学者たち（荷田春満、賀茂真淵、本居宣長、それに平田篤胤のような国学者たち）。一八九〇年には、それらの人びとに続き、勤皇家たちへの大量の贈位が実施された（坂本龍馬、山県大弐、藤田幽谷）。[45] とはいえ、すべての勤皇家が対等に扱われたわけではなかった。これらの贈位に関する調査実施の最高責任者の一人だった田中光顕は、彼自身がその一人である土佐藩出身者への優遇措置を保証していた。一八八五年から一八八八年にかけて、明治憲法発布との関連で公表される贈位の審査を行った。その後彼は宮内省に入ってその大臣となり、そこで贈位の認定を続けた。明治期を通じて田中は、全贈位者の六〇パーセント近くの選定を自身で行ったが、そのうちの七〇パーセントは土佐出身者だった。[46] とはいえ、勤皇家以外の人間も贈位を受けた。『贈位諸賢伝』に挙げられている二一七一人のなかで、およそ五〇パーセントが「維新前後の尊攘志士」の範疇だったが、その次の「学術技芸利用厚生」が二六パーセントあり、そのグループには旧徳川幕府の役人および女性が含まれていた。[47]

叙位に際しての見かけ上の寛大さにもかかわらず、その実施過程は徳川時代の遺産をめぐる継続的な論争の場でありつづけた。たとえば、儒学者に与えられた位階の注目すべき例外の一つが、荻生徂徠だった。林羅山と伊藤仁斎が二〇世紀の初頭に贈位を受け、大正天皇の即位の礼に際して再度の昇進に与ったのに対し（一九一五年）、荻生は黙殺されたままだった。幾人かの学者たちは、荻生の業績に対する認識不足を指摘したが、後年の首相犬養毅は、その問題を公衆に向けて可視化した。即位の礼の翌日、彼は新聞記者に、贈位者の選定基準への不満をのべた。彼には恣意的に見えたのである。犬養は些細な歴史的問題――たとえば荻生が日本に関して「大」の字を冠することを拒否したことや、日本はシナと対等であり、平田篤胤が論じた意味でシナよりも卓越しているのではないと示唆したことが、荻生の昇進を阻んでいるのだと信じていた[48]。政府筋の歴史学者の筆頭格三上参次は、次のように犬養を攻撃した。「犬養の批評はことごとく的を外れてほとんど三文の価値もないだけでない。自己の無知からせっかくの天皇のご慈愛そのものを敵とするなどは、言語道断である*[49]」。

　同じような紛争は、明治維新後の、死後の贈位にふさわしい者とそうでない者とを区分する曖昧な線上にも生じた。木村亀太郎は、その祖父相楽総三が位階を得るための資料の収集に歳月を費やした。一八六七年と一八六八年に相楽は、地元民の支援を得て幕府の軍隊と戦うために、のちに「赤報隊」と呼ばれる草莽隊の指揮をした。京都の二流貴族数人が隊の旗頭となったが、彼らは京都からの承認なしに事をすすめ、相楽とその軍勢は、東山道軍の先鋒であると主張して関東地方へと急いだ。その相楽は、新政府指導者からの正式の認可を得ぬままに、地方の農民たちに新政府による年貢半減の約束をした。権限逸脱のかどにより赤報隊は「贋官軍」の烙印を押され、相楽は七人の同志たちとともに、岩倉具忠の命によって処刑された。岩倉は、小栗の処刑を命じた東山道軍の指揮者と同一人物であり、処刑が迅速に行われた点も同様だった[50]。「祖父の部下が贈位された。祖父が贈位なされぬのは、何か理由あるように思われるのが心苦しい」と木村は嘆いた[51]。木村の努力は実を結んだ――一九二八年に相楽は贈位を受け、一九二九年には靖国神社に合祀された。宮内省勤めだった木村の地位が、おそらくは事の進展を助けたのだろう。

明治維新の「敗者たち」も、死後の位階獲得に際して、さらにはその死者たちの合法的な記念に際してさえ困難に直面したのは当然だった。会津藩士とその家族は、新政府による最悪の差別待遇を被り、しばらくは死者の埋葬さえ禁じられた〔二〇一七年一〇月三日の『毎日新聞』朝刊で、戊辰戦争で戦死した会津藩士のうち少なくとも五六七人が、藩の降伏の一〇日ほど後に埋葬されたとする史料「戦死屍取仕末金銭入用帳」が発見された由が報じられた〕。天皇のために命を落とした者として記念された戦死者対象の補償を、薩長兵の家族が受けていたあいだにも、明治維新以後に「賊」と名指された生き残りの会津藩士は、一八七六年まで死者の顕彰も禁じられていた[52]。一九一四年、会津の人びとは、会津戦争の死者たちを愛国者として靖国神社に合祀することで彼らを記念するために、在郷軍人会を結成した。だが、事は容易には運ばなかった。というのも靖国はもともと、戊辰戦争での「天皇側」戦死者の慰霊のために創立されたものだったからである。その会津のグループは、キャンペーンに対する支援を史談会からとりつけることには成功したが、会津の死者の靖国合祀を中央政府に認めさせることはできなかった[53]。

史談会は、明治維新に関する情報交換の促進のため、一八九〇年に創立された半官的組織であり、メモリー・アクティヴィストの情報源となっていた。二〇世紀の初頭に指導者が変わった際に、会の綱領も、藩閥政府の批判と、明治維新の説明における薩長寄りの偏向の是正へと転換をとげた[54]。その会の二つの主要な刊行物は、維新に参加した両陣営の人びとの列伝だった。たとえば、一九〇七年のモノグラフ『戦亡殉難志士人名録』は、一八四三年から一八九〇年までの戦死者、自殺者、病死者、もしくは「不可解な状況下での死者」六〇〇〇人近くの名を記載している[55]。しかしながら、この『人名録』は、単発的なただの文章の枠を超えて、メモリー・ランドスケープ内部のもろもろの地元慰霊祭がそこに記された犠牲者を認識し、互いに結びつくことに寄与した[56]。たまりかねた政府は、史談会への資金提供を打ち切り、会は一私的組織になったが、その歴史サークルへの影響、維新の「敗者たち」に寄せる共感、さらに地元の利害関心との結びつきによって、史談会は、ナショナルな歴史のなかでは片隅においやられた祖先の復権を図る人びとにとっての理想的な同盟者になった[57]。

横須賀記念祭は、小栗の名を全国レヴェルに高からしめようという地元の意欲を活性化させた。群馬のアクティヴィストたちは、小栗の死後の位階の獲得によってその汚名を雪ぐ取り組みに際して史談会に助力を求め、史談会は、会津のアクティヴィストとの場合と同様に、これに協力した。実際、小栗とその養子、および処刑された五人の家臣は、まだ評価されていないが称讃に値する佐幕派として、史談会が認定していた人びとのなかに含まれていた。小栗の贈位は三つの方向から先導された。すなわち、横須賀に関わる海軍関係者、国政に携わる政治家、そして群馬県知事である。海軍大臣の八代六郎は、当時の首相大隈に、海軍工廠の礎である製鉄所の建設という仕事に従事した、「小栗およびその他八人」への贈位を求めた。彼は、横須賀五〇年祭の期間中に新たな叙位叙勲が発表されることを期待して、その要請を一九一五年に行った。公式の回答は国会の記録には記載されていないが、要請は却下された。小栗家との密接なつながりや、小栗への職業的共感を考えれば、大隈が小栗の死後の贈位を許可しなかったことは奇妙に思えるかもしれない。一九一五年夏、海軍内の薩長の影響力の抑制を望む大隈、それに八代を含むその同志たちは、そのような請求に頭を悩ます状況にあったとは到底言えなかった。中国に送りつけた悪評高い二一か条要求は、五月には二つの条約締結に帰結したが、その要求とともに始まったこの年は、大隈にとって多忙をきわめていた。その結果もたらされた国際的圧力も、大隈の国内での苦境に比べれば色あせてしまった。大隈の軍事支出〔二個師団増設〕法案を通すために衆議院議員の買収を試みた内務大臣大浦兼武が、辞任に追いこまれたのである。大隈内閣の総辞職は、一九一六年秋のことだった。もう一つの試みが立ち上がったのは、当時海軍の人事課長でのちの首相岡田啓介が、やはり小栗と、栗本鋤雲を含むその他八人の贈位の要請を内閣閣僚に送った、一九一六年の五月のことだった。これに続き一九一七年には、旧徳川家臣の島田三郎と本多晋《すすむ》が、小栗の潔白の証明と、その死後の位階授与の要請に際する助力を史談会に乞うた。[58] 小栗の「同僚」とされている本多は、明治維新の折に彰義隊の指揮を支えた経験を持ち、雑誌『旧幕府』を通じて歴史の記憶に携わっていた。[59] 島田は新たに獲得した衆議院議長としての地位を用いて、請願書を提出した。[60] 史談会および群馬県知事が首相の閣僚に請願を行う一方で、豊国もまた地元読者たちにその運動への支援を求めた。「もし彼〔小栗〕が薩長出身、とくに官僚だったなら、政府はあらゆる障害を除去したのではないだろうか。またそのような人間は、贈位はもちろん、それ以上の御沙汰も与えられたはずである。我上州は、横須賀海軍工廠長の黒井〔悌次郎〕中将に感謝を捧げなければならない。そして、島田、本多のような人のことを決して忘れない*[61]」。

しかしながら、顕彰に対する会津の人びとの要求と同様に、運動は失敗に終わった。負け惜しみが与っていたのだろうか、小栗貞雄は極力平静を装った。「小栗の贈位の御請願云々の御厚志には感謝のほかありません。……とはいえ、一人の人間の価値を決めるのは格づけではなく、天より授かった美徳である。古くより、価値ある人間は人間でも神として讃えられた。……評価に値する人間は自然世の中に重きを置かれるものなのです。ある人間を正六位だの五位だのと言い立てるのは、むしろ侮辱ではないでしょうか」[*62]。個人の価値の真の裁定者たる「天」や「神々」の下に、より低次元で世俗的な位階を従属させることで、小栗の道徳的優位を主張しようとした。これにつづく蜷川新、豊国らによる刊行物は、貞雄のこの所感をこだまさせるものだった。

横須賀五〇年祭を軸とした贈位実現への努力が不首尾に終わる一方で、もう一つの試みがなされたのは、小栗の記念にとっての重要な年――一九二八年だった。明治維新六〇周年にあたるこの年には、多くの徳川寄りの著作が書かれたが、そのなかには次節で述べる新しい小栗伝も含まれていた。広く読まれたこの小栗伝は、小栗顕彰へのもう一つの運動を促進することになる。一九一五年の運動とは異なって今回は、国政に携わる政治家の関与は少ないようだった。小栗家もしくは徳川の遺産と深いつながりを持つ島田三郎や大隈のような人びとは、すでにこの世を去っていた。以前と同様、海軍はその遺産の一環として依然として小栗を利用していたし、この努力の最前線でありつづけていたのは地元の人びとだった。一九二八年、倉田村（旧権田村）の村長市川元吉は、群馬県知事に請願書を送り、小栗の国への貢献、横須賀記念祭における海軍による小栗の顕彰、およびそれにつづく小栗の胸像の建造を挙げつつ、贈位への一層の努力を強く求めた。

内務大臣から首相田中義一に宛てた覚書には、群馬県知事からの一一件の贈位要請が詳述されており、そこには候補者の皇室国家への忠誠心が述べられていた。小栗の位階は実際を見ると、これらのリストのなかでは最下位の従五位下であり、大名や名門旗本が常とする格だった[63]。知事が小栗の業績として述べたポイントは、横須賀の胸像によって知られる海軍への貢献であり、財政手腕であり、当代では米国を指す「白色人種」と相渉る外交能力だった。小栗の死に関して覚書の著者は、他の大名や旗本、あるいは福沢諭吉のような人物でさえ、かつては薩長勢との戦争を唱えていた点を注記している。それは小栗ただ一人の意見ではなかったのである。(64) 賊のレッテルに関しては、横須賀の小栗胸像への大正皇后〔貞明皇后〕による御手許金の下賜が、赦免が済んだことを証立てていた。(65)

同じ一九二八年、海軍大臣岡田啓介もまた田中義一に書簡を送り、死後の位階ではなく、特赦を小栗に与える可能性を探るよう求めた。(66) この長文の文書は、たとえば海軍への小栗の貢献を強調するなど、もろもろの位階要請に見られたのと同様の主題を多く踏まえており、福地源一郎のような身近な小栗伝作者の著述、さらには勢多桃陽のような青少年向けの伝記作者の著述からも抜粋を延々と収めている。政府は岡田の要求を却下した。政府は小栗の罪、すなわち将軍に向かって官軍との戦いを進言した罪は、明治憲法発布に伴い公表され、西郷隆盛を含むすべてのかつての反乱者に与えられていた大赦のもと、許されていると信じていたからである。(67)

これらのどの事例においても、小栗の支援者たちは、その賊名のために小栗が直面した困難を理解していた。彼らは、小栗はその意図を誤解した人たちによって殺された点に鑑み小栗の当地での活動に注目するのをやめ、維新期における他の徳川家臣たちの振る舞いとの比較のなかに、小栗を正しく位置づけようとした。言い換えれば、他の旗本や大名たちが維新後に職を得て、あるいは称讃さえされるなかで、小栗一人が非難の対象に選ばれたのはなぜなのか？　ということである。このような形で、岡田は小栗遺産を理解した。彼は小栗の位階を求めることはしなかったが、小栗の罪といわれてきたものへの不当な注目をやめさせ、一八八九年に赦免された人びとがいる一方で、小栗が長年受けてきた差別を解消することを願った。彼は、勤皇派の武士を含む多くの候補者もまた位階の授与から漏れている事実をあげながら、死後の位階を認められないことが必ずしも有罪を意味するものではないことを強く言い立てた。一九四四年、群馬県議会議長は、小栗への贈位に向けて最後の運動の先頭に立ったが、これもまた実を結ばなかった。(68)

井伊直弼と、会津の「天朝に逆らった」武士たちにとって代表的存在である旧藩主松平容保は、いずれも死後の贈位に与った。小栗には決して与えられなかった死後の位階が、一八九三年に死去した後に容保には与えられたことを不審に思う向きもあるかもしれない。「明治の歪み」の生じた言説の場で、自らにゆかりのある藩と明治維新との関わりについて書く地元の歴史家たちは、先人たちが天皇の名において戦ったことを例証しようと試みた。その点、「京都守護職」の称号を持つ容保は、忠実な王臣という枠に適っていた。さらに、薩長藩閥政府のあいだに容保への怨嗟がどれほど存在したにせよ、彼が明治の世まで長命し、日光東照宮の宮司を務めたことは、彼に対するいかなる誹謗中傷をも困難にした。一九二八年、待ちに待った名誉回復の機会として会津の人びとにことほがれるなか、容保の孫娘の一人が昭和天皇裕仁の弟秩父宮と結婚した。(69) 容保よりもだいぶ遅れて、井伊直弼が死後の贈位を受けたのは、一九一七年になってのことだった。明治寡頭制のあいだで井伊は依然として敵視されているにもかかわらず、日本に対するその貢献は、正式の認可を正当化するのに十分な事由たりえたのだと、そのことを記事にした観察者は注記した。(70)

## 幕末ブームと蜷川新

明治維新についての解釈に転機が訪れたのは、国内および海外の出来事――第一次世界大戦、ボルシェヴィキ革命、米騒動、首相暗殺、さらには関東大震災――が日本の知的環境に劇的な影響をもたらした、大正時代（一九一二―二六）のことだった。憲政の父尾崎行雄は、一九二三年の関東大震災と一八五五年の安政大地震、原敬首相の暗殺と井伊直弼暗殺とを比較した。またある者は、日本中に波及したロシア革命の影響を、かつて日本に出現した米国船になぞらえて「新しい黒船」と称した。一九二〇年代までに明治期の価値体系は影響力を失っており、知識人たちは、新しい革命が日本に生起することに不安と希望とを抱いていた。[71] 政府への批判は、帝国主義的な民主主義〔民本主義〕と大衆文化の普及と並行して続けられたが、そのことは、大正期における維新期の人物の描写を方向づけた。白柳秀湖は短い坂本龍馬伝を書き、天皇を中核とした新しい日本を創造した封建制破壊の先駆者として坂本を描いた。[72] 吉田松陰のイメージは、一八九三年における「精神の革命家」から一九〇八年の「帝国主義的拡張の支援者」へ、さらに一九三〇年代になると、中里介山が伝記に描いたような「「救世愛民の一大伝道者」の資質をもった人間」へと変化した。[73] 一九二〇年代末には、没後五〇年の一九二七年を皮切りに「西郷ブーム」も到来した。西郷もまた、過去の悪を破壊するために、そうでなければ「人民」のために戦った無名市民の一人として、人物像のさまざまな再構成を経験した。[74]

一九二八年に催された明治維新六〇周年記念祭は、関東大震災後に生じた文書保存に対する懸念によって増幅された、一般向けの維新叙述におけるもう一つのブームをもたらし、新たな二次的著作

――ことに敗者を称える著作の執筆を促した。(75) 気乗り薄だった徳川慶喜への一連のインタビューが、数十年の作業を経てようやく一九二五年に上梓されると、続いて数巻からなる伝記が一九三三年に刊行された。(76) 子母澤寛《しもざわかん》は、一九二八年から一九三一年にかけて刊行された三部作のなかで新選組を復権し、五箇条の誓文で行った約束を履行しない薩長藩閥政府と、主流を占める歴史の語り方への不満をそこに投影した。(77) 彼は、西村兼文による一八九四年の解釈に代表される、ごろつきの暗殺集団という新選組の典型像を拒否し、国民みなの、より大きな利益のために働いた公的巡査隊としての役割を強調した。(78) 会津における歴史的記憶もまた、おそらくは新たな名誉回復をきっかけにして、一九二〇年代の末から一九三〇年代にかけて集積を急にした。山川健次郎――東京帝大を含むいくつもの大学で総長に任じられたかつての白虎隊士――は、おそらく最も有名な会津の歴史的復権者だった。その重要な著作『会津戊辰戦史』が刊行されたのは一九三三年であり、彼の死後まもなくだった。

この幕末ブームが起こる時までに、横須賀でのそれに触発されたもろもろの記念行事を受けて、小栗の人気は史上最高に達していた。小栗が注目されつづけるようになったのは、多作な法学者であり小栗の遠戚にあたる蜷川新《あらた》が、小栗の記念に関わり始めてからだった。(79) 蜷川は、地元の情報提供者から情報を獲得する一方で、全国の読者にメッセージを届ける手段を地元の人びとに提供することで、メモリー・アクティヴィストとのあいだに互恵的な関係を結んだ。競合する地元のアクティヴィストたちは、小栗「遺産」に対する彼らの主張を正当化するために、蜷川を利用すべく努めた。その過程において、西郷隆盛や勝海舟といった明治のヒーローに対する蜷川の辛辣な批判は、それ以後の、メモリー・ランドスケープでの小栗の描かれ方に影響を与えた。

戦前期を通じた蜷川の著述の大多数は、外交および東アジアにおける日本への関心を軸としていたが、明治維新六〇周年には、二部からなる小栗伝を刊行した。すなわち、一九二八年の著作『維新前後の政争と小栗上野介の死』であり、一九三一年にはその第二巻が続いて刊行された。そこで蜷川は、小栗に関する多くの新情報を提示したわけではなかったが、先行するどの伝記作者よりも小栗を、明治維新の広い解釈に結び付けていた。ただその解釈はあまりにも親＝薩長史観への憎悪に満ちていたため、小栗についての歴史叙述を決定的に変えてしまった。版元を見つけるのにも蜷川は苦労し、印税なしの条件で、ようやく日本書院を刊行に踏み切らせた[80]。未公刊の草稿を当時の首相で友人の田中義一に見せたところ、田中は蜷川にこう言った。「いまさら重箱のすみを、楊枝でほじり返すようなことをしなくてもいいではないか[81]」。出版者が蜷川の本の内容に危惧の念を持つのも、無理はなかった。共産主義の文書類に照準を合わせた法令である一九二五年の治安維持法は、国体および資本主義を議論に付すことを違法としたものだったが、一九三〇年代を通して状況はひどくなる一方だった[82]。出版者にとって幸運だったことに、この論争的な本は売れゆきがよかった。この本はベストセラーになり、発売後わずか一〇日にして三刷に入り、ついには一六まで版を重ねた[83]。

蜷川による小栗の再解釈は、時代の二つの動向に流れ込んでいった。第一のそれは、歴史的記憶の動向、すなわち「敗者の歴史」の復興だった。これに先立つ数十年においては、小栗遺産は敗れた会津、新選組——とりわけその局長近藤勇——、そして井伊直弼と結びつけられるのが常だった。しかし蜷川は、維新六〇周年ブームとともに書かれた著作を直接引用し、横須賀記念祭と小栗の胸像建造後に各地に広がっていたメモリー・ランドスケープに、それらの著作を織り込んでいった。新しい知的潮流と彼との関わりは、蜷川の本に寄せた山川健次郎の序文に明らかであり、そのことは、もろもろの序文が物語っているように、同好の著者たちによって担われる知的な課題と提携に関して、多くのことを明らかにする。山川の注釈は、小栗の母と妻について、彼女たちに家長が避難先を提供していた横山家から聞いた話を紹介しつつ、小栗と会津史の深いつながりを跡づけている。祖国への小栗の貢献、すなわち横須賀および中央集権国家の創設への努力を挙げながら、山川は、蜷川による小栗解釈のみならず、蜷川の試みた維新像の修正に対しても、同様に賛意を表している。蜷川は、六〇周年を通じて刊行された親＝会津的な書物を大いに参照することで、その恩に報いた。

第二の動向は、国家《ステート》への小栗の尽力を強調することによって、小栗物語に最新式の歴史叙述を与えることに関わっていた。ジェニファー・ロバートソンの言葉を借りれば、「国民」という接頭辞が遍在する歴史的瞬間に、蜷川は、幅広い「国家主義的」語彙を採用した(84)。「国民」「国民国家」「国民文化」、さらに「民族」のような語は、すべて一九世紀末にさかのぼる精神史を有していたのだが、一九三〇年代と一九四〇年代になると、それらは最高の共振《レゾナンス》に達した。それらの語は、一つの「くに」としての日本に言及する中立的な用語ではなく、あらゆる挑戦者を引き受ける用意の整った、理想化され、統一化され、倫理的に特権化された「国民国家」を指し示すものだった。蜷川は小栗の経歴に関するほとんどの記述にも、これらの言葉を用いている。かくして小栗は、「日本の国家国民のために、大いに尽瘁し」、「国家と民族との幸福進歩のために提身尽瘁し」、つねに「日本の国家国民の安栄を念とした」とされたのである(85)。

小栗の価値を「国民」に説き示すという目標に加えて、蜷川は、「維新前後の事実の真相」の解明を望んだ[86]。蜷川によれば、小栗に関する誤解は、薩長の語りに存在するある根本的な誤解に起因するものだった。「薩長人の天下となりし後は、薩長方に都合のよい一切の宣伝行われ、徳川旧幕府方すなわち、反対派のことは、すべて不正視せられ、顕彰せらるべきこともすべて埋没せられ、そのままに六十年の歳月を経来った。明治以来小学中学の日本歴史本は、みな薩長本位に作り上げられてある[87]」。蜷川にとって、日本人がこの六〇年理解してきた明治維新の像は、まやかしだった。

彼が標的としたのは、維新のヒーロー、とりわけ西郷隆盛だった。西郷と小栗がどちらも、新政への反逆者として死んだのは確かだが、それ以上の類似点は存在しないのだと、蜷川は指摘した。「小栗は経済、財政、軍事、外交などを学んだ。小栗は詩文を弄ばなかった。西郷は陽明学を学びたることあり、禅もやや心得た。詩文も作った。ただし学者というほどの人ではなかった。……小栗は開国論者中の第一人者というべき人であり、世界の大勢に順応し日本を郡県制度に改めざるべからずと主張したる先覚者であった。西郷にはかかる大勢達観的意見のあることを知らない[88]」。ここで蜷川は、いかに西郷が時代遅れの儒教を研究し、見境なしに宗教的だったかを指摘する一方で、小栗に近代性の典型、すなわち経済、政治、軍事面での指導者の役どころを与えている。蜷川にとっては、西郷は武士道の実例でさえなかった。というのも、薩摩の男たちの手で、かつ西郷の命令をもとに江戸および関東地方一円に広がっていた放火や強盗は、泥棒の仕事なのであって、武士道にはあるまじき振舞いと見えたからである[89]。蜷川は、小栗の死の責任を薩長寡頭制に負わせた。「今日の日本国民は、官軍方の人々上下一体となって行える、非道惨虐たるこの殺戮をいかに眺むるや。何らの取調もなくして、四名の日本国の臣民を斬る、これ暴者の兇悪ではないか。かくのごときは、五ヶ条の御誓文に従い「天地の公道」を守るべき正しき官吏の断じてなすべからざる非行ではなかろうか(90)」。

左右いずれの政治的立場に身を置く——左翼なら幸徳秋水、右翼なら「日本ファシズムの父」と呼ばれる北一輝のような——評論家たちも、西郷を崇敬していた。蜷川が属していたのは、そのうち後者のグループだった。「当時の政治はいうまでもなく〔小栗が信奉していたのも〕、今日のごとき輿論政治ではなく〔強調点は原文による〕、国法の認むる所により、独裁政治であった(91)」。独裁制への回帰を唱道していたわけではなかったのだが、蜷川はその本を通じて、徳川政権が国是としていたものこそが、かくも長きにわたって政権を存続させたのだし、国の近代化を実現させたのだと説明した。蜷川の描くところによれば、小栗にはいかなる意味での政治的計略も欠如していたが、そのことは小栗を、政治に深く関与した人びととの比較において、最良の愛国者たらしめることになった。彼に比べれば見劣りのする同時代人たちとは異なって、小栗は政治を超越していたのである。福沢諭吉の「瘠我慢の説」を援用しながら行った、勝海舟を非とする長い一節のなかで、蜷川は述べている。「勝のごとき変通の大才人は、敵手のためにはきわめて便宜の人ではあるけれども、たとい今日の政党政治の御代としても、危険にして味方として信ずるを得ない(92)」。蜷川は、左翼の見解には全く耐性を持たなかった。「今の平和論者や社会主義者は、すべて軍事工場を呪う。しかしながらこの種の軍事工場〔横須賀〕ありしがために、日本民族六千万人は、支那人および露人の脅威より救い出されたのである。東洋十億民人のための平和も、またこれありしによりて成ったのであった(93)」。

その著作の第二巻のプロローグで蜷川は、第一巻の内容から生じた議論を取り扱った。多くの読者は、蜷川が維新の出来事を歪曲して、勝と西郷を過剰に攻撃した点と、小栗を過剰に称揚した点に不満を抱いた。[94] だが蜷川はひるむことなく、二点についての自身の立場を繰り返し主張した。さらに彼は、第一巻に寄せられた好意的な書評や手紙の抜粋を収録したが、それらの多くは学者やその他の名士たちによって書かれたものだった。佐野朝男は、これまで自分は西郷を「英雄」と呼んできたけれども、蜷川の本を読んだ後では自信がなくなってきたと述べた。[95] 大隈重信の長女は、小栗の秘められた貢献が公にされたことへの喜びを書き表した。[96] また、蜷川の著作に刺激を受けた小説家の十菱《じゅうびし》愛《よし》彦《ひこ》は、一九二九年に戯曲「小栗上野介の死」を刊行した。さらに中里介山は小説『大菩薩峠』を書き進めるなかですでに小栗に言及してはいたが、一九二八年に発表した「Ocean の巻」と題されたくだりでは、小栗への新たな記念＝顕彰自体を叙述に組み入れた。[97]「小栗上野介の名は、徳川幕府の終りに於ては、何人の名よりも忘れられてはならない名の一つであるのに、維新以後に於ては、忘れられ過ぎるほど、忘れられた名前であります。……それが忘れられ過ぎるほど忘れられているのは、西郷と、勝との名が、急に光り出したせいのみではありません。……歴史というものは、その当座は皆、勝利者側の歴史であります[98]」。伊藤痴遊もまた、一九三一年に公刊した親＝徳川的な史書『佐幕派の傑人』で小栗をとりあげた際、小栗の重要性の理解を助けたのは蜷川の本だったと記した。[99] この著作で伊藤は、横須賀の功績を小栗一人に帰す向きがあるとはいえ、その功は小栗一人のものではなかった――実際に現場で多大な働きをしたのは栗本鋤雲だったと指摘してもいるが、小栗への扱いはおおむね同情的だった。[100] 科学史家の三上義夫は、『上毛及上毛人』の編集者に蜷川の本について手紙を書き、薩摩の欺瞞への怒りと、政府が薩摩の反政府勢力を鎮圧したことへの喜びを（西南の役に言及しながら）表明した。[101]『上毛及上毛人』の編集者は、蜷川の本が明治維新についての誤解を訂正し、小栗および会津藩士たちの名誉回復を望み、群馬県においてさえ小栗「遺産」は、維新の敗者たちが織りなすより大きなメモリー・ランドスケープの内部におさまるようであることを示した[102]。

とはいえ、すべての歴史家たちが、一般に承認されている維新の英雄たちを犠牲にして小栗を称揚する、蜷川の試みに賛同していたわけではなかった。神長倉《かんなくら》眞民《まさみ》による一九三五年の著作『仏蘭西公使ロセスと小栗上野介』は、横須賀建設に対して小栗に注がれる現代の称讃に疑問を投げかけた。彼は、日本にとっての横須賀の重要性を踏まえて、小栗の能力は実証的に再評価されなければならないという点に同意していたが、小栗への称讃は彼にとって、鋳造工場、武器庫、乾ドックが実際には幕府の役に立たなかった点に鑑みれば、気前がよすぎた。勘定奉行としての小栗は、まったく成功していなかった[103]というのである。神長倉は、現代日本における模倣すべき範としてではなく、政府の頑迷さの例として小栗を持ち出した。彼は、一九三〇年代の軍事支出の増加を、小栗管轄下での徳川幕府のそれと比較した。「軍備の充実には、何人も異存はない。軍艦もほしい、飛行機もほしい。しかし、国力、民力との釣合いも考えなくてはいけない。……民力がそれに伴わなければ、イザという場合に、その軍備を、十分に活用することができない。その点を考えたら、あの製鉄所というものは、何としても、無理な事業だつた。……むしろ、ロセスの甘言に乗せられた軽挙なのだ。……幕府としては、常軌を逸した処置という非を免れまい[104]」。神長倉はまた、新政府軍がいわれなく小栗を殺したのだという見解にも賛成しなかった。「官軍が、小栗を理も罪もなく殺したようにいう人もあるが、あの時の官軍は、中々行き届いたもの[105]」。神長倉は、新政府軍は過ちを犯しただけだったのだと信じていた。すなわち、小栗が天皇に刃向かう姿勢を示しているという噂が田舎じゅうに広がっていて、新政府軍はそれを真に受けたというのである。

幕末ブームは、地方史および民俗学への関心の高まりと軌を一にしていた。カレン・ヴィーゲンが近年例証したように、一九二九年の経済恐慌は、田舎を活性化する試みを加速させた[106]。ヴィーゲンの事例研究の場所であり、群馬県と同様の状況にあって、農業と養蚕が地域経済の重要な部分を占めていた長野県では、地元の長期的な収入源が特に手ひどい打撃を受けた。これらの変化は折に触れて、下から上へ、地方から首都へと向かいつつ未完の明治維新を是正しようとする、政治的な農地改革運動を引き起こした[107]。一九三〇年代を通じて成長したもう一つの動向は、日本固有の民族的アイデンティティを促進する学者たちの努力——愛郷心《パトリオティズム》を育もうとする努力だった。柳田國男のような学者たちは、たいていはエリート的で男性的であるような都市の近代化によって傷つけられることのない、日本人のアイデンティティの純粋な顕現を、地理的境界への注目を通じて見出そうとした[108]。

長野県に郷土研究を育成しようとする動向は、群馬でも並行して進められ、そこで小栗遺産に影響を与えた。長野では、郷土史および地理は教育的手段とされ、生徒たちをまず郷土に結びつけたうえで、さらにその郷土を国に結びつけようと試みることによって、彼らにとっての精神的媒介として機能した。全国的な舞台で、とくに軍事や教育の分野で名をなした郷土の有名人の伝記は、ここでの教育法の中心をなしていた[109]。群馬の教育者たちの努力も長野と同工異曲のものであり、群馬における小栗遺産は、相応の変形を受けることになった。一九二九年に刊行され、一九四一年に再版された『郷土読本』[110]は、歴史および地理を通じた学童たちの「国民精神」の育成を目標に掲げる声明とともに始まっていた。そこで小栗は一章をあてがわれ、その軍事上の偉業——すなわち横須賀の建設と西洋の

# みすず 新刊案内

2019. 6

# アウシュヴィッツの巻物　証言資料

N・チェア／D・ウィリアムズ
二階宗人訳

ナチのユダヤ人絶滅収容所内に設置されたガス室は、移送されてきたユダヤ人から選別された囚人「ゾンダーコマンド」（特別作業班）によって稼動していた。彼らは人々がガス室へ送られるのに立会い、遺体の焼却や処理、清掃など、「地獄」の労働を担わされた。

ゾンダーコマンドたちがひそかに書き残してアウシュヴィッツ収容所の火葬場の地中に埋めた記録、手記や手紙が戦後、数十年にわたって発掘されている。イディッシュ語やフランス語、ギリシア語などの言語で書かれ、内容も文体も体裁もさまざまである。ガス室の入り口から隠し撮りした写真もあった。

ゾンダーコマンドの文書は旧約聖書の中でも特別な書とされる五書にちなんで「巻物」と呼ばれる。「巻物」の書き手たちはほとんど生きて還ることはなかった。

彼らはなぜ、何を、どのように書いたのか。本書は「アウシュヴィッツの巻物」の全体像を詳しく考察した初めての書である。

A5判　四一六頁　六四〇〇円（税別）

# 測りすぎ

## なぜパフォーマンス評価は失敗するのか？

ジェリー・Z・ミュラー
松本 裕訳

「測定基準の改竄はあらゆる分野で起きている。警察で、小中学校や高等教育機関で、医療業界で、非営利組織で、もちろんビジネスでも。…

世の中には、測定できるものがある。測定するに値するものもある。だが測定できるものが必ずしも測定に値するものだとは限らない。測定のコストは、そのメリットよりも大きくなるかもしれない。測定されるものは、実際に知りたいこととはなんの関係もないかもしれない。本当に注力するべきことから労力を奪ってしまうかもしれない。そして測定は、ゆがんだ知識を提供するかもしれない――確実に見えるが、実際には不正な知識を」（はじめに）。

パフォーマンス測定への固執が機能不全に陥る原因と、数値測定の健全な使用方法を明示。巻末にはチェックリストを付す。

「あらゆる管理職が読むべき本」ティム・ハーフォード

四六判　二三二頁　三〇〇〇円（税別）

# 脳のリズム

ジェルジ・ブザーキ
渡部喬光監訳　谷垣暁美訳

「脳は予測装置であり、その予測能力は、絶え間なく生成しているさまざまなリズムから生じる。」二〇〇六年に刊行された原著は、かつて「ノイズ」にすぎないとされていた脳内リズム現象の見方を一変させ、すでに現代の古典となっている。本書はその待望の邦訳。

脳内のリズム現象は認知機能の中核を担っている。脳の中では振動子としてのニューロンが集団的に同期しつつ、f分の1揺らぎ、時間窓によるスイッチング、確率共振といった特性を利用しながら、思考や記憶などの複雑に統合された能力を創発するシンフォニーを奏でているのだ。本書は初歩から説き起こされているが、読み終わるころには振動ダイナミクスと認知機能の関連が具体的に見えてくる。たとえば第11章では、動物が周囲の空間を把握し、予測し、記憶しながら移動できる仕組みを機械論的に説明しきっており、圧巻だ。第一人者による一貫したビジョンに基づき脳の捉え方を変革する、刺激的な一冊。

A5判　四九六頁　五二〇〇円（税別）

# 科学者は、なぜ軍事研究に手を染めてはいけないか

池内　了

「本書はおそらく〈科学者は軍事研究に手を染めるべきではない〉と主張する最初の本になると思っている」

グローバル化が喧伝され、生き残るために倫理を置き去りにすることを当然としかねない現代、企業は儲けのために手抜きや不作為が常態化して安全性が二の次になり、政治は軍拡路線を拡大して貧富の格差の拡大を放置し、科学者の多くは研究費欲しさに軍事研究に励み、人々はお任せ民主主義になれてしまい、長期的な視点を失っている。このような時代にあって、著者は科学者の責任として、本書を書き下ろした。

第一次世界大戦、ナチス期の科学者や日本の戦時動員体制から、安倍内閣による「防衛装備庁の安全保障技術研究推進制度」の詳細、大学や科学者コミュニティの実際、AI兵器・ゲノム編集、デュアルユース（軍民両用技術）のあり方まで。若き科学者に向けて普遍的かつ喫緊なテーマの全体像を初めて記す。

四六判　二七二頁　三四〇〇円（税別）

## 最近の刊行書

——2019年6月——

S．サザード　宇治川康江訳
**ナガサキ**——核戦争後の人生　3800円

M．ワート　野口良平訳
**明治維新の敗者たち**——小栗上野介をめぐる記憶と歴史　3800円

P．マクヒュー／Ph．スラヴニー　澤 明監訳
**マクヒュー／スラヴニー 現代精神医学**　7200円

C．シャーフ　R．ミラー／5W インフォグラフィックス＝イラストレーション　佐藤やえ訳　渡部潤一他監修
**ズーム・イン・ユニバース**——$10^{62}$倍のスケールをたどる極大から極小への旅　4000円

＊＊＊

**―好評重版書籍―**

**死を生きた人びと**　※第67回日本エッセイスト・クラブ賞
——訪問診療医と355人の患者　小堀鷗一郎　2400円
**夜と霧**——ドイツ強制収容所の体験記録　V．E．フランクル　霜山徳爾訳　1800円
**エルサレムのアイヒマン**〔新版〕 H．アーレント　大久保和郎訳　4400円
**野生の思考**　C．レヴィ＝ストロース　大橋保夫訳　4800円
**タイプ論**　C．G．ユング　林道義訳　8400円
**エコラリアス**——言語の忘却について　D．ヘラー＝ローゼン　関口訳　4600円
**食べたくなる本**　三浦哲哉　2700円
**ロシア・ピアニズムの贈り物**　原田英代　3600円
**情報リテラシーのための図書館**　根本 彰　2700円
**精神分裂病**〔改版〕新装版　E．ミンコフスキー　村上仁訳　5400円

＊＊＊

月刊みすず　2019年6月号

「ブランド建築が勃興した平成の東京」（東京論・第5回）五十嵐太郎／連載：「ナチズム研究の現在」（第4回）小野寺拓也・「戦争と児童文学」（第7回）繁内理恵／小沢信男・郷原佳以・池内紀ほか　300円（2019年6月1日発行）

msz
みすず書房
www.msz.co.jp
東京都文京区本郷2-20-7　〒113-0033
TEL. 03-3814-0131（営業部）
FAX 03-3818-6435

表紙：Edvard Munch　※表示価格はすべて税別です

軍事技術の移入に光をあてられながら登場する。物語は、小栗殺しに関して薩長の非を明確に鳴らすことはせず、小栗の最期が、金品目当ての悪党に起因して、村での彼の意図に誤解が生じたことに加え、幕府内での彼への敵意がもたらしたものであることを示唆している。いかなる場合でも、物語は肯定的な注記を加えて終わる。すなわち、横須賀の胸像への大正皇后による御手許金の下賜である。[111] 一九二〇年代末から一九四〇年代にかけて、群馬史に関する著述は、地方と国を結びつけるためにますます小栗を語り寄せるようになり、地元の小栗記念＝顕彰行事には、全国的有名人たちがいっそう頻繁に参加するようになった。

メモリー・アクティヴィストたちは、地元の集合的記憶の形成に際し、蜷川に助力を求めた。蜷川のレトリカルな戦略が小栗に関する地元の言説に影響を及ぼす一方、蜷川自身は、地元のアイデンティティの絶えざる変化に関与した。権田村はもはや、独立した行政単位としては存在していなかった。一八八九年、川浦、岩氷、水沼の三村――徳川時代を通じて共同の統治単位として権田とは密接に結びついていた――が烏淵《うぶち》村となる一方で、権田村は隣接する三ノ倉村と合併して倉田村になっていた。倉田と烏淵とは一九世紀以来、数多くの教育および行政上の事業において協力し合ってきた。一九三一年、両村の支配層の人びとが小栗の記念石碑をつくる組織を結成し、その長として倉田村長の市川元吉を任命した。[112] 彼らは、記念碑に刻む文言に関して蜷川に示唆を求めた。蜷川は彼らに、二通りの碑文を送った。第一のものは簡潔に、「幕末の偉人小栗上野介終焉地」とのみ記されていたが、結果的に村人たちによって選ばれた第二の碑銘には、こう記されていた。「偉人小栗上野介　罪なくして此所に斬らる[113]」。後者の碑文を選ぶことによって、村の支配層の人びとは、超国家主義的なイデオロギーと暴力が拡大する時代にあって、明治維新についての挑戦的な解釈を強調した。高崎の権力者たちは、物議を醸す碑文を理由に村に石碑の建造を認めることを拒否したが、そのことは、天皇の部隊によって不当な殺人が行われたことを示唆していた。

警察は、新政府軍が無実の人間を殺したはずはないと論じたてた[114]。蜷川は、明らかに村人たちに与する立場から仲裁に入り、一年後、石碑は小栗処刑の地の近くで首尾よく除幕の運びとなった。除幕式には一〇〇〇人以上の人びとが姿を見せたが、そのなかには群馬県庁の役人たち、蜷川、貞雄の甥(貞雄は病気だった)、小栗夫人の一族の子孫の一人、それに高崎警察署長もいた[115]。これは、村人たちが小栗への感謝の念を公に表明する最初の機会だったと蜷川は述べた。その感謝は、小栗の精神が、政府の神としてでも欲得ずくの神としてでもなく、人民のための神として地域を守護したことに向けられたものだったというのである[116]。

## 頭角をもたげる――小栗「遺産」をめぐる地元の戦い

小栗の記念＝顕彰活動は、しばしば地元レヴェルでの協力関係を育てた。多くの研究者たちがとりわけ『上毛及上毛人』において協働し、あるいはお互いの著作を引用しあい、小栗の地域遺産の大部分はそこで構築されたのである。一九二〇年代末、群馬県政府は、県庁所在地に置かれた集会所、群馬会館に飾られる小栗の胸像レリーフへの資金として、民間より寄付を受けとった。県内のアマチュア歴史家たちは、自分たちの地域と小栗との結びつきについて研究し、より大きな地域の歴史に自分たちの歴史を書き加えた(117)。

しかし、葛藤や競争、それに緊張関係は、小栗「遺産」に関する地元の協力関係を弱体化させた。群馬県の東善寺を中心に展開する記念活動は、埼玉県の普門院のそれと競合していたが、いずれも小栗関連の記憶に支配的な影響を及ぼすことを望んでいた。彼らの集合的記憶の構造が齟齬をきたし、地元および全国的な名士に支援を求める接近手段を競っていたのは確かである。とはいえ、いかに小栗が記憶されるべきかという一点に関しては、彼らは合意していた。いずれの側も、小栗の金銀を探すことを小栗の記憶の不適切な使用とみなし、それを行う者を攻撃した。小栗「遺産」の意図的利用がこのような広範な規模で生じたのは、群馬での小栗の個人的生活や役割についての詳細な情報が欠如していたからだった。

小栗を正当に表象＝代理しうるのは誰かをめぐる、いくつかの都道府県の住民たちのあいだでの競争は、一九二〇年代および三〇年代を通じての、維新関連の出版や記念活動の高まりによって生じた。慰霊祭にふさわしい中心的場所として、東善寺と普門院という二つの寺が小栗をめぐって争った。普門院は、一六世紀には荒廃していた寺を再建した小栗家の初代当主を通して、より古い小栗家との結びつきを誇っていた。彼および四代までの当主は普門院に葬られたが、何らかの未知の原因によって、以後小栗本家は普門院を用いないようになり、菩提寺を江戸に移した。一八六八年、江戸を去る際に小栗忠順は普門院に暫時足をとめ、その将来の維持費として五〇両を寄進するとともに、数々の家宝を売りさばいた。東善寺の小栗家との結びつきはそこまで古くはなく、一八世紀にさかのぼれるに過ぎなかったが、忠順とのあいだにはいっそうの強いつながりが保たれていた。

小栗に関係するメモリー・ランドスケープのなかで普門院が枢要な役割を果たすようになったのは、一九三〇年代に入り、阿部道山がこの寺を小栗記念の目玉に押し立ててからのことだった。[118] 一九二五年に寺の後継者となった阿部によれば、人びとが普門院を訪れだしたのは、一九三三年に徳富蘇峰が、境内に建てられた「上野介の菩提所」訪問に関する一文を公にした後のことだった。[119] 一九三五年、阿部は、総理大臣岡田啓介、埼玉県知事床次《とこなみ》竹次郎、高位の海軍将校たち、横須賀武器庫の主任、さらにこの事業を起ち上げ、記念碑の文言をしたためた蜷川新を含む数多くの有名人を引き込んだ記念碑の除幕を行った。[120] その場に岡田が現われたことは、驚くべきことではなかった。海軍大臣として彼は、いずれにしても、小栗の特赦を得るために努力していたのである。徳川家の第一六代当主徳川家達《いえさと》が書を寄せて、徳川の殉教者として小栗を定義しつつ、さらなる正当性を普門院に付与した。とある新聞記事は、この行事、とくに岡田首相の参列について、一九二〇年代に始まった修正主義的潮流つまり明治維新史の書き換えであると表現した。匿名のその筆者は、非難を浴びる維新の人物たちのなかでも、最も長く待たれていたのは小栗の弁護だったと注記した。伊藤痴遊がこれに同意した。今こうして小栗のイメージが訂正されたからには、明治維新史について書き直すべきことは何も残されていないのだと。[121] 彼の論評は、その足跡が維新の記憶の極限を際立たせる、有力な維新の敗者としての小栗の地位を強調したものだった。一九三六年には、中里介山も普門院を訪れた。彼自身の説明によれば、大宮を通って東京に車で帰る途中、「小栗上野介墓所、普門院」なる標識が目に入ってきた。彼は阿部を訪ね、のちに小栗家、そしてもちろん忠順自身と普門院の深い結びつきについて書くところがあった。[122]

群馬の小栗支援者たちは、埼玉の小栗ランドスケープ内部でその役割を拡大した阿部の成功に、しだいに嫉妬心を募らせるようになった。一九四〇年、阿部は小栗上野介振興会を創設した。埼玉県知事が会長を務め、海軍および横須賀武器庫のメンバーたちが役員として働き、蜷川は顧問として名を連ねた。[123] 一九四〇年代を通じて、会は毎年小栗祭を主宰し、地元市民や横須賀の人びとが大いに参加した。彼らはまた、横須賀で毎年挙行されていた小栗＝ヴェルニー祭式典にも代表を派遣した。群馬のメモリー・アクティヴィストたちは、普門院の新たな名声に遺憾の念を抱いた。その一人は述べている。普門院は小栗の先祖の墓地以上のものではなく、その計画は阿部の熱意の産物である。しかし本県［群馬］の権田は、小栗と又一の亡骸が葬られ、家臣たちの墓さえも建てられている場所なのである。我々はすでに小栗貞雄の支援を得ているし、貞雄の息子で後継ぎの又一の未亡人は、幾度となく墓参に訪れている[124]――。

普門院に対する東善寺の唯一の強みは、豊国覚堂が指摘したように、小栗貞雄およびその家族とのいっそう深い結びつきだった。群馬は埼玉に負けず劣らず活動的だったと、豊国は示唆している。権田にもまた、さまざまな役人たちの来訪を促進する独自の顕彰会が存在していた。反論のなかで阿部は、小栗家および小栗語りの創造に重要なその他の人びとの認知を得るために、権田の村人たちを直接攻撃した。恩知らずの権田の村人たちは、小栗家の逆鱗に触れた。小栗の娘国子は、もう二度と東善寺には行かないと言っていると。[125] 彼は、小栗の妻道子が権田の村人たちを憎んでおり、彼らは小栗を裏切り高崎藩に引き渡したのだと非難していると主張し、それゆえ、自分はこの先権田を訪れるつもりはないと言った。[126] 普門院への小栗貞雄の墓参は、阿部の正当性を後押しした。その貞雄から阿部は、普門院こそが小栗忠順の「正式の」墓所であると述べた手紙を受けとりさえした[127]。阿部はまた、小栗の墓所は数多いが普門院のそれが最も正当的であると主張した、蜷川の権威までも利用した。

小栗の首級の最後の安息地をめぐる議論は、競争心を増幅させた[128]。その調査が本格的に開始されたのは、一八六九年、権田の村役人中島三左衛門が権田に戻った時だった。彼は小栗の妻、母、それに娘を無事権田から会津、そして江戸へと送り届けたのち、静岡県で警察官として勤務していた。最も一般的な説明によれば、中島は主人小栗の、分断された首と胴をつなぎあわせてほしいという願いを覚えていた。理由は何であれ中島は、小栗の首が埋められている法輪寺墓地の、深夜の盗掘を計画した。最初の試みは失敗した。中島とその共謀者は、法輪寺を管轄する地元の役所で働く叔父を持つ、高橋村の村長に助力を求めた。その叔父は、小栗のために墓石を建てたいという口実のもと、法輪寺を偵察した。首の場所が首尾よく確かめられたのち、夜の寺に男たちがしのびこんで首を掘り出し、最も信頼しうる証拠によれば、権田に持ち帰り、観音山に埋め直した。

県の文書は、小栗と又一の首が確かに寺から運び出されたことを示しているが、その最後の安息地については、相反する言い伝えの領域にある。首の盗掘を助けた者の権田村の子孫は、小栗の首は権田村に還ったが、その残りの遺体とともに、又一の首は下斉田に埋め直されたと主張した。一九一〇年代の半ば、群馬の地元研究者が、小栗の死の当時を知る村人にインタビューを行った。彼らは、地元官庁からの反響を恐れて、小栗の首についての物語を秘密にしていたのだと主張した。盗まれた首について、早川珪村が最初の調査を行い、その結果を一九二三年に『上毛及上毛人』に公表した際、二つの場所に首があるということで権田と下斉田村のあいだに論争が勃発したが、普門院には言及が

普門院にある小栗の墓石。寺の僧らによると、墓石に刻まれた文字は、墓荒しの被害を避けるためにわざと消してある。

なかった[129]。その問題に普門院が巻き込まれたのは、阿部がやってきた一九三〇年代のことだった。一九三五年、『上毛及上毛人』に出た豊国による記事は述べる。小栗の首については普門院が近年主張を行っていたとはいえ、権田は小栗の首級の所在についてより確かな証拠を持っている。それなのに土地の人びとが全く沈黙しているのはなぜか。「我徒もまた権田説に左袒せざるを得ないのである[130]」。小栗の首のゆくえに関するもう一つの物語は、阿部の支持者たちにより再説されたものだが、武笠銀介という名の小栗家臣が首を盗み、普門院に運んだのだと論じた。しかしながら、この物語が正確であるためには、小栗の処刑後その首が、いくつかの情報源によって確認されたように実検のために館林に送られたのではなく、青竹に刺されて晒されつづけたのでなければならなかった。[131]

首のありかには関わりなく、この論争に参加することによって阿部は、自分の寺に対するいっそうの注目を得る立場にあった。彼は、一九四一年に小栗伝を刊行するに際して、小栗処刑の責任者の一人、原保太郎にインタビューを行った。明らかに阿部は、小栗の首のありかについての普門院側の主張の支えとして、原の証言を使用しようと目論んでいた。阿部は原に誘導尋問を仕掛けた。あなたは河原に晒されていた小栗の首が、盗まれて菩提所に持ち運ばれたのをご存知ですかと。原は答えた。「翁、盗まれたのは事実だ。あとで、埼玉らしいという風聞もきいたが、別に首そのものに用もない、斬ればよいと思ったので、そのままにした。それに、越後に賊が起きたというので、俺は大音にあと始末も任せて権田を去ったわけだ[132]」。とはいえ、一九二〇年代初めに別の著者が行ったインタビューのなかで原が、「全く自分が見ている処で切らせた」と述べていることは、首を実際に打ち落としたのが彼自身ではないことを意味するものとして理解されている。[133]いずれにせよ多くの者は、小栗の死に対する新政府軍の責任に関わる踏み込んだ質問を差し向けた点で、阿部が原に行ったインタビューは大胆なものだったと考えた。阿部と原の双方にとって厄介だったはずのインタビューを通じて示された、阿部の勇気に感銘を受けた小説家の井伏鱒二は、一九四九年、阿部のインタビューをもとにした短編小説を発表し、表題を「普門院さん」とした。

一九三〇年代と四〇年代を通して貫かれた阿部の努力は、報われることになった。彼の小栗伝は書評に恵まれた。阿部の著作を、もう一人の悲劇的な徳川の人物について書かれた、先行する著作と結びつける批評家がいたとしても、驚くべきことではなかった。「上野介の正伝を世に公にされたことは、島田三郎の井伊大老伝を凌駕する功績というべきであろう」[134]。ついに普門院は、全国的有名人としての小栗の第一の「記憶の場」として、東善寺をしのぐに至った。大宮市〔現さいたま市の一部〕の観光案内所は、「ここもまた小栗の墓所である」というキャプションとともに、普門院を地図の上に掲載した[135]。阿部は、寺の門前で前住職と会っている小栗を描いた絵葉書さえ作り出した。彼は寺の評判の確立に成功し、さまざまな高位高官の人びと――政治家、軍人、学者、さらに芸術家――の訪問を受けるようになったが、すべては寺と小栗忠順との結びつきによるものだった。

しかしながら普門院は、宝探しと称する人びとをも引き寄せることになり、そのなかには不法行為を通して小栗の孫だと主張する者もいた。小栗の死の性質を取り巻く両義性、富についての風聞、さらにその私生活についての情報の欠如は、会津武士あるいは井伊直弼の「遺産」を煩わせることはない仕方で、小栗「遺産」を悩ませた。歴史的記録の欠落が物語の捏造を促し、河原秀守はこれを使って小栗とのつながりを築いた。お宝ハンターたちは、ことに一獲千金狙いが過熱した一九三〇年代、群馬県の赤城山を掘りつづけた。児玉誉士夫の『獄中獄外』によれば、巣鴨プリズンで東条英機、岸信介それに児玉が、東京湾に投げ込まれた二億ドル相当のプラチナの話をしていた折、それを岸が赤城山の財宝と結びつけた。「[総理大臣] 岸信介氏が、「近衛さんの秘書の後藤隆之助氏が赤城の山に黄金が隠してあると言って掘ったことがあったが、あれも嘘でしたよ!」と言うと、池崎氏が、「後藤という男は土の中から人の隠した黄金でも掘り立てそうというような面をしている。そういう風にできた人らしい」と話す。これには皆んな爆笑してしまった[136]」。

後藤の場合は、大金を失う前に採金熱がさめていたようだが、他の人びとはそうはいかなかった。

一九三三年、戦後著名な社会党の政治家になった猪俣浩三は、詐欺罪に問われていた彼の元教師を弁護した。被告の関儀一郎は、赤城山、山梨県のさる場所、そして神戸出身の透視能力者とチームを組んだのちには他の二か所の中間地点に位置する子持山をも含む数か所で、採掘を始めていた。彼は、その事業への資金調達促進のためのグループを設立し、初期投資の一〇円の二〇〇倍のリターンを約束した。そして、ついには三万五〇〇〇円の資金を、満洲や樺太といった遠方の人びとからもかき集めた。(137)

しかし、自分は小栗の孫だと主張することによって宝探しに小栗の名を利用したことで、メモリー・アクティヴィストの標的にされたのは、河原秀守だった。(138)地元群馬の歴史家たちは、河原の宝探し物語と、いかに河原が小栗伝説を一変させたかを事細かに語った。「大正から昭和に亙り地方好事家の問題に上っていたが、昭和の中頃からは、遠く甲州方面［河原の故郷］に飛び移ったのである」。(139)豊国はその読者たちに、河原はニセモノだと警告した。小栗家は彼から離れている。少しでも彼のことを知る者だったら同じことをするだろう、と。(140)

阿部の名が小栗を通して広まったように、徳川埋蔵金に関する新聞記事にたびたび現れることで、河原もまた知名度を得た。河原は阿部に、自分は関東大震災の後に新たに発見された宝の地図を所持しており、もし阿部が宝探しに力を貸してくれさえすれば、阿部は普門院に新しい山門を持つことができるだろうし、その残りは海軍に寄付されることになるだろう、と語った。その伝で河原は、超国家主義運動の指導者頭山満《とうやまみつる》でさえ、自分の目的を支援してくれるはずだと信じていた。河原と頭山は、普門院の小栗の墓地への参詣を申し出た。拒絶する理由は何もないと言い立てられて、阿部は彼らの墓参を許可した。「いよいよその日がきた」と、阿部は書いた。「大宮市の各社の記者が写真班を動員してきた、二十人ぐらいきたと思う。河原某は紋付で威儀をただす」[141]。とはいえ阿部は、頭山が顔を見せず、代わりにその子息が現れたときの記者たちの落胆ぶりをも指摘している。河原は財政的援助を表明し、葬儀のために三〇〇円を払い、その他のどの参列者にも五〇円相当の食事をふるまった[142]。

小栗「遺産」の代表権をめぐる競争にもかかわらず、阿部とその群馬のライバルたちは、小栗のイメージを利己的な物質的利益のために利用する者への激しい嫌悪を共有していた。彼らは、小栗の利用の仕方には不適切なものがあり、とくに埋蔵金に関する投機がそれであるという点で一致していた。小栗は、愛郷心、国家および人民への忠誠、そして武士道の鑑という文脈のなかでのみ議論されうる存在だった。河原の参詣中、阿部は説法のなかで、河原と埋蔵物とのいかなる関係をも否認した。「小栗上野介の偉大なる所は、高節、臣節に一生を捧げたことにある。そして国家的軍事的施設を欧米化せんとし、孜々と努力した。真に日本武士道の範である。後人は小栗の気風に大いに学ぶべき所がある、社会風教のためである。私のこの事業に精進しているのも、この一事である。……物質的欲望の如き小栗には絶対に持合がない。又あろう筈がない。埋蔵金は山僧の関知せざる所である。金より必要なるは国民の気魄である。この精神的方面を世人に伝えれば、山僧の役目は終わるのである。諸賢よ、こうした小栗の高風に接するため展墓〔参墓〕せられた〔い〕」[143]。阿部の演説は、一九三〇年代の文脈の内部にぴたりと収まるものだった。武士道の範としての小栗の勇敢な精神は、兵士と国民に対する国家の理念を映し出した。さらに、ファシズムが攻撃した物質性を代表するものが、この場合は、徳川埋蔵金の捜索だった。阿部は自らを霊的な案内者に変身させることで、小栗の不在を埋めようとしたのである。

だが、普門院の人気が第二次世界大戦をくぐりぬけることはなかった。貞雄は、小栗遺産に関する阿部の目論見への疑念をつのらせ、彼らの関係は悪化した[144]。阿部は戦後も長く生き、一九七八年に八四歳で世を去ったが、戦前ほど熱心に小栗を宣伝することはなかった。二〇〇五年に私が普門院を訪れた際、住職は私に、この寺で最後の小栗祭が催されたのは自分が子供の頃、一九四〇年代のことだったと語った。私が詳細を聞きだそうとすると、彼はしばし話をとめたのち、「いろいろ難しくなって……」と言った。彼はまた、小栗について尋ねにくる人はほとんどいないのだと私にもらしたが、寺のパンフレットやウェブサイトには、寺と小栗とのつながりのことが今もなお記載されている。

## 結論

小栗遺産がブームになったのは、一九二〇年代から四〇年代にかけて、地方と国の集合的記憶の構造が相互作用を起こしたことによってだった。この時期を通じて、小栗の歴史的記憶は、その過去を現在につなぎとめる物質的な標識の創造によって、重要性を獲得していった。中央政府はしばしば、どの価値が「記憶の場」に意味を与えたか、たとえば、近代的銅像の建造を通じた記念＝顕彰活動や、死後の位階の贈与についての決定を行った。しかしながら、井伊の銅像の事例が例証するように、地元の利害関心は、こうした記念碑を建造する際、空間の使用を明確にするよう政府に強いるこ

# 読者カード

みすず書房の本をご愛読いただき，まことにありがとうございます．

お求めいただいた書籍タイトル

ご購入書店は

・新刊をご案内する「パブリッシャーズ・レビュー　みすず書房の本棚」（年 4
3 月・6 月・9 月・12 月刊，無料）をご希望の方にお送りいたします．

（希望する／希望しない

**★ご希望の方は下の「ご住所」欄も必ず記入してくださ**

・「みすず書房図書目録」最新版をご希望の方にお送りいたします．

（希望する／希望しない

**★ご希望の方は下の「ご住所」欄も必ず記入してくださ**

・新刊・イベントなどをご案内する「みすず書房ニュースレター」（E メール配
月 2 回）をご希望の方にお送りいたします．

（配信を希望する／希望しない

**★ご希望の方は下の「Eメール」欄も必ず記入してくださ**

・よろしければご関心のジャンルをお知らせください．
（哲学・思想／宗教／心理／社会科学／社会ノンフィクション／
教育／歴史／文学／芸術／自然科学／医学）

| | |
|---|---|
| （ふりがな）<br>お名前　　　　　　　　　　　　様 | 〒 |
| ご住所　　都・道・府・県　　　　市・区・郡 | |
| 電話　　（　　　　　） | |
| Eメール | |

ご記入いただいた個人情報は正当な目的のためにのみ使用いたしま

ありがとうございました．みすず書房ウェブサイト http://www.msz.co.jp では
刊行書の詳細な書誌とともに，新刊，近刊，復刊，イベントなどさまざまな
ご案内を掲載しています．ご注文・問い合わせにもぜひご利用ください．

郵便はがき

料金受取人払郵便

本郷局承認

3078

差出有効期間
2021年2月
28日まで

113-8790

東京都文京区
本郷2丁目20番7号

みすず書房営業部
行

通信欄

（ご意見・ご感想などお寄せください．小社ウェブサイトでご紹介させていただく場合がございます．あらかじめご了承ください．）

とができた。「全国区的な」諸都市における公共空間を支配する法律を政府が設けたのは、メモリー・アクティヴィストが井伊の銅像を東京の公園に建造しようと試みた後のことだった。私は、諸都市が「地方の」それと「全国区的な」それとにきれいに分かたれることを示唆しているわけではない。横浜と横須賀が示しているように、地方と国の両方の祝典の場として諸都市は機能し、井伊と小栗のそれぞれに対して、新たな遺産をもたらしたのである。

特定の記念＝顕彰活動で明示された目標が意義を持つのに、活動が成功する必要はなかった。群馬の支援者たちは小栗の死後の位階を得るのに失敗し、史談会、親＝徳川的な歴史の書き手たち、あるいは政治家たちへの助力要請は無駄骨に終わったのだが、この活動を通じて生み出された言説は地元の記憶における小栗の重要性を強め、ますます彼を明治維新史における悲劇的人物に押し立てていくことになった。小栗の記憶に投資して誰からも正当な承認を得られなかった、自称宝物探検家の河原さえも、自分の役立たずの冒険に資金を貸すよう、やはり人びとを納得させたのである。

戦間期を通じて経験された小栗ブームはまた、地域と国家のあいだの複雑な相互作用を物語ってもいる。それは、いかに地元の人びとが、少なくとも一時的に、国家を内面化していたかを例証する。群馬のメモリー・アクティヴィストが「海軍のヒーロー」としての小栗の評価を利用したのは、「帝国日本」という戦前および戦時の概念に内在する軍事力の定義を海軍が助けた時代においてのことだった。多くの研究者たちが今日では、国レヴェルで始まったさまざまな事業構想と交渉し、それに参加する地方の能力を認めているにもかかわらず、近代国民国家の創設における地方の利害関心の役割を、受動的なものに貶価している歴史家もいる。(145) 柳田國男以来、研究者たちは地方を、全国的に認められた研究者たちが民間の説話、地元のヒーロー、そして日本人のアイデンティティを定義する歴史を掘りだしてくる宝庫とみなしてきた。しかし、井伊と小栗の事例が例証しているのは、横浜および横須賀の五〇年祭に見られたように、国家的祝典においても地方でつくられた言説が存在していたということである。蜷川と阿部の著作は全国的名士の注目を集めたが、蜷川や阿部ですら、地方の歴史家たちに多くを負い、その物語をしばしば逐語的にコピーした。地方の人びともまた、歴史的記憶についての支配的な物語を利用しつつ、国全体にとっては異色でありながら、それと衝突することもない、彼ら独自の地域的なアイデンティティを組み立てていった。それゆえに小栗遺産は、「地方」と「国」という二項対立の中心らしきものとみなすのではなく、地方的なもの——全国的なものが互いに織り成すネットワークそれ自体として理解されなければならないのである。

# 第四章　戦後つくり直された維新の敗者たち

戦時期は、歴史的記憶および記念＝顕彰の関心の焦点を、二つの点で劇的に移動させた。第一に、日本の敗戦は、明治帝国の夢、少なくともナショナリストや皇国主義者たちの夢の敗北を意味するものだった。明治維新およびその主な担い手についての新たな語り直しは、戦後の多くの歴史的論争の的になり、維新を描く大衆文化の領域に進出した。学者や郷土史家、作家たちが「英雄」史観から離れたとき、彼らにとっての焦点は、維新のヒーローたちから出自のより卑しい匿名の大衆へと推移した。戦前におけるヒーローのすべてが忘れ去られたわけではなかった。たとえば西郷隆盛は、依然として大衆文化に不可欠な要素だったが、ヒーローを定義する価値基準が変わっていた。天皇の信奉は、もはやヒーローの人生における支配的な物語ではなくなっていた。戦後における維新のヒーローは、それに代わってコミュニティ、平和、そして時には日本の繁栄のために働く一方で、自身の幸福への気遣いを第一にする人びととして描かれたのである。

歴史叙述と大衆文化は、戦後期を通して、社会的・政治的な文脈を共有しあっていた。歴史家のあいだでの、たとえば普通の人びとや下級武士への関心の高まりは、一九六〇年代の学生運動の季節を通じて見られた大衆文化の発展と並行しながら、坂本龍馬のような若い（そしてしばしば独身の）人びとの地位向上をもたらした。同様の相乗効果は、いくぶん穏やかな規模で徳川の敗者たちに関しても起こった。これは、日本そのものが敗者としての自身の状況に取り組まなければならなかったことに関わっていた。本章が示していくように、徳川の敗者たちの再定義を、作家たちは歴史叙述と大衆文化の内部で試み、ある点で成功し、ある点で失敗した。一九五〇年代には井伊直弼の人気が田舎でブームを経験し、一九六〇年代には司馬遼太郎が、若い読者層に向けて新選組の物語の書き換えを行った。小栗もまた、井伏鱒二と司馬遼太郎の作品を通して戦後の小説に登場するとともに、一九五〇年代に制作された映画の主題になった。

第二に、地方を活性化する政府の努力は、メモリー・アクティヴィストたちに、維新の出来事に関する彼らの解釈を国の場面に投影する新たな機会を与えた。このプロセスは、市町村の合併を通じて変貌した地方の構成として始まり、新たな地域アイデンティティを支える新たな集合的記憶の存在を要請した。メモリー・アクティヴィストたちは、一九七〇年代に始まり、「ディスカバー・ジャパン」「エキゾティック・ジャパン」さらに一九九〇年代の「歴史街道」へと続く、「ふるさと」ブームの振興のために中央政府から地方につぎ込まれた資金から利益を受けていた。二一世紀になると、記憶に関わる事業は、地元の知られざる歴史、物産そして文化に光をあてる、あまたのテレビ番組に支えられるようになった。国内旅行の発展は、都市の中心として思い描かれた場所から離れる動きであったが、同時にその動きは過去への、たいていは江戸時代への旅でもあった。

戦後に受けた注目はささやかなものだったので、小栗を全国的なヒーローに押し立てることはなかったけれども、地元のメモリー・アクティヴィストたちは、戦前の先行者の築いた土台に立脚しつつ、さらに田舎への新しい関心から利益を得ることで、小栗の物語を群馬の物語として地固めすることに成功した。小栗の語り寄せをめぐる競争は、一九五〇年代に倉田村が倉淵村へと変貌した際にも続けられた。戦後の地域主義は、群馬のヒーローとしての小栗のイメージを強化したが、そのことは倉淵のアクティヴィストたちが、小栗についての知識の源泉としての認知度と、小栗を地元のヒーローとして主張する権利に関して、埼玉の競争者である普門院の権威を失墜させるのに一役買った。しかし倉淵は依然として、競合する小栗の利用者たち、とりわけ埋蔵金伝説と小栗との結びつきに焦点をあてる人びとに由来する問題に直面していた。

## 戦後の歴史叙述における小栗の位置づけ

戦後のほとんどの歴史学派において、明治維新はファシズム、暴力、そして戦争状態への日本の推移を説明するうえで根本的な主題になった。戦時期日本のイデオロギー的制約から自由になった著名な左派歴史家たちの影響のもと、維新期の解釈は以下のいくつかの思想学派に収束していった。第一に、ナショナリスト的なトーンをその仕事に響かせる人びとを含む、マルクス主義歴史家たちの多様なグループ。第二に、日本史を西洋の歴史理論の枠組みに適合させようと試み、初期近代の日本史に個人主義と民主主義の実例を見出そうとした近代主義者たち。第三に、軍国主義の、おそらくはファシズムの運動によって一時的に中断された工業化の過程を見た、楽天的な近代化論者たち。第四に、

「民衆」のなかに自発的な知的、社会的、文化的な発展を見出した民衆史家たち。

成田龍一は、遠山茂樹による一九五一年の『明治維新』が、戦後初期の支配的な維新観を代表する著作であると論じている。[1] マルクス主義歴史家の遠山は、維新史記述における支配的物語の一つとなるものを編み出した。彼は維新の始期を、封建制度のきしみ――ペリー総督の来港によって深刻化したきしみが現れ始めた一八三〇年代に設定した。彼は、幕府と、薩長両藩に導かれた改革志向の尊皇攘夷勢力との緊張関係に伴う民衆の不安に注目する。しかしながら遠山は、幕府滅亡後でさえ封建的要素は残存した――日本はマルクス主義革命を経験していなかったのだと論じた。[2] 半封建制という近代日本独特の特徴の一部分は、天皇制絶対主義として定義された。他のマルクス主義歴史家たちは、維新に関する遠山の基礎的叙述に制限を加えた。たとえば井上清は、西洋が日本に植民地化の脅威を与えていたと論じる点で、遠山とは異なっていた。彼と石井孝はその主要な著作において、幕府と、加えて小栗には、日本の「半植民地化」をもたらした責任があるとした。[3]

知的な意図の違いにもかかわらず、多くの歴史家は、薩長の旧弊な人士と徳川の忠臣のいずれをも否定的に描き出す傾向を、井上や石井と共有している。グラックが指摘するように、新しいヒーローになったのは、人民を擁護する側に立ち新政府による年貢半減を約束した、相楽総三のような人間だった。[4] 幕府の人物は問題の一部であったのであり、しばしば封建的で無能で、西洋の勢いを阻止することができず、また階級闘争の原因として描き出され、民衆史家によって称讃された「人民」には決して数えられなかった。小栗は、その軍事的・経済的改革に否定的なイメージが付与されるに伴い、徳川絶対主義の推進者と目されたが、そのことで「彼が犯罪者とみなされたことは驚きではない[5]」。

戦後期にあっては、幕末期の徳川人を擁護する人びとは、新しい歴史叙述に彼らのヒーローを受け入れさせるために、損なわれた彼らの名誉を回復する方法を見つけなければならなかった。このことを、悪評高い天皇制への対抗軸に彼らのヒーローを置き直すことで、実際に行った書き手もいた。岡繁樹による一九四八年の井伊直弼伝は、井伊を暗殺し、その後死後の贈位を受けた水戸浪士が体現する超国家主義への怒りを表明した。(6) 彼は井伊を介して、戦後が経験した天皇制からの解放をことほぎ、日本の敗戦を「第二の開国」、そして日米関係における井伊の価値を再検討する好機と呼んだ。(7)

勝海舟もまた、名誉回復には好都合な幕臣だった。というのも彼を、「徳川対明治の天皇主義者」のような、わかりやすいが問題のある二分法で理解することは不可能だったからである。マルクス主義歴史家の田村栄太郎は勝を、封建制度に対抗し米国ふうの政治形態を望んだが、欧米人の排斥を主張せずまた狂信的な尊皇家でもなかった――その点で西郷隆盛と相並ぶ――人物として描いた。田村が強調したのは、勝の平民的出自と、勝のような下級武士が直面していた貧しい経済状況だった。一九六〇年代の高度経済成長期に書かれた著作で田村は、「御家人生活の例であるが、現代人には理解できない下級武士の生活がよくわかる」(8) と言い切った。またさらに、田村によれば勝は、日本の統一が可能なのは日本人が内戦を抑制した時だけだと信じ、戦争の回避に最善を尽くしたのである。

戦前の歴史的説明の力学を逆転させるこの動きはまた、明治維新と天皇制に関する支配的な語りに非を鳴らすために小栗を用いる一つの議論の場を提供したが、そのことは彼を、おそらくは初めて、歴史叙述の主流に押し立てた。一九五〇年代初頭、八〇代に達していた蜷川新は、親＝明治国家的な歴史の語りに対する戦前からの非難を続行する、三冊の歴史書を刊行した。その一冊『維新正観』で蜷川は、新憲法下の民主主義社会の文脈で明治の「遺産」を攻撃した。日本人は、明治維新が肯定的な出来事であるという混乱した信念から目を覚まし、それがむしろ「陰謀家の所業、甚大な破壊行為」であることを認識しなければならないと蜷川は論じた。(9) 蜷川の理解によれば、尊皇家を自称する人びとと幕府の滅亡とは何の関わりもない。最後の将軍は、自発的に彼の職名を返上することで幕府を終わらせたのであって、天皇の意思を維新が反映したわけでもなければ、「民衆」が幕府に敵対したわけでもなかったのである。(10)

　蜷川は、明治の天皇主義者たちの遺産と対照させながら、日本の民主主義の源泉としての「徳川遺産」の価値を宣揚した。維新史における慶喜の働きを強調することで、蜷川は、戦前期の少数支配政治の役割を相対化してみせた。帝国日本は、徳川時代に起点を持つ民主主義への流れを妨げていた。戦前における明治寡頭制批判者の大部分と同様に、蜷川は、明治政府は五箇条の誓文を、人民の地位向上のためにではなく、自分自身に都合よく用いたのだと論じた。彼は五箇条の誓文の第一条、「万機公論ニ決スヘシ」のなかに、民主主義的な性格を認めた。(11) と同時に彼は、「天下は一人の天下にあらず」、あるいは「天下は仁〔蜷川の解釈では「人民」と同趣旨〕に帰す」という五箇条の誓文の基調は、それに先立つ徳川時代の民主主義の考え方に基づくものであると主張した。(12) 蜷川は、大政奉還に関する慶喜の上表文は、人民のための政府という五箇条の誓文の理念を告知するものだったと示唆した。誓文中の「広ク会議ヲ興シ」という文言は、「広ク天下ノ公議ヲ尽クシ」という慶喜の上表の写しだった。(13) 言い換えれば、民主主義は外国からの借り物ではなく、日本史の一部であったのだ。

　ベストセラーになった二冊目の本、『天皇――誰が日本民族の主人であるか』のなかで蜷川は、天皇制を歴史化し、天皇を日本史上重要度の低い人物として描いている[14]。蜷川にとって天皇は、戦争を引き起こした異常の中心だった。この本で蜷川は、林羅山、新井白石、安積艮斎によって書かれた近世の書物を引用し、自身の見解を補強している。「封建時代の学者たちは、天皇にかんして、自由な評論をくだしている」と論じた彼は、林羅山の議論を引用している。「だいたい、開化天皇が、自分の義理の母を妻としたのは、不義ではないか。君主というものは、人倫の模範であるべきものである。人の上となって、けだものにひとしい行いのあるものに、どうして国を治めることができようか[15]」。

蜷川は、日本の天皇と国民の関係は希薄であると信じていた。大部分の日本人に知られている天皇といえば、天智、桓武、後醍醐、そして明治天皇しかおらず、彼の言うところによれば、偉人と呼ばれうる人物は一人もいない[16]。彼は、天皇の地位を海外の概念に由来するものとみなし、その根拠として「天皇」の語が中国語起源である点を挙げたが、武士に関連する多くの用語が海外起源であることは、都合よく無視した[17]。二〇〇〇年の日本史において、天皇を日本人民の父とみなすことは決してできないし、民主日本には支配者と被支配者の関係は存在してはならないと蜷川は論じた[18]。蜷川は、天皇の君主らしさというものを考えることはできない以上、ヨーロッパの君主とは比較不可能であると論じ、天皇は単に日本の象徴であるという見解に同意することさえ拒んだ。『維新正観』のなかで彼は書いている。「国とは、国民がみずからの主権によって結びついた集団のことである。天皇は主権者ではない。［それゆえに］天皇が国民を統合することは不可能である[19]」。戦後憲法に表現されているように、天皇を「国民統合の象徴」とみなすことは、民主日本における明治帝国のイデオロギーの残存の反映であるがゆえに危険であると蜷川は主張した。憲法における天皇の卓越性に関しては、「過去の邪悪な見方を現代にもちこむことで、民主日本を蹂躙する計画だといえる」[20]。

蜷川は、こうした批判に照らして小栗を再成形しながら、親しまれているヒーローたちを攻撃した。小栗はすでに前二著に登場していたが、第三の伝記『開国の先覚者 小栗上野介』では焦点とされた[21]。先立つ著作においてと同様に、明治期とその遺産を、日本の進歩を妨げていた悪しき「他者」として定義した。彼は引き続き、勝海舟と西郷を標的にした。蜷川ひとりが西郷を攻撃したわけではなかった。戦後のマルクス主義史家の遠山茂樹は、「独善的な政治理念を骨のずいまで叩き込まれた」反近代的で教育のない人物と西郷を見た圭室諦成《たまむろたいじょう》がやはりそうしたように、西郷を封建的反動として描いた[22]。民主的な戦後日本の文脈において、蜷川は、歴史における小栗の役割を民主主義の先覚者のそれに持ち上げた。彼は論じた。「小栗上野介の郡県政治論が、もしも、明治以前にはやく実行せられていたならば、日本民族は、今日を待たずして、民主主義の国になっていたと推断しうるのである。勝海舟には、その知識はなかった。西郷にいたってはそのような考えは全くなかった[23]」。

同時に、天皇制に対する蜷川の批判は、彼が戦後に経験した「回心」の証拠ともされた[24]。一見したところ、この観察は論理的であるように見える。結局彼は、他国への日本の侵略を全面的に支持していたのだから。しかしながら、蜷川の著作をこのように読むことは、戦時期の愛国精神を、天皇制および「明治の遺産」への支持と融合するものである。戦前の蜷川は、日本の拡張政策の正当化はしたが、決して明治天皇および天皇制を賛美することはなかった。彼の戦後の著作の大部分はそれより前に行った批判に立脚していたのだが、その批判は、当時は珍しくもなかった明治寡頭制への批判というだけではなく、ヒーローたち、そして明治維新それ自身の動機に向けられた批判だった。天皇中心主義イデオロギーに対する戦後の彼の攻撃は、こんな調子で続けられた。他の多くの歴史家と同じように、彼は時流の文脈に沿って主題を転換した。すなわち、民主日本を語り、日本民族の言説に合わせてヒーローを造形し、戦時期のイデオロギーを想起させる「国民」のような国家志向的用語を回避した。彼の著作は、その多くがマルクス主義者であり、明治維新および一八六八年以後の日本を戦時期日本史の淵源とみなす、戦後の進歩的歴史家たちと歩調を合わせていた。蜷川の批判は時に、その多くが井上清のように、天皇制は近年の創造物であると指摘する左翼の歴史家のそれと酷似する様相を呈したが、蜷川自身がマルクス主義者であったわけでもなければ、明治維新についての彼らの想定に蜷川が同意していたわけでもなかった[25]。

最終的には、そして蜷川の多くの努力にもかかわらず、高位の幕臣たちが被った戦後の歴史叙述に通有の概して否定的な描写を、小栗は免れることができなかった。ベトナム戦争と日米安保条約への反対運動は、左翼の歴史家たちのあいだに、西洋との衝突によって突き動かされるエスニックな語りへの傾向を強化させた[26]。石井孝は、小栗主導のもと幕府が、幕敵との戦争へ支援を取りつける見返りにフランスに北海道を差し出すことで日本の半植民地化を許そうとしていたのだと主張したが、それはこのような傾向の先駆けであった。

さらにグラックが指摘していたように、一九五〇年代には、近代に向かう平和的推移として維新を描き出すことで、その肯定的価値をほめそやす対抗的な物語――一九六〇年代に米国の日本史家たちが日本に輸出する以前に存在していた一種の近代化理論――が勢力をましていた[27]。「封建制」の語、および小栗や井伊のようなその代表的人物を、明治寡頭制より良きものとする蜷川の努力は、時代錯誤の色合いを帯びるようになった。というのも、明治維新とは進歩を指すに至り、封建制は戦前の少数支配体制、ファシズム、さらに軍国主義の原因とみなされたからである。[28] 非エリートや日本の民衆の役割に注目する語りを推し進めた戦後日本の民衆史家は、小栗のような傑出した官僚を称讃する傾向をほとんど持たなかった。戦後期を通じて民衆史家が日本人民を解放しようとしていたのは、まさに小栗のような人物からだったのである。[29]

## 大衆文化と維新の敗者たち——井伏鱒二「普門院さん」

文学と映画は、日本国家への多大な非難を抱えつつ、普通の市民の経験に注意を向け、戦争の悪を暴き出そうとした。この推移が起こったのは、経済回復が芸術の環境を変え、日本人自身が徐々に犠牲者として描かれるようになった一九五〇年代末のことだった。[30] 明治維新についての歴史フィクションと時代劇映画は、維新の敗者たちの人生を手がかりに、戦争、損失、そして困難への解釈を与えた。彼ら「敗者たち」の物語は、日本における、そして日本の損失を——大日本帝国にとっては世界におけるその地位の、日本人にとっては愛する人びととそれに幸福感の損失を——体現していた。

井伊直弼は、大衆文学、歌舞伎、映画、ひいてはテレビにおいて、戦後初めて再評価を受けた明治維新の敗者だった。小栗の場合と同様、井伊の復権は、全国的な大衆文化と地方主義の隔たりを埋めようとする形で行われた。死と戦争は、井伊に関する戦後のフィクションに顔を出している二大テーマである。田中英光の短編歴史小説「桜田門外」と「桜田の雪」は、井伊の暗殺それ自体にではなく、その暗殺者たちの生に焦点を合わせる。田中は、井伊伝を書いた岡繁樹のように、死をめぐる戦時期の彼自身の観察から視座を得て筆を進めた。水戸浪士への田中の扱いは、右翼団体の大東塾に属する一四人の人びとによる、代々木練兵場での集団自決から受けた衝撃を映し出していた。田中にとって、日本の敗戦に対する自責の念の究極の表現である彼らの死は、水戸浪士による井伊暗殺と相通じるものだった。どちらも無意味であり、ニヒリズムの産物であるように思われたからである[31]。

舟橋聖一の小説『花の生涯』もまた、市井の登場人物を通して井伊の物語に接近しようとする。舟橋自身は、当時繁殖していた暗い文学になるのを避けたいと望んでいた[32]。その本のなかで井伊同様の光があてられるのは、その愛妾の一人と恋に落ちる家臣にして友人の長野主膳である。物語の筋は、井伊に対抗する過度に暴力的な尊皇派をいささか悪者に仕立てながら、井伊のより私的で人間的な側面を提示している。この小説が行ったように、後続する歌舞伎版の『花の生涯』は、井伊と観客との感情的な距離を縮めている。ある批評家は、先行する公演とは違って、〔二代目市川〕猿之助の井伊は過度に傲慢ではない[33]と指摘した。実際、井伊に関する別の歌舞伎劇である『井伊大老』は、井伊と観客とのギャップを狭めることができなかったゆえに、評判はとれなかった。井伊の生涯を題材にした最初のいくつかの劇は、社会一般を見るレンズとしてそれを用いたが、それ以降の上演になると、井伊の私的な側面――少なくとも一人の批評家が当時指摘した「物語のむら」が顔を出し始める[34]。一九五三年にはその映画版も上映されたのだが、新たに人間味を付与された井伊のイメージと人気が地方で高潮したのは、一九六三年、ＮＨＫ史上最初の大河ドラマとして『花の生涯』が放映されてからのことだった。フィルムが現存しているのは第一回放映分のみであるが、その当時全国の視聴者に与えた衝撃は絶大だった。その放送を受けて、その年には一〇〇万人近くの観光客が、あるレポーターが命名した「花の生涯ブーム」の中心地である彦根市に押しかけた。[35]

井伊は、短期間ではあるが大衆文化の領域で花開いたのだが、小栗の存在はといえば、それほど目立つことはなかった。しかし、文学や映画におけるいくつかの名誉ある扱いが、完全な忘却の淵に追いやられることから小栗を救った。戦後に入り、初めてフィクションの形で小栗に関する記述を行ったのは、井伏鱒二だった。「普門院さん」は、阿部道山が小栗の処刑者原保太郎に行ったインタビューを語り直した作品である。井伏によれば、彼が最初に阿部の物語と出会ったのは、シンガポールにあって日本軍で宣伝活動に従事していた時のことだった。阿部の甥にあたる当時の彼の友人が、おじの功績についてよく話すことがあった。戦後、その甥は井伏に阿部の小栗伝の写しを一部送り、おについて何か書くつもりはないかと尋ねた。[36]井伏はついに普門院の阿部を訪問したのだが、寺のウェブサイトから明らかなように、この時の訪問は今でも普門院の誇りでありつづけている。[37]物語が最初に『改造文芸』誌上に掲載されたのは一九四九年だったが、その後少なくとも三度以上手直しされ、最後の改稿がなされたのは、井伏が世を去る五年前の一九八八年のことだった。作品は改稿を行うごとに短くなったが、群馬におけるメモリー・アクティヴィズムの影響の強まりを反映しながら、小栗と倉渕村のつながりについての記載は増していった。

批評家たちが指摘しているように、「普門院さん」は、小栗のパースナリティへの井伏の深い敬意と、「勝てば官軍」式の態度への不満とを物語っている。[38]小栗は、一九三〇年代以後の井伏の長期連載小説『さざなみ軍記』に見てとれるように、井伏好みの主人公のタイプ――周縁的な歴史的人物であり失敗者――に収まっていた。[39] その物語は、源平の戦いで敗れる側に身を置きながら、勝者たちに抗して生きのびようとする、無名だが実在した若い兵士の視点で描かれている。周縁的な「敗者たち」はまた、「普門院さん」と同じく史料に依拠し、通常の脚色法に抗った小説『ジョン万次郎漂流記』の主題でもある。[40] 多くの小栗＝メモリー・アクティヴィストと同様に、井伏は、小栗について書くことには暗黙のタブーが存在すると信じていた。晩年にさしかかった時期に、井伏はこうコメントした。「小栗さんのことはみんな書いていない。久米邦武なんかも書かなかった。あぶないからね。明治の文部省が抑えていたんですよ」。[41]「普門院さん」の主軸に置かれているのは、維新史の混沌とした諸事件によって重苦しい雰囲気を漂わせている二人の老人の会話である。原と阿部はともに、井伏の作品群を通して典型的に見られる文学的人物像、すなわち井伏がその文学的経歴を通じて開拓してきた「エキセントリックな老人」という人物像に合致している。[42] 井伏による会見の逐語的語り直しは、死と歳月という相似た主題を結びつけることになる。勝又浩が指摘するように、「官軍の、まだろくすっぽ何も分からない二十歳ぐらいのやつが、幕府の高官をスパッと殺しちゃったということに対して、和尚さんは腹立ててるわけだけどね。井伏さんが、それに共感しているというか……」。[43]

井伏は、この物語の始まりから、過去と現在の対話に読者を引き込んでいく。オリジナル版の物語の冒頭近くで、語り手となる作中人物は述べる。「私は、この目で、歴史を見たんです。この耳で歴史のなかの人物の声を聞きました。歴史と現世は、二つの歯のやうに嚙みあつてゐますね」。物語は、その人物が鎌倉に住んでいた時、その家に物乞いに来て去ったという、不審な雲水を探しに出る話を語りだすところから始まる。近くの駅で、物乞いと同じくらいの年齢の坊さんと出くわして、これが雲水で、悪事に関わっているのだと信じた語り手は、坊さんを追ってある勅選議員の屋敷の前にたどりつく。疑念を昂じさせた語り手は、その勅選議員、原の屋敷の植え込みの中に身をかくして会話に耳を傾けるのだが、この場面に井伏がインタビューをそのままの形で展開することによって、二人の男のあいだの気まずい緊張関係が描きとめられていく。

　戦後の井伏の他の文章と同じように、「普門院さん」は、戦争経験に関する一つの注釈である。リーマンは、この過去と現在の交錯を次のように説明している。「彼以前の歴史フィクションの書き手たちと同様に、井伏は歴史的主題に目を向けて、最も差し迫った、最も個人的で現代的な主題を、現代の作品とはほとんど相容れるところのない余韻の深さ、壮大な広がり、そして気品の輝きをもたらす古典的文脈に仕立て上げた[44]」。日本の民衆が戦後、戦争を引き起こした政府に向けた怒りを反響し、阿部の怒りはあふれんばかりに、なぜ小栗を殺したのかという問いを原にぶつけさせる。あたかも戦犯への尋問のように、阿部は原に、なぜ小栗を処刑する前にその罪状を検討しなかったのか、自らの行為に対して良心の呵責を感じないのか、と問いかける。原は懺悔の調子をただよわせながら、阿部のどの問いに対しても律義に答えていく。小栗処刑後の瞬間を思い出しながら、原はこう認める。「一場の儚い夢ぢやらう。やがては、いや、恩讐二つながら無しぢや[45]」。

　物語は、小栗の処刑者と考えられる人間を裁くことはない。阿部の尋問の流れは、言い過ぎの非を認めた阿部が謝り、お茶を前にした二人に訪れた沈黙とともに、いったん中断される。井伏は、他の――とくに戦争経験についての――物語の場合と同様に、登場人物の振る舞いについて読者に勧善懲悪的な判断を強いることを避け、普通の人間が時と場合によっては怖ろしいことをなしうることの意味に考えをめぐらせる方向にしむけていく。[46] 物語は、過去の罪を認めた原の懇願で、阿部が小栗追善のお経を読む場面とともに閉じられる。

少年時代に一度原の屋敷を訪ねたことのある谷崎潤一郎は、維新時の原の行動に読者が感じるかもしれない両価的な感情を簡潔に表現した。どのようにして谷崎が小栗の死と原の関わりを知ったのか、一九四二年の阿部の著書からだったのか、井伏の短編を通してだったのか、それは不明である。彼はただ、小栗を逮捕し殺したグループを率いていたのが原だったと語る「維新の物語」を読み終えたのちの驚きを表明し、こうつけくわえている。「手前共は江戸育ちと申しましても下町の素町人でございますから、徳川家に何の恩怨もある訳ではございません。でございますから、原さんにそういう過去の経歴があったとしましても、別段どうということはございませんが、もしその当時から存じていたとしましたら、あまりいい気持ちはしなかったでございましょうな。とにもかくにも江戸ッ子が、徳川家の重臣を斬った長州の〔実際には原は丹波園部藩出身〕お侍の前に頭を下げて恩を売るということは、まことに意気地のない話と、いくらか口惜しく感じたことでございましょうな[47]」。

この物語のもろもろの改稿版は、メモリー・アクティヴィズムの中心がどのようにして普門院から群馬の東善寺に転移したかを物語ってもいる。一九五一年、権田を訪問した井伏は、一七歳のときに小栗に話しかけたことのある女性、池田かよにインタビューをした。一九八五年、井伏はふりかえってこう述べている。「実際のその坊さんに会って実際のことを書くために……烏川の奥へ小栗上野介の墓を見に行き、反対党の人たちのことを聞いたり、史料を集めたりした。また菩提寺で和尚さんの思い出を聞いたりした。家に帰って来て、それらの見聞によって今度すっかり書きなおした」[48]。第二の版において井伏は、最初の版にはあったゆっくりとした歩調の導入部を取り除いた。物語を展開する語り手はおらず、小栗と普門院についての簡単な紹介のみが置かれたのちに、阿部と原の会話に入っていく。しかし物語は、小栗家の女たちの会津への逃避行を幇助する権田の村人たちの役割を説明する、もとの版には存在しなかった新たな一節とともに終えられる。一九八八年に刊行された井伏の最後の改稿版は、阿部道山の物語から倉淵および東善寺へと、注意の力点を移動させている[49]。井伏が阿部道山に会ったのは、第二の版と第三の版のあいだに一度きりで、阿部の死のわずか一年前のことだった[50]。この会合が井伏に、小栗と普門院自体との深いつながりを感じさせることはほとんどなかったのだが、その一方で、権田／倉淵側を含みこむ動きに関しては、生長する群馬のメモリー・アクティヴィズムと、それへの井伏の意図せざる参加とで、符合していた。敗戦直後から平成期を通じて井伏の短編に生じた変化は、いかに地域のメモリー・アクティヴィズムが全国に向けた小栗の見せ方を――この場合は短編小説の語りを――支配していたかを物語っている。

## 『大東京誕生　大江戸の鐘』――戦後映画における維新の敗者たち

文学と同じく戦後の時代劇映画も、片方の目に第二次世界大戦の記憶を保ちながら明治維新を語り直した。戦後の占領下の政府は、映画を検閲し、時代劇映画に見られる大部分の主題の表現を禁止した。それは名誉ある自殺であり、残忍な暴力であり、排外的なナショナリズムであり、軍国主義だった。このことが、時代劇映画の制作中止をただちに意味したわけではなかったが、その制作には厳しい制限がかかり、四七人の赤穂浪士の物語を含む、前述の主題群を称讃するような古典的な物語はほぼすべて排除された[51]。映画制作者たちはたとえば、クライマックスの殺陣の場面にさしかかろうかというくだりで、主人公もしくは悪者を捕まえさせるなどして、編集によって検閲の目をかわそうとした。占領者寄りの価値の前景化も戦略として機能した。一九四六年の映画『国定忠治』は、幕末の群馬の博徒国定をエセ労働組合の指導者として描いた[52]。その一方で、タウンゼント・ハリスと井伊直弼の関係を描いた映画のような、一見差し障りのない物語ですら、占領者の検閲の抵抗に出くわすことがありえた。政府は、その企画に関して制作会社はハリス家の承認を得る必要があると言い立て、検閲者は、ハリスに「仕える」ために派遣された女性、お吉の反西洋的な描写を好まなかった[53]。

時代劇映画が、歴史小説のごとく、その制作者たちや作家たちが歴史的な諸事件のレンズを通して現代の諸問題を注釈する場としての性格を取り戻したのは、占領期が終わってからのことだった。この性格は戦前、すなわち時代劇映画というジャンルが発展をとげたが政治的、経済的に日本が最も困難だった時期――一九二〇年代から三〇年代後半――にも存在した[54]。この時期には、現代的な労働争議の浸透を反映して、大衆的な農民一揆や戦争の場面を描く制作者もいる一方で、他の制作者たちは日本人の一体感の醸成を試みた。この一体感醸成という目的に向けて、戦前の時代劇映画のなかで維新の敗者たちはしばしば、歴史的因縁を抱えた敵同士でさえ協力しうることを物語る存在として登場した。一九三九年の『沼津兵学校』にはそうした事例が認められるが、そこでは一人のもと長州藩士が、旧幕臣によって占められる兵学校と明治寡頭制とを架橋する役割を与えられている。その映画が物語るところによれば、双方のグループともに、立場の相違にもかかわらず、攻撃的な欧米列強すなわち米英に対峙する日本の進歩を期して働いたというのである(55)。

敗者たちは、すでに歴史小説においてはそうだったように、日本の敗戦および戦中戦後に日本が経験した苦難の身代わりとして、戦後時代劇映画のなかで主役をあてられた。大曾根辰保は舟橋聖一の『花の生涯』の映画版に加え、薩長軍が江戸に入ったのち盗みと賭博の道に追いやられていく江戸暮らしの貧しい武士の描写を、敗戦直後に経験した貧困と苦難に重ねた『江戸の小鼠たち』のような、別の「敗者」映画を監督した(56)。他の監督たちが維新の敗者たちを扱った作品には、江戸に戻ってきた箱館戦争の生還者を描く『江戸の夕映』、やはり維新の敗者たち――この場合は北海道に渡って農民になった東北諸藩出身の武士たち――のたどった苦難に光をあてる『大地の侍』などがある(57)。

戦後文学の場合と同様、小栗に詳しい観客はほとんどおらず、一九五〇年代を通じて小栗が映画に登場した場面はわずかだった。その場合にも小栗の役どころは、大体悪役もしくは間抜けと相場が決まっていた。『鍔鳴浪人《つばなりろうにん》』における小栗は老中職――大名ではなかった小栗には決して手の届かなかった役職――の地位にあり、西洋のとある国から新しい武器を購入する幕府の計画を明るみにする、盗まれた文書を取り戻す責を負うている。この取引は日本に不利と見られるものであり、文書が薩摩の男たちの手に渡るのを未然に防ぐため小栗は浪人を雇うのだが、浪人は結局この任務を果たせずに終わる(58)。同じ年〔一九五六年〕、小栗は『怪傑黒頭巾』シリーズの第四作（『御存じ怪傑黒頭巾　神出鬼没』）でほぼ同じ役割を果たした。そのなかで、小栗と二、三の幕府官僚は、幕府がプロシャとの修好通商条約に署名した直後に幕府に贈られた、火炎砲の公開試射を見ていた。そこに、脇に二挺のピストルを携えて悪を懲らす黒頭巾姿の浪人である主人公が白馬に乗って姿を現わし、その兵器を破壊して小栗を落胆させる。プロシャ人は、幕府に用意できる火炎砲を他にもってはいなかったのだが、日本人とプロシャ人の混血で、その戦車の発明者の娘であるゲルダは、設計図を探しあてた者に火炎砲設計の権利を与えることに同意する。設計図は、ゲルダの父と親交のあった化学者の持つ壺に隠されており、黒頭巾は彼の保護のために新潟に旅立つ。小栗は壺を見つけ出して主人公を殺すため、浪人の一団を雇う。クライマックスの戦闘場面で、ゲルダは一斉射撃の前に身を挺して主人公を救う。彼の腕の中に抱かれながら最期を迎えたゲルダは、日本がもはや人が殺し合うことのない、平和な国になることを希望する。黒頭巾はそれに応える。「ゲルダさん、私たちは皆、あなたの言う殺し合うことのない日本、美しい日本を建設するために戦い、殺しそして死んでいくのです。その多くの人びとの死を意義あらしめるために、必ずや平和な日本を建設してみせます」。

この二作はともに、数多くの戦後映画のなかでほとんど忘れ去られているが、この周縁性こそが、第二次世界大戦の主題そして小栗の記憶が、映画というジャンルの内部で共有されていった二つの道筋をまさしく示唆している。第一に、明治維新の敗者たちの経験をあまりにも過度に第二次世界大戦と結びつけた、暗いプロットの他の時代劇映画とは異なり、この二作は複雑なプロットを展開することもなく、アクションに焦点をあてている。『怪傑黒頭巾』シリーズは、とりわけ面白おかしく、おそらくは若い男性観客向けの作品だった。どの作品も同じように始まる。つまり幕府は、西洋諸国とのあいだに軍事的協力や「高性能兵器」の購入を条件に含む修好通商条約を取り交わすのだが、そのことは間違いなく、占領の終わりに際して結ばれた日米安保条約への注釈である。いずれの冒頭シーンにも、条約への合意は日本に不利であり、社会の周縁出身の者だけが国を救うことができるのだという前提が置かれることになる。この二作で小栗は、前座では副次的な登場人物に過ぎないとはいえ、二つの主人公グループを対立させる悪者である。第一の映画では、小栗は老中として登場させられている。なぜ映画制作者たちは、安藤信正や小笠原長行《ながみち》、もしくは水野忠精《ただきよ》——一八六〇年代に幕府に仕えた人びと——のようなもっと歴史的に著名な老中を選ばなかったのだろうか？　おそらく小栗のひどい評判の方が、戦後の観客にはよく知れわたっていたのである。いずれにせよ、小栗を主要登場人物の一人として描き出す最初の映画を制作した人びとは、小栗評価として主流だと彼らがわかっていたこととは矛盾する小栗の伝記的解釈を、自覚的に選んだのである。

一九五八年、松竹は、松竹時代劇映画制作三五周年を記念して、大曾根辰保監督『大東京誕生　大江戸の鐘』（以下『大東京誕生』と略記）を公開した[59]。今日、『大東京誕生』は無名に等しく、日本での調査研究でもほとんど注意を受けておらず、英語圏では皆無である。この映画は、「剣士による暴力を描く映画」を意味する「チャンバラ」映画に誤って分類されているが、そうした要素は『大東京誕生』にほとんど現れてこない[60]。この映画が重要なのは、他の監督たちが、それぞれのジャンルにおいて第二次世界大戦とその余波についての解釈を展開していた過渡的な歴史的瞬間に、松竹が自社の記念を、この映画の悲劇的なヒーローである小栗を用いて行う選択をしたからである。

大曾根の望みは、明治維新をその敗者たちの視点から描く映画をつくることだった。大曾根のプロデューサー岸本吟一によれば、その五年前、明治維新の真相を告げると称する映画には、まだ人気があった。大曾根たちは、維新の正史を書いた勝者たちに殺された人物、小栗上野介の生涯に光をあてたいと考えた。[61]大曾根と岸本は、最新の小栗伝を刊行したばかりの蜷川新にまず連絡をとった。「蜷川新博士に会ったが、「明治幼帝は暗愚、西郷は政権亡者、勝は世渡り上手の政治家、真に国家前途をうれえたのは、ひとり小栗のみ」という博士の所説は、あまりにも一般の考えるところとがへだたりすぎた」。[62]二人とも、蜷川の解釈は、明治維新についての主流の理解からあまりにも逸脱しすぎているように感じ、別に情報源を求めた。「その間には東京板橋から小栗上野介の孫という婦人が名乗り出たこともある」。[63]結局岸本と大曾根は、小栗の物語に関して個人的な情報提供者に頼るのをやめる決心をし、その代わりに、小栗について読みうるあらゆる文献を読むことにした。一九五七年までには、彼らは以下に掲げる筋立てを定めていた。

映画は鳥羽伏見での徳川幕府の敗戦とともに始まり、小栗の江戸城退去とともにクライマックスを迎える。物語のプロットは、将軍〔喜慶〕を説き伏せて進軍中の薩長勢と決戦に及ぼうとする小栗およびその支援者たちと、降伏を訴える勝海舟の対立を基軸にすえている。小栗と勝が、徳川家臣と観客が手にしうる二つの選択肢を表す一方で、副次的な登場人物たち――小栗の養子又一とお龍《りゅう》という名の女性――は、これらの選択がもたらす情緒的な帰結を表している。政争の渦に巻き込まれるなか又一は、それが内戦を避ける道だと信じて勝の立場をとる。このことは父親との関係を緊張させ、父から又一が絶縁を言い渡される結果を生むとともに、又一と、その大部分が抗戦派の、自らの婚約者さい子の父〔作中では川路聖謨〕を含む同僚たちとのあいだに問題を引き起こす。又一とは正反対のキャラクター、舟宿の女お龍は、江戸で小栗と舟に揺られ密かに小栗と恋に落ちる。彼女は勝とその薩長の武士たちへの信頼を激しく嫌悪している。のちに挿入される回想の場面で薩長兵がお龍の両親を殺し、お龍を犯したことが示されるが、そのことが背景にあって彼女は、徳川幕府の崩壊によって薩長勢の暴力が江戸の町にもたらされることを恐れているのである。

映画は徳川の家臣たちと将軍の評定の場面で山場を迎える。将軍は自分には薩長勢と戦う意志がないことを告げ、主戦派を慨嘆させる。評定の席から将軍が立ち去ろうとすると、小栗は将軍の袴をぎゅっとつかみ、決戦に向けての最後の説得を試みる。小栗は解雇され、男たちは声をあげて泣き始め、幾人もの家臣が庭先に駆け出して腹を切る。こうして映画の第一篇〔風雲篇〕が幕を閉じる。

後半の第二篇〔開花篇〕では、小栗とその妊娠中の妻が、権田村で平穏な生活を送るために江戸を離れる一方で、新政府軍が江戸に向かって東進する。新政府軍が江戸に入ると混乱が引き起こされるが、酒に溺れた兵たちのどんちゃん騒ぎのなかに、お龍は数年前に自分を犯した男の姿を認め、その男を殺す。勝は〔捕らえられた〕彼女のために仲裁に入り、西郷にその助命を約束させる。その際に勝は小栗の助命嘆願も試みるのだが、すでに遅かった——小栗とその家臣たちは権田村で逮捕され、まさに処刑されようとしていたのである。父親の処刑により心に深い傷を受けた又一は、それまでの和平派としての立場を捨て、箱館の抵抗者たちに合流する。彼らはすぐに打ち破られるが許され、又一は野戦病院で、新設された赤十字隊の看護婦として働きにきていたさい子と再会する。映画は二つの場面の並置によって終えられる。その一つでは、お龍が権田の小栗の墓前に一本の苗木を植えるなか、榛名の山に夕陽が映える。生き残った女性が悲劇のヒーローの菩提を弔うというのは、時代劇映画によくある終わり方である。[64] もう一つの場面では、又一、さい子、それに勝が、江戸の花火大会を見物している。勝が最後に示すどこか煮え切らないが楽観的な所感には、多くの戦後の芸術表現に見出される心境と響き合うものがある。「あの花火が開く［新しい日本が生まれる］までには多くの犠牲者がいた」。通りの外では人びとが浮かれ騒いでいる。騒ぎのなかで混乱している一人の老人が、横にいる若い娘に、ねえお父っつぁん、江戸が東京になって天子さまがおいでになるのよ、と語りかけられる。畏れと戸惑いの表情を浮かべながら、老人は言う。「まるで夢みてえだな」。

『大東京誕生』は、時代劇映画に見られる古典的要素の多くを描き出している。多くの戦後時代劇映画と同様に、『大東京誕生』の中心問題は、忠誠、ことにデイヴィッド・デッサーの表現によれば、「おそらく方向を誤っている社会への忠誠」[65]である。映画が物語るところによれば、封建的な徳川幕府も復讐心に燃えた薩長主導軍も、社会問題の解決策を手にしてはいない。映画のなかで対置されている、二篇のそれぞれの冒頭部で描かれているように、忠誠それ自体が問題である。第一篇では、鳥羽伏見の戦いでの惨憺たる敗北ののち江戸に戻る開陽丸のデッキで、高級幹部たちに囲まれている慶喜の姿が示される。慶喜の家臣たちは、幕府三〇〇年の統治を汚し、脅かそうとする傍若無人な薩長軍との戦いの続行を慶喜に懇願する。しかし彼はそれに応じない。「将軍家か京都か。二つに一つを選ばねばならぬ時は、躊躇なく朝廷をとれと教えられて参った。……時の勢いじゃ。今は軍を引いて、静かに［江戸で］恭順の意を示すのみじゃ」。それから場面は変わり、明治天皇の前に伺候し、天皇に同様の嘆願を行う西郷隆盛が、その支持者たちとともに登場する。「徳川慶喜は朝敵でごわす。朝敵は斬らずばなりもさん」。しかし明治天皇は暴力を肯わない。「追討の目的はあくまで日本に新しき時代を築くにある。西郷。それを忘れないよう」。

戦後日本のメタファーとして読めば、江戸改め東京が表していたのは、敗軍が占領軍の恐怖に備えるなか、その敗軍がもたらした悪夢から出現した新しい日本だった。映画では、怖れられていた暴力が到来することは決してない。全体を通底する気分は用心深いが、前向きなのである。それでも、征服地に侵攻する占領軍の映画での描写は、徳川家臣の意地か、それとも戦後の男の意地なのか、男の「敗者たち」の性的な懸念を強調する。ある江戸の役人が勝に、予想される暴力を抑止するために吉原の女たちを事にあてるつもりだと告げるくだりは、同じ目的のために戦後政府が慰安所を設置した事実の全面的な反映である。映画は、自分を犯した男が宴会の夜、足元をふらつかせながら宿営から出てくるのを見つけたお龍が男を刺し殺す場面で、一つのカタルシスをもたらす。

　戦争への注釈として見れば、この映画が提示しているのは、責めは最高指導者一人に負わせうるものではないが、かといって、その指導者の名を掲げて戦った二流の将校たちに帰せられるわけでもない、という見方である。これは、第二次世界大戦について語られた物語だったと言える。無力な天皇裕仁は、彼の名において戦った人びとに支配されていた戦争機械をとめることができなかったからである。〔映画によれば〕その裕仁の戦争責任を免除することは、日本人を救うことであり、その意味で彼は、ほとんどキリストめいた人物になったのである。罪を拭い清め、国の象徴として復活するために生き残ったことを除いては――。その一方で映画は、帰宅前の勝と小栗が川舟に乗りながらしみじみと対座する場面を描き、そこで小栗は勝に、息子又一の後事を託す。小栗は勝と心底は共有しているのだが、幕府内での立場ゆえに、戦争を迫る以外に選択肢がないのだという本心を明かす。小栗の行動は、戦時政府内部の多くの人びとのそれと同様に、「自分の役割に従う」ものとして正当化されている。映画における最も歴然とした敵役は薩長軍であり、ことに西郷は、将軍を朝敵として葬り去ることに執心する血に飢えた人物として描かれている。自分が戦うのは江戸市民のためであると主張する小栗に対し、感情のみに従い戦う西郷の姿が描かれ、英国の外交官オールコックでさえ、薩長の江戸侵攻は「万国公法および道義」に反するものと信じ、西郷への援助を拒絶するに至る。

小栗は日本の将来へのヴィジョンを持ってはいるが、幕府を守るつもりのない将軍への忠義に束縛されている。その義務感と私的感情（義理人情）との相克葛藤は、小栗を、敗れた大義を追い決してあきらめずに最後には死ぬという――「失敗の気高さ」を体現する、時代劇映画の理想的な主人公に仕立て上げている。[66]映画は小栗を、幕府の擁護者ではなく江戸市民の保護者として描き出す。勝が徳川家臣の同僚たちに、慶喜が鳥羽伏見の戦いで敗れたことは、和平への第一歩としては喜ばしいことだったと語る一方で、小栗は重役たちに、江戸の秩序を守ったうえで「庶民万民の生きる道を選びたい」と訴える。映画の全篇を通じて小栗は、自分は市民のために戦うのだと繰り返しているが、戦時期日本を思わせる、「お国」のために身を投じる者として描かれた戦前の小栗とは、微妙にではあるが著しく異なっている。戦後の文学および映画の焦点として、個人は集団をしのぐに至ったが、地方の共同体を顧慮する個人の役割には、依然として重きが置かれつづけた。[67]

この映画はまた、勝者による日本の扱いに対する批評として理解することもできる。ある評者が指摘したように、主戦論の提唱のみを理由とする小栗の処刑は、勝者が自らの行為を不問に付しつつ他を罰することを可能にする、「勝てば官軍」方式に適合する。このようにしてこの作品は、戦争の理不尽と暴力に対する総攻撃の役割を果たしている。[68]

オールスターキャストで臨み、莫大な制作費を投入したにもかかわらず、『大東京誕生』は人気を得ることができなかった。ある批評家は、深さの欠如、登場人物の展開への対処のまずさ、描かれる女性たちの過度の「正しさ」を指摘した。物語自体が抱える問題も映画の妨げになった。たとえばある場面で小栗は、もし薩長軍が江戸に入って悪さを働くようなら、江戸の町を焼き払ってしまうよう江戸の役人たちに告げるが、この場面は、江戸の保護者として小栗を描こうとする監督の意図に反している。さらに重要なことに、ある評者は、その場面がまったく意味をなしていないと述べた[69]。またこの映画は、大成功をおさめた戦後の時代小説や時代劇に典型的な傾向にも従っていなかった。第一に、幕府の高官である小栗と観客との距離はあまりにも大きく、観客は小栗に感情移入できなかった。とはいえ、言うまでもなく、戦後大衆文化においてはあらゆる歴史上のエリートが不人気だった。おそらくは日本で最も著名な「敗者」である源義経が大衆を魅了しつづけたのは、その義経が、同族集団の源氏を守るために、自らの抹殺を図る兄頼朝の企てに抗する道を拒んだからだった。『大東京誕生』は住民の擁護者として小栗を描こうとしたが、その努力は、小栗が幕府を擁護した事実によって色あせてしまっている。結局のところ、戦後に最も人気を得た徳川時代の人物は、一般の人びとが感情を移入しうる、ひとかどの人物となった下級武士もしくは庶民だった[70]。一九五〇年代および六〇年代の歴史フィクションでは、吉田松陰、坂本龍馬そして新選組隊士のような人びとが、明治維新を導いた価値ある目的のために命を落とした若者として称えられた。坂本龍馬や新選組の隊士たち——とくにその指導者の一人土方歳三がよみがえったのは、司馬遼太郎の諸作品においてだった。

## 司馬遼太郎──維新のヒーローの制作者

一九六〇年代以降、司馬遼太郎ほどに明治維新に対する人びとの想像力に影響を及ぼした小説家は、皆無だといっても過言ではない。歴史に関する彼の文章は、明治維新史上の人物、とりわけ坂本龍馬や新選組隊士に関する人びとの見解に甚大な影響をもたらしている。司馬の諸作品が、小栗の記念＝顕彰という文脈で興味を誘うのは、小栗についての司馬の見解が、一九八〇年代とそれ以後におけるメモリー・アクティヴィストたちの活動の活発化（第五章）──その傾向は井伏鱒二の作品にも影響した──に伴って、否定的（本章で扱う）から肯定的へと変化したことである。

成田龍一は司馬を、その作品の扱う領域の広さ、さまざまなジャンルの雑誌で扱った主題の多様性、そしてその広範な読者層ゆえに、戦後最大の人気作家と呼んでいる。成田にとって司馬は「国民作家」だった。司馬は「この国のかたち」の問題に取り組んだからである[71]。歴史に向かう司馬の態度は、色川大吉のような「民衆」史家たちのそれとほぼ同様の仕方で動機づけられた。キャロル・グラックに従えば、昭和一桁生まれのこうした史家たちは近代史への自らの関心を、世代として成長期に経験した第二次世界大戦を筆頭とする出来事に結びつけていた。戦闘に参加するには若過ぎたため、これらの人びとは罪の意識よりもむしろ裏切りを感じたのである[72]。そして、彼らの多くと同様、司馬は一九九〇年代の中葉にこの世を去った。それは、戦後の楽観主義が景気の後退、自然および人為的災害、そして政治的不祥事に道を譲った、終戦五〇周年の後のことだった。成田が論じるところによれば、司馬の作品と死は、戦後日本のそれと軌を一にするものだった。

ドナルド・キーンがかつて述べたように、日本史に関する司馬の著作の多くは、乱世——支配体制の創設に至る時期もしくはその崩壊期を取り上げている。[73] 明治維新期に関する彼の著作はおおむね、勝海舟、坂本龍馬、土方歳三、それに河井継之助のような中下級武士たちに例を見るように、社会の周縁部から身を起こしたヒーローたちに光をあてている。彼は、最後の将軍徳川慶喜さえ、悪評の多かった分家〔水戸徳川家〕に生まれ、将軍にならずにすむためになしうる全てのことをなし、将軍職就任を引き受けた時にさえ、その職が自分にとってよからぬ形で閉じられることを知っていた、一人のアウトサイダーとして描いた。[74] これらの人びとが持つ周縁性はまた、同時代に対する彼らの態度を特徴づけることになる。彼らは狂信や神秘主義を避け、ときには戦争を避け、合理的な方法によって時代の混沌に接近するのである。

一九六二年から六六年にかけて『産経新聞』に連載された司馬の歴史小説『竜馬がゆく』は、高度経済成長期の一九六〇年代の政治的・経済的文脈を映し出している。司馬は坂本龍馬を、金銭および商業の価値を理解していた経済思想家として描いている。これに先立つ歴史小説の大部分では、金銭は、たいていは悪者と結びつけられつつ否定的に描かれていたのだが、ここでの坂本は、日本の将来を見すえたからこそ商業に従事した存在として語られている。[75] 庶民的な歴史上の人物に司馬が惹きつけられた理由の一つは、彼らの政治的意見の曖昧さだった。司馬は坂本を、故郷土佐の過激主義者——狂信的な天皇主義者——とは区別して描いているが、これは、天皇制への戦後の司馬の感度を表していた。[76] 司馬の「坂本竜馬」は、日本の近代化を支えること以上の関心を、天皇崇拝や薩長の支援に向けてはいない。『竜馬がゆく』はまた、維新への過程での世を去った人物を多く登場させている。

一九六〇年代の読者に対する司馬のメッセージは、成田の論じるところによれば、自分たちは決して戦争の死者たちを忘れるべきではない、ということだった[77]。

維新の敗者側に立って司馬が新選組を描いた『燃えよ剣』には、日米安保条約に反対する学生運動のような、一九六〇年代の政治的出来事には距離を置きたいという司馬の願望がこめられている[78]。司馬が探りたかったのは乱世における「漢」の生き方であり、彼の他の作品と同様、庶民出身の人びとが前面に押し出されている[79]。物語は、のちに新選組のメンバーになる関東地方の農民出身の剣士たちの描写から始まるが、なかでも重要なのは土方歳三と近藤勇である。主人公である新選組副長土方歳三は、一国レヴェルの政治的出来事には興味を示さない。物語の全篇を通して土方は、国の政局に深入りする近藤と自らを区別し、しばしば近藤に苦言を呈する[80]。土方は自分自身のことを、戦いにしか関心を持たない「喧嘩師」と呼ぶ。芸術家の目的が芸術のための芸術の創造であるように、司馬が述べるところでは、土方が戦うのもまた、彼が戦士であるからに過ぎないのである[81]。

司馬やその他の作家たちは、日本の半植民地化への道を開いたとして小栗を非難する多くの歴史家に同意した。司馬は、辺縁諸藩が幕府を見限ったのは、幕府がフランスに、欧州列強が植民地の確立に用いる常套手段である財政的・軍事的援助を仰いだからだと信じていた。フランスの援助の主唱者として小栗は、日本の独立を脅かしていた幕臣たちのなかでもとりわけ罪深いという議論を、司馬は『竜馬がゆく』に書きこんでいる[82]。一九六八年に、ベトナム戦争を背景に小栗について書いた海音寺潮五郎は、この点をさらに強く押し出した。海音寺は、小栗のあらゆる知識をロッシュに帰し、もし小栗のような人物が薩長側にいて、小栗がフランスにそうしていたように英国に依存していたとすれば、日本は朝鮮やベトナムのように二つに分割されていただろうと述べたのだった[83]。

『十一番目の志士』のなかで司馬は、禁欲的な官僚としての小栗の定評を打ち砕いている。一九六〇年代の司馬の他の作品と同じく、物語は一人の周縁的な人物を追っていく。その架空の登場人物、天堂晋助は長州の農民出身の剣士であり、小栗殺しを命じられている。天堂は義妹お冴を江戸に送りこみ、小栗と結びつかせるところから計画を作動する。お冴は引き裂かれる。彼女は小栗のもとに送られたスパイなのだが、小栗に惹かれてしまう。司馬は、彼女の自問自答を用いて小栗の背景情報を詳細に描き出す。そこには、横須賀の建設意図を「土蔵附売家」になぞらえた小栗についての栗本鋤雲の回想も引照されているのだが、そこでは横須賀は、愛国心というよりは幕府の名誉のための事業として描かれている。ついにお冴は小栗の誘惑に屈する。「――長州藩《おくに》のためだ。と、京を発つとき桂小五郎はいった。……幕府が徳川家保全のために仏国に領土を売り渡し、ついには日本をも売ろうとしている、ともいった。……（天朝、おくに、すべてのために）とお冴はいまの行動を理由づけ、自分に納得させようとしている。……〔しかし〕……いまの行動は単にお冴という体が、体をもって小栗を試したいだけだといっていい[84]」。二人は性的関係を結ぶ。自分に会い、小栗を斬りに江戸に着いた天堂に対してお冴は、自分が小栗に処女を奪われた事実について悪びれる風情もない。司馬は小栗への高い評価を表現してはいるが、最終的には小栗を、悪党で冷酷で計算高い人物として描いている。お冴はその体を、小栗が幕府を保全するために国を投げ出したのとまさに同じように、より大きな義のためにささげるのだが、読者のもとには、いずれの場合も純真さの喪失がそれに値するものなのかという疑問が残されることになる。

## 地元の熱狂的支持と小栗の記念＝顕彰

一九五〇年代から六〇年代にかけて、ささやかではあるが重要な仕方で小栗は映画や大衆文学に登場したが、その一方、地域の活性化をめざす政府の政策の結果、地方での小栗の評判も復活した。一九五五年に烏淵村と倉田村が合併して倉淵村となった際、小栗は村のアイデンティティの統合にとって重要な機能を果たした。かつては地元での小栗の記念＝顕彰を支配していた東善寺、それに小栗顕彰会は、新しくできた倉淵村の行政にメモリー・アクティヴィズムの指導権を引き渡した。正式の援助と文化資源への多大なアクセスの便宜の見返りとして、村の職員たちは観光客を増やす可能性とともに、村のアイデンティティにとって魅力的な基盤を与えられた[87]。一九六〇年代以降、群馬の諸地域は、小栗および小栗遺産における自分たち固有の役割へ全国的注目を集めることに成功していた。小説家の池波正太郎は、一九六二年に小栗についての調査で倉淵に派遣された時のことを回想している。NHKの仕事をしていた折、彼は前橋支局から、群馬の聴衆向けのラジオドラマを書くように依頼された。池波は気乗りがしなかった。「もともと、私は小栗上野介という人物が〔食わずぎらい〕であった。これは作家としてほめられることではない。よくよく調べても見ないくせに、きらいだというのはいけないことなのだが、興味のない人物ではなかったので、「やってみよう」と引きうけたのである[88]」。彼が倉淵に着くと、村長も郷土史家たちも小栗を礼賛する一方だったが、それは池波の想定内のことだった。「郷土が生んだ名士を、郷土の人々が無条件でほめそやすのは当然[89]」。しかし池波は転向をとげ、その後の著作『戦国と幕末――乱世の男たち』に小栗の項を収めた。

一九七〇年代までに、倉淵村および群馬のメモリー・アクティヴィストたちは、「郷土人」としての小栗を世に認知させていた。彼らの努力は、戦後日本の急速な産業化、都市化、それに西洋化の反動としての「ふるさと」言説の全国的隆盛と時期を同じくしていた。[90]「ふるさとづくり」は、日本人の「ノスタルジアのためのノスタルジア」を刺激することによって、地元の人びとに、田舎の過疎化とともに生じた諸問題の解決を可能にした。[91]「ふるさとづくり」と観光事業は、地方レヴェルで始まったわけではなかった。マリリン・アイヴィの研究は、一九七〇年代および八〇年代に著しい成功をおさめた国鉄の広告キャンペーンが、こうしたイメージをどう用いたのかを例証しているが、そうしたイメージは同時に、大衆文化ならびに民俗学に関する学問的な言説にも見受けられた。[92]しかしながら、たとえば与党自民党のような地方および全国の利害関係者たちは、記念すべき「ふるさと」というテーマを共有した。[93]小栗の支援者たちは、こうした動向を新しい文脈として用いながら、小栗伝説を悪びれることなく利用した。

小栗のメモリー・アクティヴィストたちは、戦時期には一連の壊滅的な損失を経験していた。一九三七年、村じゅうに広がった火災で東善寺の大半が焼失し、およそ五〇年前に新政府軍による散逸を免れていた小栗のわずかな遺品が損なわれてしまった。小栗家そのものが存亡の危機にあった。貞雄と国子の最初の子どもは早世し、残された唯一の子又一が家を継いだ。彼は、まさしく父親や伯父矢野文雄のごとく、ジャーナリズムの世界で身を立てようとしたが、度重なる失敗によって、文雄の遺産にすがって生活することを余儀なくされた。鬱の発作ののち、東京の祖父の墓前で彼は服毒自殺した。彼は遺書を残さなかったが、最期に選ばれた場所は、彼が「小栗遺産」に恥じずに生きようとし

て感じていた圧力を物語っていた。(94)

とはいえ、残された小栗家の人びとにとって、戦時中の困難な歳月を耐えしのぶ助けになったのは、メモリー・アクティヴィストたちとのつながりだった。一九四五年に米軍機が東京を爆撃した際、小栗菊子〔又一の妻〕は、母親と二人の子洋子、忠人を伴って権田に疎開した。五月の終わりから一九四六年二月二七日まで、一家は、地元の農業組合が所有し、改装していた東善寺門前の仮設小屋で生活した。倉田村と烏淵村の役人たちは追加支援を与え、二人の子どもは地元の学校に通った。(95)その後小栗家は東京に戻った。忠人は、小栗のメモリー・アクティヴィズムへの関与を続け、群馬での行事に出席し、地元雑誌に寄稿した。

戦後すぐに行われた群馬アイデンティティの文化的再編は、小栗を視野に入れたものだったが、占領軍の反対に遭った。一九四七年、浦野匡彦の指揮下に新設された群馬文化協会は、日本式のカードゲームを新たに創案し、占領によって歴史教育が中断されるなか、郷土の歴史とアイデンティティを子どもたちの間に促進しようとした。「上毛かるた」と呼ばれたその遊びは、日本古来の百人一首のスタイルで、群馬県の場所や地理、産物、出来事、それに歴史的人物を紹介するものだった。浦野は、『上毛及上毛人』の元編集者豊国覚堂を含む、地元の歴史家や教育者一八人からなる委員会に素材の収集を委託した。委員会のメンバーたちは、合計四四の文言を提出したが、そのなかには小栗の他に、ロビンフッドふうの地元の侠客で英雄の国定忠治、尊皇家の武士高山彦九郎も含まれていた。小栗の読み札にはこうあった。「知慮優かな　小栗も冤罪」。札の案は、カテゴリー別に整理され、投票にかけられた。小栗は、群馬出身でキリスト者の知識人内村鑑三とともに不人気ではあったが、小栗ファンの浦野は小栗の入選を請け合った。当初の提案は占領軍の検閲に引っかかり、小栗、国定、高山は除外された。「小栗は武士、国定はやくざ、高山は尊皇家である」というのがその理由だった。(96)数年後、浦野は自分の娘に、小栗をかるたに入れるよう一人の若い米軍兵士に説いたいきさつを語った。その際浦野はこう説いたのだった。「確かに幕臣小栗公は群馬県人ではない。しかし倉淵村一帯の領主であり、誤解の中で斬首され、その地に骨を埋め、領民に慕われた人物である。そして、何よりも文明、科学の進んだ米国を訪問し、その交渉も立派に果たした後も、出来る限り見聞して帰国した武士が日本人として祖国の将来を見据え幕府に進言し……造船所となり後の海軍工廠となったことを考えても、愛国心の発露であり……まさしく武士の鑑である」(97)。

結局浦野は、かるたが検閲に引っかかることを恐れ、その三人を取り下げた。にもかかわらず、彼らを受け容れる何らかの方法が講じられなければならないと感じた浦野は、「ら」で始まる札を書いて、三人のための場所を仕込んだ。いわく、「雷《らい》と空風《からっかぜ》　義理人情」。精一杯の抵抗の方法として彼は、〔かるたの梱包に際して〕典型的な「いろは」順にではなく、通常は四七文字の真ん中あたりに出てくる「ら」を「い」の下に置き、その両方の文字を赤で強調した。これらの札の後には群馬の三つの山の札が続いたが、それは「彼等が山々そびえる上毛の地で活躍した人々(98)」だった。

県レヴェルでのさまざまな障壁にもかかわらず、村においては戦時中も小栗の顕彰が続けられ、小栗遺産の振興のためにメモリー・アクティヴィストたちが多額の投資を行った。たとえば、小栗一家が爆撃からの避難場所を探す一か月前の一九四五年四月、小栗遺物保存会が「小栗上野介追悼座談会」を催し、倉田村の村長と群馬県教育委員会のメンバーが出席した。(99)戦後には定期的に記念式典が開かれるようになったが、一九五〇年代になると、市町村および県が、小栗のイメージを活性化させる取り組みを始めた。一九五三年、群馬県教育委員会は「県史において重要な存在」として小栗を認定し、保存会に対してその名称を「小栗上野介顕彰会」に改めるよう働きかけた。(100)「保存」から「顕彰」への転換は、些細なことではなかった。この場合、「顕彰」という日本語には「認識」と「振興」の双方の意味が含まれ、単なる「保存」からの微妙だが鋭い変化が示されていたのである。

「顕彰」のさらに生産的な含意は、一九五三年に制定され、小規模の町や村を合併させ、より大きな単位の形成を促した町村合併促進法と一致していた。一九五五年の倉淵村の成立ののち、顕彰会の代表は、小栗の記念と振興を村が引き継ぐことを求める正式の請願書を、新任の村長に提出した。「[サンフランシスコ]講和会議直後横須賀において新銅像を建立、国際的顕彰のことあり、ついで旧銅像は幸いにして当村に寄付され東善寺畔に永く英姿を残す。……昭和二十八年群馬県より重要文化財すなわち日本の宝として史跡に指定せられたことは我等の忘るべからざる点で、やがて文部省の指定もありましょうし、すなわち小栗上野介が日本文化の恩人として認められている確証であります(101)」。

小栗を国家レヴェルで認知させようとする、戦前の数多くの試みが失敗に帰したことを受けて、小栗のメモリー・アクティヴィストたちは、県の与える褒賞が国民的栄誉に帰結することを望んだ。小栗顕彰会は、小栗を大規模に振興するためには、新たに設立された村役場とのあいだに共同戦線を張る必要があると確信していた。

今日まで小栗公顕彰は東善寺檀徒を中心にして行われて参りましたが、元来この墓は当時暗殺下手人たる東山道鎮撫総督府吏員の手で建立されたもので……昭和十年頃埼玉県大宮普門院の阿部道山師が上州公の首級をここに埋葬してありと断定し、時の総理大臣岡田啓介氏や床次竹次郎氏はじめ天下の名士の参拝となり、徳川家達公の筆になる一丈余の大招魂碑が立てられたのですが、やがてそれも当地の墓が正しいと認識されたため全く息をひそめている状態をみましてもいかにこの顕彰事業が有意義であり……この意味におきまして小栗公顕彰も東善寺の手のみにより行われるべきものでなく……県の文化財指定もあり横須賀の銅像も横須賀市より当村へ贈呈され当時の村長が受理されている事実よりしても、これを村の意義ある事業として再認識せられ、教育上、文化発展上、更に将来村の発展の上に大いなる曙光となることと信じます……村を主体とした顕彰会に改められ［ます］[102]。

普門院がその小栗まつりの開催を取りやめていたにもかかわらず、東善寺の支援者たちは、戦前のライバルの劣位に立つことを恐れていた。阿部道山の行った研究は、要人たちから受けた訪問同様に、小栗遺産を代表するとするその主張を正当化した。小栗を地元の熱狂的支持と結びつけることによって、倉渕のアクティヴィストたちは、小栗のイメージを利用しかねない普門院やその他の潜在的なライバルたちの台頭に対抗して、一丸となり制度化された前線を構想することもありえた。

この時点より、外部に向けて村の情報を発信したがゆえに、村役場が小栗の振興を支配するようになった。請願ではまた、小栗のイメージを軍国主義から遠ざけるために、戦後のキーワードであり、ジョン・ダワーの説明によれば戦後すぐに「平和」「民主化」などに関連づけられた、「文化」の語が用いられた[103]。さらに重要なことに、文化と教育の結びつきは、新しい日本における地元および国レヴエルのアイデンティティに関する日本人の教育に、小栗が寄与しうることを示唆していた。

一九六〇年代を通じて、小栗顕彰会は、いくつもの国レヴェルでの歴史的事件の記念を通じて、地元での存在感を増していった。一九六〇年、倉淵村の村民たちは、日米修好通商条約調印一〇〇周年を祝賀した。この年は、一八六〇年の遣米使節において果たした役割ゆえに小栗が歴史的意義を高騰させた、重大な転換点だった。彼らは幾度も講演会や慰霊祭、そして小栗まつりを開いたが、そのうち小栗まつりは、第二次世界大戦の終結以来、散発的にしか行われてこなかったものだった。この講演会、慰霊祭、お祭りというパターンは六〇年代を通じて続けられ、群馬県教育委員会からの参加者もあった。第二の記念の年は、横須賀造船所建設一〇〇周年にあたる一九六五年に訪れた。倉淵村の村民、小栗顕彰会代表は、彼らの先行者たちが五〇年前の横須賀記念祭でもそうしていたように、横須賀の記念祭に参加し、小栗関係の記念物や史料を送った。とはいえ地元では、小栗顕彰会はさらに重要な行事——小栗没後および明治維新一〇〇年記念祭に備えて、一九六五年の小栗関係の行事の規模を制限することに決めた。

小栗顕彰会の内部改革と、小栗一〇〇年祭の広範な宣伝の決断は、地元や地域、さらには国レヴェルでの小栗の利用に転換点を画するものだった。顕彰会は事務所を村役場に移し、小栗の記念活動と村役人との紐帯を強化するとともに、小栗に関する記憶の生産速度を加速させていった。顕彰会はまた、小栗研究の雑誌を創刊し、小栗公遺品館を開設し、年一回の会合を開き、テレビや新聞、ラジオで小栗のイメージの向上を図り、小栗の処刑地と観音山に新しい記念碑を建て、さらには幾人もの小栗家臣の埋葬地にも記念碑を設置した。(104) 一九七八年に催された小栗没後一一〇年祭は、当時の首相福田赳夫の注意を引くことになり、福田は祝辞を送った。群馬生まれの福田は、財政の専門家としての小栗の仕事に加え、幕府にのみならず日本そのものに貢献した事業だったと強調しつつ、横須賀でのその努力を賞賛した[105]。

小栗の人気は、メモリー・アクティヴィストたち、群馬県の行政担当者、横須賀市の対応者の三者からなる互恵的な関係を通して、「ふるさと」の文脈の内部に発することになった。小栗家と同じく横須賀は、群馬のアクティヴィストたちとの戦時中の交流から恩恵をこうむっていた。戦争の末期、海軍は負傷した横須賀海軍の人員を派遣し、川浦村と水沼村――ともに小栗のメモリー・ランドスケープの一部だった――に住まわせた。彼らはそこで、海軍の枯渇した燃料源を補充するために木炭を製造した[106]。一九五三年、横須賀市は倉田村に小栗の胸像を寄贈し、古い像と新しいブロンズ像を取り換えた。その胸像は一九五四年、小栗忠人の手によって東善寺で正式に除幕された[107]。一九五六年、小栗の胸像は栗本鋤雲のそれと同じ場所に置かれることになった。この鋤雲像は、一九二〇年代と三〇年代に死後の贈位制度を批判していた犬養毅前首相が作らせたものの複製だった。栗本は倉田村とは何の歴史的つながりもなく、その像が東善寺に置かれるのは当初は奇妙に見えたが、彼の胸像は横須賀と倉淵をつなぐ小栗ゆかりのメモリー・ランドスケープを確かに強化した[108]。

倉淵と横須賀の非公式の結びつきは、一九八一年には公式の姉妹都市関係にまで発展した。その告知は、小栗を介した横須賀と倉淵の歴史的つながりを暗示するとともに、今後も協力して小栗遺産を通じて文化的交流を行うことを期待するものだった[109]。都市と田舎の「文化的交流」は、ことに「ふるさと」キャンペーンを刺激する。都市から田舎への観光は、横須賀と倉淵の公式の紐帯の中心と言うべきものだった。一九八一年、横須賀市役所より八〇人近くの役人が、七つの旅程に分けて倉淵を訪れた。五月、最初のグループがマイクロバスで到着して以降、一二月に姉妹都市協定が正式に署名されるまで、ほぼ毎月のように小旅行が続いた。これには、倉淵の水質検査に赴いた横須賀市の水道関係者、「紅葉の景観の質」を調べた副市長、横須賀市の広報担当部員による訪問も含まれていた[110]。ついに倉淵は、横須賀市民のためのリクリエーション施設を造営する旨を発表した。倉淵は都会の人びとを健康的な自然の美に惹きつけたが、それは皮肉なことに、飽くことを知らないダム建設によって支えられていた[111]。一九八七年、倉淵と横須賀は協力して「はまゆう山荘」を建設した。これは完成に総工費一七億円を要した大型の山岳リゾートだった[112]。建設費を負担したのは横須賀市で、村は土地を提供し、経営管理も行った[113]。

横須賀は拡大する小栗のメモリー・ランドスケープのまだごく一部でしかなかった。小栗は権田／倉淵では殉教者になったが、小栗「遺産」と小栗家の人びとの逃避行は、村の範囲を超えていた。戦後期以降は、日本のそれ以外の土地も、有形物を用いた記念活動への貢献によって自らを小栗「遺産」のうちに数えるようになった。一九六〇年代に東善寺境内に開設された小栗公遺品館は、権田の家々からの寄贈品に加え、権田の外から寄せられた多くの遺品をも所蔵しており、そのどれもが小栗物語を語ってやまない。――小栗が米国より持ち帰った文書や写真そして道具。会津を訪れた際に小栗夫人が贈ったとされる洋皿。処刑地に小栗を運ぶ際に用いられた駕籠。小栗の鉢植えだったものがなお花を咲かせ続ける椿。新政府軍により売却されて今では隣市の市長が所持する小栗の洋式椅子[114]。由緒を記された品々は、小栗の記念活動における倉淵と東善寺の中心的役割をいっそう正当化したが、私的に保存されていた数々の遺品が公開されたのは、小栗関連の「記憶の場」のネットワークにそれらが組み込まれた時だったのである。

不可視のモノたち――埋蔵金――でさえ、このメモリー・ランドスケープの一翼を担った。メモリー・アクティヴィストたちの嫌悪感を著しくかきたてたのは、小栗の記念＝顕彰活動が加速するにつれて、埋蔵金伝説の人気が上昇し、小栗公遺品館の訪問者の主な関心をさらってしまったことだった。[115] 蜷川や豊国のような戦前のメモリー・アクティヴィストたちが戦後も活動を続けたのと軌を一にして、新たなアクティヴィストたちが群れに参集し、河原秀守や他の金採掘者もこれに加わった。河原が一九三四年に開始して、深さ二四八フィート〔およそ七五メートル〕に達していた穴掘りは、戦争で一時中断していた。彼は、旧幕臣で二・二六事件（一九三六年）で危うく難を逃れた岡田啓介首相の護衛の一人だったと名乗る、名古屋在の謎の人物から経済的な援助を得た。一九五一年、河原は発電機、送水ポンプ、エレベーター、それに一三人の作業者をそろえて、穴掘り作業を再開した。作業の進捗状況を尋ねられた河原は、こう答えた。「古文書通り、穴の十三尺下からおびただしい四角の大石が出た。……人骨、火薬など見つけたから宝も間近い[116]」。

一九五〇年代の小栗ゴールドラッシュは、一九三〇年代に冒険家たちを山に駆り立てた自暴自棄ぶりを容易に想起させる。しかもそこには、山梨県の河原、赤城山の水野父子チームといった具合に、同じ参加者が関与していた。これらの人びとに新たに合流したお宝ハンターは、三枝茂三郎という元警察官だった。一九四九年、三枝は、日本でただ一つ利用可能な地上レーダー探知機を使って赤城山の高原を探索したところ、有望な場所をいくつか発見はしたものの、隠された宝物の発見には至らなかった。一九五六年、もうあきらめようかと思っていた矢先に弘法大師がお告げに現れて、絶望してはいけないと三枝を励ました。三枝は懸命に作業を続けた。「もう九九パーセントのところまできています」と、一九五九年に自分を訪ねてきた埋蔵金物語の語り部畠山清行に彼は語ったことがある。その折三枝は畠山に、財宝はすぐに見つかると請け合ったのだった。[117]

これらの自称ハンターたちのなかで、小栗のメモリー・アクティヴィストや小栗家自体と関わり続けたのは河原だけだった。一九五六年、河原は、高価な外車を運転する側近を伴って東善寺に現れた。このことは、パチンコ産業から富を得た彼の新しい資金提供者の存在を物語るものだった。彼は住職に、地元の他の住職たちを呼び集めて小栗の慰霊祭を行わないかと持ちかけた。彼はすべての費用を受けもつことに同意し、誠意のあかしとして少額のお金を置いていった。住職は三〇人ほどの同職者を寺に招いたが、河原は姿を見せず、残ったのは紙幣だけだった。[118] 小栗の孫娘菊子は、祖父の名誉を傷つけていると感じていた金採掘者たちを非難し続けた。彼女は、河原の名声が復活したのは、戦後の復興期に東京で小判金が発見されたニュースのせいだとした。[119]

メモリー・アクティヴィストと金採掘者は、小栗を介して注目度を競い合ったが、彼らは戦後日本における記念活動の基盤の再建を利用する、相似た努力を代表していた。戦後の金鉱熱が、ジョン・ダワーが述べるように、絶望、ファンタジー、希望の文化の枠内に収まっていたのに対し、戦時の空襲は、金採掘のための空き地を文字通り用意した。新設された市町村は、地元のアイデンティティをこれまで以上に必要として、お金も、しだいに新しいアイデンティティの構築に向けて用いられるようになった。地元の小栗支援者たちは、村や県の行政からだけではなく、小栗の生と死についてのそれぞれの解釈を提供する、全国的に認知された作家たちやエッセイストたちからも支援を受けた。

一九八二年に木屋隆安が上梓した小栗に関する歴史小説のサブタイトルは、埋蔵金と悲劇のヒーローの二重の物語を呼び起こしている。「埋蔵金ゆえに罪なくして斬らる」[120]。蜷川によって記された碑文を一九三〇年代から呼び戻してくることによって、木屋は、地元のアクティヴィストたちへの共感を語っているのだが、埋蔵金への言及が示しているのは、一九八〇年代には、小栗がお宝伝説によっても知られていたという事実である。木屋が小栗の物語と最初に出会ったのは一九六〇年代の中葉で、群馬の県庁所在地前橋で時事通信社の支局長の職についていた時期のことだった[121]。彼は調査のためにしばしば東善寺の住職村上照賢のもとに足を運び、そのうちに――木屋によれば「上野介研究のオーソリティ」である大坪元治（指方）を紹介された[122]。このことは二つの点を明確に示している。第一に、地元群馬の熱狂的支援が木屋を倉渕に導いたこと、第二に、倉渕の支援者たちが、「小栗の」専門家としての定評を群馬の外部でもすでに確立していたことである。著作の刊行を試みた木屋は、すぐに障害にぶつかった。書評者の一人、綱淵謙錠《つなぶちけんじょう》はこう記した。「勝海舟という人物の神格化に反対し、その偶像を破壊してみたいという作者の意図は大変面白いと思います。しかしこの作品では、いままでの勝海舟像のほうが、小栗上野介よりも、さらにはこの作品の著者よりもはるかに巨大であり、頭の構造が複雑である、といった印象を読者に与える心配があります[123]」。その数年前に『大東京誕生　大江戸の鐘』の監督〔大曾根辰保〕が抱いていた感情も、綱淵のそれと同様だった。メモリー・アクティヴィストたちが押し出している物語は極端にすぎて、明治維新に関して読者がなじんでいる支配的な物語からはあまりにかけ離れている、というのである。ここには、国レヴェルでの小栗の記念＝顕彰に伴う重大な問題が顔を出している。信じるに足る物語の支えがなければ、小栗ストーリーも全国の読者の心をとらえることはできないだろう。「因習から逸脱しすぎた記憶は、大多数の読者にとって意味あるもの、もしくは普及を成功に導くものにはなりにくいのである」(124)。木屋は著作を書き直したが、彼の経験は、勝その他の人びとがなおも名士の地位を享受している大衆文化の環境のなかで、小栗について書くことに伴うある種の困難を浮き彫りにしている(125)。

## 結論

国のレヴェルで見れば、小栗の相対的人気は戦時期を生き残ることができなかった。蜷川を除けば、小栗の復権に私的な情熱を傾注する著名な学者、政治家、もしくはジャーナリストは、もはや存在しなかった。一九四五年以前には、小栗の支援者たちは、たとえば幕府内部からの抵抗にもかかわらず小栗が横須賀のために資金調達したことを強調し小栗を軍事改革者として描くことで、小栗を幕府よりも上位に置いた。しかし、戦時期を通じて小栗は、幕府の保守的な諸側面をよりはっきりと代表する存在になった。大曾根監督でさえ、日本にとっての小栗の価値に関する蜷川の時代錯誤的解釈を退けて、小栗をむしろ、敗者としての自己の地位に日本が対処する時代に喪失のメタファーとして用いるやり方を選んだ。大曾根はまた、ちょうど井伊直弼が文学作品や歌舞伎や映画に表現されたのと同じような、実際的で人間的な小栗の側面を描こうとしたが、おそらくは主に表現方法上の理由によって、映画もまたそこでの小栗像も、人気を獲得するには至らなかった。

重要なことに、井伏鱒二の短編小説は、普門院から東善寺および群馬に拠点を移していた地元のメモリー・アクティヴィティそのものを語り直したものでもあり、地元のヒーローの物語の形成に対して地元の人びとが有した影響を反映させていた。小板橋良平と大坪元治を含む新世代の地元の研究者たちは、先行者の仕事を引き継いだ。けれども、歴史雑誌『上毛及上毛人』が戦後に廃刊されたことで、彼らは地元での小栗振興の着実な基盤を欠いていた。この隙間を埋めるために、彼らは倉淵村の役人とすみやかに結びつく顕彰会を創設した——新制の倉淵村は統一的なアイデンティティを必要としていたし、メモリー・アクティヴィストたちの方も、より堅固な支援を必要としていたのである。県からの援助と日本じゅうに広がっていた「ふるさと」への関心は、さらに多くの人びとと記念物とを村に流入させた。そして少なくとも一九八〇年代以降、小栗の記念活動は倉淵村の中心地から外に拡大し、時には倉淵と横須賀の商業関係に例を見るような、メモリー・アクティヴィストたちの意図していなかった別の記念＝顕彰の諸形式へと分岐していくことになった。顕彰会と東善寺の住職は、銘板や記念碑、焼香台、銅像を群馬、新潟、そして福島に設置した。これらの記念物は、メモリー・ランドスケープのなかに、学ぶべき方法と教訓を湛えた一種の博物館を刻み込んだ。そしてこのことは、平成期の日本で小栗が全国的なヒーローになるための土台となった。

# 第五章　「失われた一〇年」の小栗と新しいヒーローたち

毎年五月の小栗処刑の日になると、東善寺の境内でお祭りが開かれる。どの年も、お祭りは人びとを惹きつけているようである。東善寺は農民や地元のアーティストに、テントを張って商品を売るよう奨励している。中学生が終日、ささやかな茶会を開いている。過去一〇年間ほどは、つねにゲストスピーカーが招かれている。文筆家、郷土史家、大学教授、漫画家、そして小栗の記念＝顕彰活動に参画している他の有名人たち。時には、横須賀開港一五〇年祭のマスコットキャラクターの「オグリン」も顔を見せる。

二〇〇五年、小栗没後一三七年にあたる年の記念祭では、大勢の人びとが参加する別のイベントが近くの体育館で開催され、より凝ったプログラムが組まれた。その日のゲストのなかには、最初の小栗漫画を描いた漫画家の木村直巳がいた。東善寺の住職で、小栗のメモリー・アクティヴィストとして名高い村上泰賢も姿を見せ、小栗と栗本の胸像、そして敗死した家臣たちの墓の前でささやかな儀式を行った。その日の終盤に訪問者たちは、映画のサウンドトラックよろしく感動を誘う群馬県のマンドリンオーケストラの演奏をバックに、村上の講演に耳を傾けた。お寺自体は小栗関係の展示物で

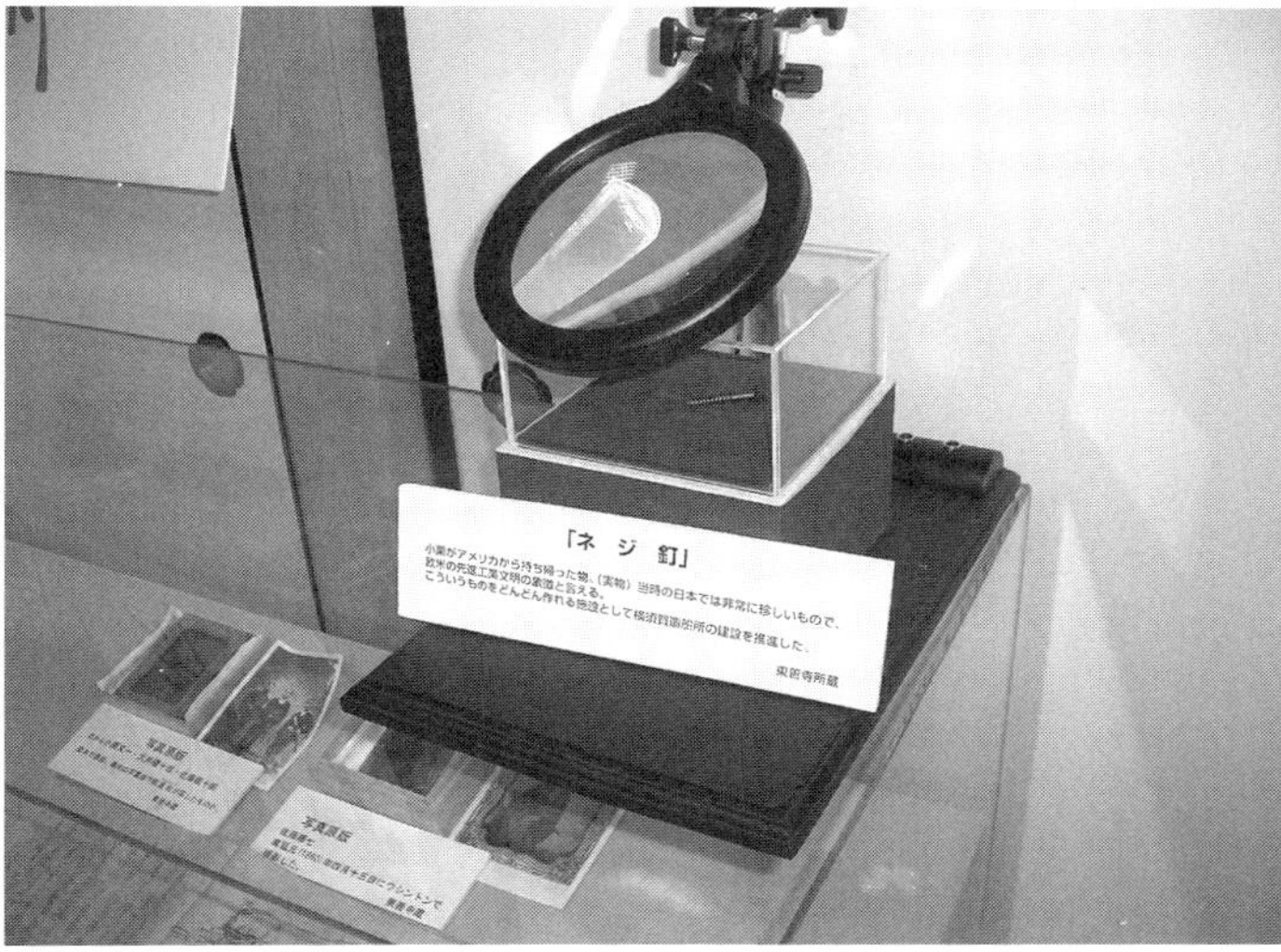


小栗が米国から持ち帰ったネジ釘。東善寺所蔵。

沸き返っていた。小栗物語を描いた水彩画、一八六〇年の遣米使節を乗せた米国の軍艦ポウハタン号の模型（護衛船の咸臨丸はあえて置かれていない）、ＮＨＫで放映された小栗ドラマのポスター、小栗ラベルの日本酒、さらに小栗まんじゅう――。とはいえ、訪問者の大部分の注目を集めたのは、一番小さなものだった。それは、小栗漫画と同じく小栗ドラマでも注目されていた、ただのネジ釘一本であり、日本の近代化の方法を思案しながら、小栗が米国からの帰りの船に持ち込んでいたとされるもののようだった。肉眼で見るには小さすぎるので、大きな拡大鏡が訪問者のために据えつけられた。

　これらの展示物は、一つ一つをとってみれば重要とは見えないかもしれないが、全体として見ると、小栗の人生から学ぶべき重要な教訓と、小栗の記念＝顕彰における紆余曲折とを強調している。モーリス゠スズキがきわめて雄弁に述べたように、これらの媒体は我々に、「過去の人びととのあいだに感情的な関係を築かせることによって、現在を生きる私たちのアイデンティティの再考、もしくは再確認のための基礎をもたらす」[1]。この過去と現在の相互性は、一九八九年以後の平成期日本で、なぜ小栗が全国的な注目を集めてきたのかを説明する。この期に至って、全国的な幕末ブームの一部であるような、正真正銘の小栗ブームが現れてきたのである。「失われた一〇年」が始まって以来、政界の情報通から地方のメモリー・アクティヴィストに至る誰しもが、同時代の日本が直面する問題を解くためのモデルとして、後期徳川時代を引き合いに出すようになっている。明治維新の敗者たちは、日本の現在の諸問題の淵源としばしばみなされているような、明治政府によって敷かれたコースに対するオルタナティヴを表象するがゆえに、第一線の場所に浮上してきている。この状況は、歴史小説や漫画、テレビドラマにも映し出されており、そこでは小栗、井伊直弼、新選組、そして会津武士といった面々が、新しいヒーローとして再浮上してきている。

明治の遺産に対する批評性という面での彼らの価値に加えて、これらの新たなヒーローたちはまた、平成期における記憶の二大潮流の要素をなしている。いずれの潮流も新しいものではないが、日本の経済的、政治的、社会的なもろもろの遺産が、実際には必ずしもそうではないにしても損なわれたと理解されていた一九九〇年代を通じて、どちらもが新たな意義を獲得した[2]。第一の潮流は、第二次世界大戦の記憶と記念に対するグローバルな関心の高まりである。この潮流は一九九〇年代を通じて加速し、アカデミズムによる研究、公共的知識人たちによる議論、博物館での展示、大衆文化の領域での注視という具合に、社会の多様なレヴェルでの関与を伴うようになった。この潮流は、戦争中の残虐行為への反省が国内では十分には行われておらず、太平洋の隣人たちを怒らせ続けている日本において、とりわけ顕著に見られた。成田龍一が一九九〇年代を指した表現を用いれば、この新しい「記憶の時代」を通じて、「われわれの記憶」という時の「われわれ」に対しては、従軍慰安婦たちの声のような新しい声が日本の記憶や歴史の一部として認知されてゆくにつれ、疑念が投げかけられるようになった。(3)

第二の記憶の潮流、すなわち初期近代に対するノスタルジーは、第一の潮流とは一見無関係に見える。キャロル・グラックは、一九九〇年代における江戸の記憶をめぐるさまざまな語りを一括して、こう表現している。「それは楽天的ヴァージョンの江戸時代、日本に固有の、近代化されたあらゆるものが生まれ、日本人のアイデンティティが帰るべき時代である」。(4) ここで私の関心を引くのは、そうした「江戸の記憶」の一種として、評論家、作家、映画制作者たちによって明治維新期が平成期と比較されている事実である。政治家でさえ——全く文字通りに——それを実行している。数年に一度、立場的には対立する政治家たちが会社の社長やジャーナリストたちと相集い、「平成幕末世直し劇」と銘打たれた演劇の制作を継続的に行っているのは、その一例である。

このタイプの維新の記憶は、明治以来の伝統を否認する傾向がある。たとえば、明治政府が大名を廃して領地を召し上げたのに対し、今日の日本は大名を設置し、地方政府こそが日本変革の主導権を握らなければならないという主張を行う者もいる。(5) 強力で中央集権的な官僚制国家は、確かに日本の近代化と経済の安定をもたらしはしたけれども、明治官僚制の遺産はすでに耐用年数を過ぎていると見るのである。あるいは、「明治」は日本そのものの同義語であると論じ、今の日本が機能不全に陥っていることを明言することで、明治維新一五〇年（二〇一八年）をめどにした「明治レジームからの脱却」を呼びかける向きもある。(6) 明治以来の事業としての日本は失われたが、この喪失こそが新たな始まりの道を開くとみなすのである。

## 戦争の記憶――戊辰戦争をテコにした平成日本の世直し

戦争の記憶に関する懸念は、国のレヴェルを支配するだけでなく、地方のレヴェルにも表れているが、そこで懸念が向けられる先は第二次世界大戦ではなく、一八六八年の戊辰戦争である。明治維新はしばしば、別の場所で起こった近代革命と比べて犠牲の少なかった出来事として描かれているが、東北地方、とりわけ旧会津藩領における戊辰戦争では、数千もの死者を生みだした。それゆえに、「戦争」に関するオルタナティヴな語りが存在しつづけているのだが、つとに知られているように、その語りは、米国の南部の一部でいまだに勢力を誇っている、南部連合のアイデンティティに似ている。謝罪要求、そして会津の旧敵による和解の提案は、地元の市民たちを、第二次世界大戦の記憶に淵源し謝罪をめぐる全国的な言説へと関与させることになる。このような状況において、小栗のメモリー・アクティヴィストたちが〔小栗への〕謝罪を要求することは困難ではあるが、彼らは国民意識の内部に小栗のための場所を確保し、過去の不正義の是正を試みてきた。

国レヴェルの言説へのこのような関与は、第二次世界大戦を地域的に経験しつつ、日本人というより大きな全体に回収されることの多い小さなコミュニティには、通常は手に入らない――たとえば広島や長崎の苦しみは、国民の犠牲を代表する国家の下位に置かれてきた。さらに、博物館や資料館をも含む第二次世界大戦の「記憶の場」の遍在性は、そうした場所の独自性を拭い去ってしまう。どの町にも一つはあっても、すべての町が戊辰戦争との歴史的関係を誇りうるわけではない。戊辰戦争の記念＝顕彰を通して、もろもろの地元グループは、歴史と謝罪に関する同様の議論を、国レヴェルに効力を持つかたちで再創造しうる。すなわち、被害者と加害者の関係、過去の侵略行為に対して謝罪を行うべきかどうか、過去を用いて現在の諸問題に対処するかどうかについての議論である。

戊辰戦争の記憶に最も関与している二つの当事者は、旧会津藩、すなわち現在の福島県会津若松市と、現在の山口県萩市によって通常は代表される長州である。戊辰戦争の舞台となった会津若松の住民は、長州主導の軍勢の犠牲になったと感じている。その軍勢は、およそ三〇〇〇人の父祖を殺したうえにその埋葬も許さず〔一三〇頁の訳注参照〕、さらには生存者たちに「朝敵」の烙印を押したうえで、難民として近隣地域に〔城内の藩士は猪苗代を経て東京へ、城外の藩士は塩川村を経て上越高田藩へ〕お預けの身としたのである。第二次世界大戦の被害者―加害者関係とは反対に、犠牲者に最初に手をさしのべてきたのは、加害者と目されている人びと――長州出身の人びと――である。萩市の役人たちは、明治維新一〇〇年祭（一九六八年）と戊辰戦争一二〇年祭および一二一年祭（一九八七年・八八年）を含む数々の記念祭の機会をとらえて、会津若松市とのあいだに姉妹都市関係を築こうと試みたが、会津若松市の職員は、そうした申し出の一切を拒絶した。二〇〇七年、山口出身の安倍晋三首相が会津若松市で地元の自民党候補者の選挙応援を行った折、その応援演説を彼は、その地で「ご迷惑をおかけした」先輩を謝罪するところから始めた。(7)

会津と長州の和解に向けて動き出した民間の市民たちがいた。一九九六年の秋、会津若松市民からなる地元のグループが、萩の青年と恋に落ち、父親の反対を押し切ってついには相手と結ばれる会津女性を描く劇を上演した。そのグループは市職員に相談せずに会津若松市での公演への出席を萩市長に呼びかけ、萩市長も一市民として個人的に出席することに同意した。[8]「個人的な」立場を掲げることは、八月一五日に戦没者の追悼として靖国神社を参拝する際、批判を避けようとして代々の首相が採用する、よく知られた戦略である。この事例の場合、会津若松市の職員は公演の一〇日前まで招待の件を知らなかった。いずれの市の市長も相手の市を訪れたことはなかったし、会ったことさえなかった。そのような機会が実現したなら、それは歴史的な意味を持つことになっただろう。だが、萩市長による非公式の訪問は歓迎されなかった。不意をつかれた会津若松市の職員は萩市長の事務所に連絡をとって、彼には一市民としてではなく、公人として来訪してもらうことを望んでいる由を伝えた。[9]朝、鉄道で到着した萩市長を出迎えた会津若松の市職員は一人もいなかった。[10]公演には両市長とも足を運んだが、彼らは離れた席に座り、芝居が終わるまで挨拶を交わさなかった。その挨拶も短く、しかも握手さえない。あるジャーナリストはこれを気まずい出会いとして描写した。[11]翌年の夏、萩の同様の市民グループが、萩と会津若松の両方でその劇のミュージカル版を上演することで、会津グループに応答した。これらの上演活動は、二つの都市間のより正式な交流に向けての重要な第一歩として引き合いに出された。

歴史的和解は、相互的な都市開発に関するもろもろのアイディアを触発した。会津若松では両都市の地場産品が展示され、職人たちは萩と会津のガラス工芸の様式をいかに融合するかの調査を始め、さらに両地域間の観光促進についての協議がもたれた。調査の結果、三二パーセントの会津若松市民が萩に悪感情を抱いているというデータを得た高校の教育者たちは、文通プログラムを開始し、両地域間の和解というテーマで合同講演を行った。萩市は剣道大会も開催したが、そこに呼ばれたなかには萩高校、会津高校、そして一時は長州と会津の両方にとって敵だった旧薩摩藩の鹿児島県立甲南高校のチームも含まれていた。会津若松にとっては残念なことに、会津高校は最下位だった。[12]

民間のメモリー・アクティヴィストたちは、旧会津、長州、それに薩摩出身の研究者に声をかけて集会を開催することで、より困難な主題群をメモリー・ランドスケープに押しあげた。一九九八年、秋田県角館で開催された戊辰戦争一三〇年記念討論会に、研究者、作家、市職員たちが参加した。かつて岩手県で催された五〇年祭をのぞけば、戊辰戦争の記念日に敗者側による大規模なイベントが催されたのは、初めてのことだった。討論会を組織した角館市民からなる歴史団体は、戊辰戦争における秋田の犠牲に注意を喚起したかったのだが、その背景には、そうした注意の大部分を集めているのは間違いなく会津である、という感覚がはたらいていた。ある参加者は、近年他の東北諸県はとくに問題を抱えていたので、敗者としての地位を称讃するのに十分な努力をしていたのは秋田県だけである、とコメントした。[13] しかし、時機が悪かったようである。おおかたの主要な記念祭が催されるのは、二〇〇三年に横浜および横須賀で挙行された開港一五〇年祭や、二〇一〇年にニューヨークなどで開催された日米修好一五〇年祭など、五〇年もしくは一〇〇年間隔なのである。

角館の討論会の場合、時機は、混沌とした歴史的瞬間のなかでの過去の検証という、会議の主なテーマと一致していた。わずか一〇年前の一九八八年には、日本はまだプラスの経済成長から恩恵を受けていたのだが、一九九八年には、日本はまだ経済が回復されないだけでなく、自然災害（一九九五年の阪神淡路大震災）、宗教的テロリズム（一九九五年のオウム真理教地下鉄サリン事件）、そして数多の政治的スキャンダルが、あらゆる方向から日本の自信を打ち砕いていた。討論参加者の多くが、戊辰戦争以後の政府に対する非難を口にした。すなわち、中央集権化、軍事化、そしてあるパネリストの言葉を用いれば、「中央官僚がしっかりしているから日本は大丈夫だろう」という観念、「官軍が正義で、それに歯向かうものは邪であるという発想」は、「まったく通用しない時代になって」いるというのである。[14] 戊辰戦争の記念＝顕彰を、第二次世界大戦の記憶に結びつけて考える人びともいた。高名な歴史小説家であり、コメンテーターを務めた福島県生まれの星亮一が強調したのは、薩長軍が会津若松において、城内外で三〇〇〇人以上を虐殺したことが、日本のアジア侵略の原形をなしていたという点だった。[15]

討論会は、戊辰戦争を戦った双方のあいだで何の解決策も見いだせないままに幕を閉じた。会津側では、三つの点で自分たちは不当な扱いを受けていると、メモリー・アクティヴィストたちは感じつづけている。第一に、会津藩領その他、敗者方の諸藩領の約八七パーセントの土地が、公正さを欠いた仕方で奪われたこと。第二に、会津の人びとが家郷からの移住を強制されたこと。さらに第三に、若松城内外における会津の戦死者たちへの不当な扱い。会津から見てとりわけ許しがたいのは、徳川による長州征伐に際して会津が薩摩と手を組んだことに対し、報復を要求した長州だった。[16] 薩長側は、この告発に対して物質的に対処することができない。慰安婦に関する被害者―加害者関係の場合とは違って、賠償を論点にはせず、またしようもない。藩はもはや存在しないのである。鹿児島から来たある報告者は、このことを簡潔に表現した。彼は戊辰戦争がもたらした苦しみを踏まえながら述べた。「〔では〕薩摩が謝ればいいのかというと、謝る主体がもうない[17]」。別の薩長側の弁護者は、第二次世界大戦における日本人の責任の弁護に用いられるお馴染みのレトリックを採用した。加害者もまた被害者だったというのである。確かに長州は勝者側ではあったが、長州の一般庶民は苦しみを味わった。彼らは、「奇兵隊」と呼ばれた非正規組織に組み込まれ、戦わされた。その創設者高杉晋作は国民的ヒーローと仰がれているが、地元ではさしたる評価を得ているわけでもない[18]。長州のアイデンティティが、今日では明治維新における「勝者」であることを含めて成り立っているにせよ、その物語は、勝利から何も得るところのなかった一般の人びとの口を封じているのである[19]。

会津と長州の和解にとってのもう一つの障害は、記憶に結びついたアイデンティティというものの多面性に関わっている。会津と長州は、お互いの関係についての物語を守りつづけているのだが、その物語は先に述べたような対話と文化交流の組み合わせによって、おそらく修繕も可能である。しかし一方で長州は、自身のアイデンティティのかけがえのない一部である、薩摩との関係を持っている。薩摩と長州の関係は、一見罪のない高校の剣道大会に典例を見るように、会津と長州の和解の阻害要因になっている。このつながりは幕府、ひいては会津そのものへの敵意の共有に支えられているのだから。にもかかわらず、下関（長州）と鹿児島（薩摩）とが二〇〇四年に姉妹都市になった際にその告知のなかで祝賀されていたのは、その敵意の歴史だった。下関市長は、意気盛んにこうまくしたてたのである。「幕末のように（日本を改革するため）東京へ攻め込もう[20]」。

結局のところ公開討論は、会津の謝罪要求に同情的だったかもしれない長州の「遺産」相続人たちにも、何一つ解決策をもたらさなかった[21]。萩市と会津若松市は、観光や地場産品の販売促進による相互関係の修復を厭いはしなかったが、いやしくもこの問題に無関心な人など皆無に等しい会津人自身、和解は必要だと信じている人はいても、それがどうあるべきか、よくわかっていない。加えて、「敗者」であることは会津のアイデンティティにとって決定的な意味を持つという理由から、和解を望まない人びとがいる。討論会の報告者の一人である鹿児島大学の教授は、会期中のある晩、酒を飲んでいる際にそのような反応に出くわした。ある会津の地元民が彼に語った。「〔会津と薩長は〕これからどんどん仲良くしましょう。でも簡単には仲直りはしないよ」[22]。おそらくこの言葉は、第二次世界大戦に関するアジア人の記憶に残る、勝者と敗者の二分法を理解する助けになる。中国および韓国が日本への接近を強めたとしても、日本の暴力的な過去を忘れはしないだろう。この点で、会津の歴史的記憶と、自らの経験の傷をいまだに抱える第二次世界大戦の犠牲者たちのそれとには違いがある。戊辰戦争は現在と安全な距離で隔てられているが、近代の地域アイデンティティに影を落とすほどには近くにある。だが、一九九〇年代に深刻化したアイデンティティの危機を通じて、あるいはまた、栄光の明治日本もしくは戦後日本という物語のもとに死傷者を踏みにじらぬよう要求するもろもろの——国内のものであれ海外のものであれ——小さなコミュニティと日本国家との関係性の変化を通じて、二つの歴史的記憶は結びつけられているのである。

## 失われた一〇年、失われた黄金

一九九〇年代に小栗埋蔵金への関心が再浮上した理由は、一九三〇年代および五〇年代の時と同じだったが、今度のブームは経済的危機に比例して成長した。「失われた一〇年」で私財が最初の餌食になったために、小栗の全国的な評判は、埋蔵金伝説と同義になった。河原家の人びとは山梨県で金を掘りつづけたし、水野家は同じことを赤城山で行った。埋蔵金伝説は、小栗の記念＝顕彰と並行していた。東善寺がメモリー・アクティヴィズムの本拠として普門院を失墜させたように、水野家の子孫は新たな金採掘の達人として河原家を凌駕した。水野智之は、自分たちのお宝理論を探究しようとしているお宝ハンター志望者たちにとって、埋蔵金についての新しい「先生」になった。

小栗の名前をよく知らない人びとさえ、埋蔵金伝説については耳にするということが起こるようになった。ＴＢＳは、いみじくも『ギミア・ぶれいく』〔「いい加減にしろ」の意味〕と銘打たれた番組のなかで、一九九〇年から九六年まで赤城山での一連の採掘を特集した。このプロジェクトは一九九〇年代を通じて人気を博したが、二〇パーセントという驚異的な視聴率を獲得した一九九三年と九四年にそれはピークに達した[23]。どの続編においてもＴＢＳは、新たな要素を採掘に導入した。米国から招いた二人の超能力者。その霊力を用いて採掘を導く（そしてある回では、死んだ作業者の霊のお祓いをした）密教僧。レーダー装置。ヘリコプターに搭載されたセンサー。そして一九九九年の最終回には、二〇〇フィートの深さの穴の下に堅い岩だけがあったことを示した産業用掘削ドリル。

ＴＢＳの宝探しは、一〇年間にわたってお宝ハンターたちを群馬への調査へと向かわせた。この現象の経過を追いつづけている川口素生《すなお》は、宝探しのブームは一〇年から二〇年ごとに訪れているが、一九九〇年代中盤の徳川埋蔵金ブームは、それまでのどのブームにもまして広範で長続きしたと述べている。「平成六、七年頃はブームがやや過熱気味でＪＲ高崎駅や前橋駅前のバス乗場には「徳川埋蔵金を探してる」と公言してバスのドライバーに行先を確認する人や、県内の図書館で必死の形相で埋蔵金や小栗上野介・林鶴梁《はやしかくりょう》〔実際の埋蔵者とも目される儒学者〕に関する図書を読む人を見受けたほどであった」[24]。続けて、TBSとは関連のないさらなる掘削場がテレビ画面に現れた。たとえば群馬県勢多郡の高齢者、深沢孝司は、所有地内で九八フィートの深さの穴になったものを掘りつづけている。深沢が調査に本腰を入れ始めたのは一九七三年のこと。祖父が彼に語ってきかせた伝説を思い出したのである。その金で何をするのかと、テレビドキュメンタリーの調査班に尋ねられた際、彼は答えた。「この穴を掘ればあと一メートルで到達点ですねえ。出ます。今のところは何も考えてはいませんね。出すこと以外は」[25]。これは、徳川埋蔵金のハンターたちのあいだではお馴染みのセリフである。水野智之はしばしばこう述べている。「徳川埋蔵金の謎の九〇パーセントは解明されています。お宝が発見されたのちは、残りの一〇パーセントも解決されるでしょう」[26]。

　お宝伝説についての歴史叙述のなかでクロッサンは、お宝が決して見つからないために、物語自体も決して終わることがないと指摘している[27]。人びとが調査を続ける限り、あるいは話が思い出される限り、物語は残るというのである。すべてのお宝ハンターたちを、よくて妄想的、最悪の場合詐欺師として片づけることは簡単であるが、水野は、小栗のメモリー・アクティヴィストたちが行っているのと同様の主張を、記憶に対して行っている。彼はお宝ハンターたちを、彼らの主張を裏づける歴史的証拠の欠如ゆえに、自信をもって非難する。そして彼は、自分自身の一族の言い伝えにさえ疑問を投げかける。「父が初代から、「……だったようだ」と聞いたものが、わたしには、「だったのだ」と変わってしまうことは、いくらでも考えられる[28]」。彼だけが宝を見つけることができるのは、彼だけが明治初期以来の祖父の研究成果を保有しているからである。これらの文書が正当性のシンボルになったことで、伝説の遺産について彼が大きく主張することを可能にした。一九七〇年代以来、水野は彼の家族史、埋蔵金調査、さらにのちの著作においては調査に具現された自らの人生哲学に関するいくつもの本を出版した。彼は、独立プロのドキュメンタリーの主人公にさえなった(29)。彼は、彼の記すところによれば、法律的に国家の財産となるであろう金に頓着はしない。「(埋蔵金を)出した後関係ない、私の役目が終わる、その時におれ滅びていいよ。……とにかく出すということだけ(30)」。その代わりに彼は歴史を探り、敗者たちの歴史を――徳川幕府に仕え(宝についてのその覚書が水野の祖父に渡され)、正当な承認を得ることのないままに葬られた児玉惣兵衛のように、明らかにした(31)。

TBSの特番とそれに続く群馬でのお宝探しブームによって、かつてないほどの脚光を小栗は浴びた。小栗の名を冠して一九九〇年代初頭に出版された最初期の本は、どれも埋蔵金に関するものだった。その第一である典厩《てんきゅう》五郎『小栗上野介の秘宝』(一九九一年)は、蜷川による伝記が参照されているとはいえ、小栗にはほとんど関係のない明治初期を舞台にした推理小説である。一九九二年に群馬で刊行された第二のものは、群馬に移ってからの小栗の描写に共感を寄せる小栗ヒストリーであるが、それはただちに、赤城山中ではなく、筆者が資料館長を務める倉賀野における黄金の真の所在地に関する議論へと転じる(32)。東善寺の現住職村上泰賢はこの著作について書いた。「例によって宝探し物で、倉賀野の町おこしとやらにすると言って掘っている人たちの本です。史実とフィクションをごちゃ混ぜにした本(33)」。一九九九年にTBSが金の採掘をやめたあとにも、小栗に関するNHKのドキュメンタリーが、視聴者を惹きつける仕掛けとして埋蔵金伝説を用いた。二〇〇〇年の連続ドキュメンタリー『知ってるつもり』の小栗特番もやはりそうで、有名人のゲストが埋蔵金を信じる者、信じない者に分かれ、小栗の生涯が再現されているあいだにコメントを提供した。二〇〇八年、TBSは最後の発掘調査を行うことで、一回は消滅した番組『ギミア・ぶれいく』を復活させた。番組制作者は、肺がんの手術でまだ苦しんでいた水野と、新しいホストとして人気グループ・スマップのメンバー香取慎吾を連れ出してきたが、一九九〇年代のように視聴者を惹きつけることはできなかった。バブル崩壊後の不景気の終わり以来、時折の観光客をまだ東善寺に引き寄せてはいるものの、徳川埋蔵金伝説は後景に退いた。最も熱心な小栗の支援者たちは、心もとない状況に直面した。彼らが伝説を否定し、見下そうが、伝説なしには小栗の記憶はおそらく存立しえない。彼らはただちに埋蔵金物語との関わりを打ち消すが、なぜ小栗を覚えておくべきなのかを議論する道具として、その物語を利用する。このことは、伝説を否定しはするものの、その露出から利益を得ているメモリー・アクティヴィストたちと、小栗の顕彰に共感はするにせよ、自分たちの活動が人の神経を逆なですることを知っているお宝ハンターたちとのあいだに、複雑な関係を生みだしているのである。

## 失われた一〇年、見出されたヒーロー

平成期の小栗ブームを説明するものは、埋蔵金伝説だけではない。それよりはむしろ、他の敗者たちについてと同様に小栗の物語は、「失われた一〇年」の危機にこそ似つかわしかったのである。第二次世界大戦の終焉から一九九〇年までに、小栗の名をタイトルに冠した書物は五冊しかなかった。

前述の二冊以外の一冊は蜷川がその死の直前に書いた伝記であり、もう二冊は群馬県の地元研究者の一人によるものだった。それに対し、一九九〇年と二〇一〇年のあいだには、漫画や平成期のそれ以前の著作の再刊を除いても、二二冊の書物が刊行された。これらの多くは小栗の研究者やメモリー・アクティヴィストたちによって著されたか、彼らから直接の情報提供を受けたものだった。彼の人気は、群馬県の当局者たちに、群馬および横須賀で行われた二〇〇一年の小栗キャンペーンの一環として、毎年恒例の正月時代劇で小栗をとりあげるようＮＨＫに請願させるまでになった。

こうした小栗の再評価は、よりお馴染みの模範的なヒーローたちから小栗を際立たせた。たとえば、このような困難な時代にエネルギーを注ぎこむ西郷隆盛もしくは坂本龍馬になるのは誰なのかと問う論者があり、大正維新や昭和維新を模した「平成維新」の要求を掲げた。「平成坂本龍馬」のコンセプトは、坂本の生地高知県の知事選における二人の候補者間の競争の焦点にもなり、両者とも坂本関連のイベントに参加した[34]。あるいは、日本人は次なるヒーローではなく、次なる政治体制を探すべきであると主張する者や、新しいヒーロー探しは、明治維新期にそうだったように、過激すぎるスローガンの流行や改革につながりかねないと警告する論者もいる[35]。後者のケースにおいて筆者は、日本における二大テロ事件が井伊直弼の暗殺と二・二六事件であり、両者ともに時の指導者に甚大な衝撃を与えたと論じることで、維新の勝者によって実行された暴力の存在を暗示している[36]。

小栗に関する最も影響力のある語り直しは、一九八〇年代後半に上梓された二冊の書物を発端としていた。その第一の書、坂本藤良の『小栗上野介の生涯』は、蜷川の著作以来初めての精緻な評伝であるとともに、よりアカデミックである。坂本は情報源を明示し、他の小栗伝を批判的に読んでいる。この評伝は、先行する著作『幕末維新の経済人』で扱われた多くの主題を引き継いでいるが、そのなかで坂本は、小栗が日本に、主に横須賀プロジェクトの経営者として近代的経営を、さらに近代的会計の両方を導入した功績を認めている[37]。バブル経済期のさなかの経済史家の著作として、坂本が日本的経営、日本経済、日本的資本主義の父としての小栗の役割を強調したことは驚くべきことではない。彼が現代日本の資本主義とは対照的な真の資本主義の実例としたのは兵庫商社だった。そして、大手金融機関がリスクをカバーしているため、中小企業には自分の株取引ができないのだと論じた。事実、それらは失敗するには小さ過ぎるのである[38]。彼は、自らの研究に対する東善寺の助力に謝意を示し、地元の小栗雑誌『たつなみ』に言及したが、ただちに、自分の研究は小栗へのレクイエムではあるけれども、「[自分の]史的叙述」は「同情や判官贔屓によって歪められたものではなく、まさしく客観的に認容されるものであることを祈」る[39]と記した。坂本は蜷川に代わり、小説、小栗についての番組、漫画で最も参照される小栗伝の書き手としての地位を占めるようになった。

司馬遼太郎は、最も目立つ小栗再評価を提示した。『明治という国家』のなかで司馬は小栗を、明治日本および明治国家の父たちの一人と呼んでいる。「小栗は渾身の憂国家でしたが、しかし人と語りあって憂国の情を弁じあうというところはありません。真の憂国というものは、大言壮語したり、酔っぱらって涙をこぼすというものではありません。この時代、そういう憂国家は犬の数ほどたくさんいて、山でも野でも町でも、鼓膜がやぶれるほどに吠えつづけていました。小栗の憂国はそういうものではなく、日常の業務のなかにあたらしい電流を通すというものでした[40]」。小栗は、真の官僚——浅薄な政治的演説には見向きもせずに業務を遂行する——モデルになった。第二章「徳川国家からの遺産」の全篇は、典型的な、そしてメモリー・アクティヴィストが長らく取り上げてきた主題を、同じ順序で追尋している。小栗の贅沢嫌い（たとえば詩文への惑溺の抑制）、その率直さ、勝海舟とのライバル関係（そして小栗に分があることの理由）、フランスとの実り豊かな関係、日本のための（単に幕府のためではない）横須賀建設、そして、小栗の成功に対する明治政府の黙殺。『竜馬がゆく』から『明治という国家』へと至る司馬における小栗評価の変化には、一九六〇年代から一九九〇年代への時代の文脈の推移にはつきない意味がこめられていると成田龍一は論じる。成田によれば司馬は、長い歳月にわたって自らがどう歴史を表象してきたかを熟慮したのであり、それゆえに、必ずしも文脈の変化が過去の再評価を導いたのではなかった。このような「評価を対極にするということ」が起こったことからは、『竜馬がゆく』と『明治という国家』を分け隔てる二三年のあいだに、「日本」や「戦後」の状況が激変したということがうかがわれます[41]」。成田は社会変化の諸事例ではなく、一九八九年に司馬が『明治という国家』を公刊した際には日経平均株価は頂点に達していて、小栗ら維新の敗者たちはまだ失墜した日本のモデルに仰がれてはいなかった事実を提示する。さらに言うなら小栗語りの大部分は、一九八〇年代このかた小栗顕彰を加速させていた地元の人びとと結びついていた。

　これら二冊の刊行以降、小栗の人気は、維新の記憶の増大と並行して高まっていった。失われた一〇年の焦点が経済的な苦しみから政治家や官僚への批判へと推移するにつれて、小栗もまた、坂本の評伝で強調されていたような日本型経営の模範から、二一世紀の政治家モデルへと立ち位置を変えた。はじけたバブル経済と銀行の経営難にあえぐ日本への指南書たるべき「経済小説」とされた高橋義夫の『日本大変――小栗上野介と三野村利左衛門』は、第一のカテゴリーにあてはまる。[42] 同様に、赤塚行雄の『君はトミー・ポルカを聴いたか――小栗上野介と立石斧次郎の「幕末」』では、小栗と立石「トミー」斧次郎が、経済的に混迷した日本の新しいヒーローとして描かれた。その歴史の大部分において日本は工業国でありつづけているが、小栗とトミーとは、重要度をましているグローバルな情報社会に日本人が参加しなければならない可能性を体現していると赤塚は論じている。彼らは明治政府の指導による中央集権化の道具ではなく、情報社会の本質的特徴である離散の作用因なのである。[43] 同じ年（一九九九年）、東急エージェンシー会長の新井喜美夫は、銀行の信用の崩壊、終身雇用の消滅、地価の低下に日本が直面するなかで、唯一のモデルが小栗であると言明した。[44] 二〇〇一年以降になると、他の書き手たちが、日本の近代化と国家建設の父としての小栗を強調した。[45]

模範的な経済人、および政治家として小栗が描かれるようになったのは何も新しいことではなく、明治期以降の小栗復権には、そうした描写がつねについてまわっていた。一九九〇年代の描写で新しかったのは、これらの主題を、小栗と一般民衆、とりわけ権田村の農民との関係のなかに織り込んでいく方法だった。小栗ストーリーにこの要素を加えることは、日本人第一で徳川は第二とみなす小栗の役割を強調した。このことはとりわけ重要となる。というのも、徳川期でも平成期でも、政治の病根は官僚だとみなされたからである。速水融の見るところでは、「そういう〔何もせずに給料だけもらっていればよい〕武士がだいたい半分近くいた。しかしその首は切れない。いまの日本でも簡単に〔官僚の〕首は切れず、リストラできないでしょう」[46]。農村の経済発展の停滞、農村人口の減少、あるいは地方官僚の腐敗の責は、しばしば中央政府による負の影響に帰せられる。小栗は当時の些細な身分の別を超えて力を発揮したが、農民との緊密な関係によって証明される公平な指導者としてのその潜在的可能性は、権田村での処刑によって打ち砕かれたのである。平成版小栗物語の格言は、「田舎は無実である」。禍々しいことが起こるのは、きまって中央政府が介入してくる時なのである。

小栗について書かれた最初期の、そして最も国民的に知られた歴史小説の著者もまた、群馬拠点のメモリー・アクティヴィズムに参加した。平成期最初の小栗小説、星亮一の『上州権田村の驟雨――小栗上野介の生涯』は、小栗の幕府への奉仕を追尋したのち、権田での彼の闘いにひたすら焦点をあてる型通りの物語から出発している。星自身は福島の出身で、会津における維新について長年書き続けてきた作家だったが、小栗一家の避難先であり、小栗の家臣たちが戦死した会津に小栗の個人史を接合することで、会津で育まれた「敗者」のアイデンティティに小栗ストーリーを結びつけている。星は戊辰戦争についての冷徹な記録者ではなく、たとえば角館討論会のようなイベントへの参加を通じて、積極的にメモリー・ランドスケープに関与している。

やはり著名な歴史小説家の童門冬二は、小栗物語の最初の連載を、群馬および神奈川の新聞で行った。[47]童門は小栗の生涯の全側面を射程に入れることで、できる限り広範な読者層の獲得を試みたけれども、改訂版を出すたびに群馬に関する紹介を加えていった。ある批評家が記したように、小栗をビジネスにおけるヒーローとして擁護し、ビジネス書として読まれた彼の小説は、しだいに小栗を包容力のある改革者として描き出していく。後で出した版のみが、小栗の私的な側面、その家族の窮状、そして小栗と領地との相互関係に光をあてることで、真の意味での歴史物語になった。[48]

星と童門は、小栗のメモリー・アクティヴィズムを志向する地元読者と全国の読者とを架橋する役割を演じている。単に小栗物語をフィクションに仕立てるだけでなく、二人は小栗関連のテレビ番組のコメンテーターとしても活躍している。星がTBSの埋蔵金特番に出演し、自分は伝説には関知しないと述べる一方で、童門はNHKの小栗関連特番のゲストコメンテーターの任にあたった。童門は二〇〇一年の群馬シンポジウムにも発表者として招かれたし、この二人は倉渕の小栗まつりで講演を行い多くの聴衆を集めた。星と童門は明治期にまず確立された小栗関連文書に依拠しながらも、平成の読者層に向けて更新、拡張された小栗の記念＝顕彰における、最新の拠りどころになっている。

## またも辞めたか亭主殿

一九九九年、倉渕村長と横須賀市長、それに群馬県知事がNHK会長を訪問し、毎年一年をかけて放映される歴史番組の大河ドラマで小栗をとりあげるように陳情を行った。小寺弘之知事は地方紙に語った。「小栗公は幕府側だったため歴史的な評価は低かった。……非業の死を遂げた幕末の隠れた英雄小栗上野介を再評価してもらいたい」[49]。もちろん、少なからぬ地方自治体の当局者たちが、全国のテレビでの露出から明らかな利益が生じることに気づいた。大河ドラマは、ドラマのなかで重点的にとりあげられている場所に大きな観光利益をもたらすことを示している研究もある[50]。大河ドラマはどうしても実現しなかったが、陳情活動は成果を上げた。ついにNHKは小栗を主役にすることに同意し、二〇〇三年一月、正月時代劇『またも辞めたか亭主殿』が放映された。このドラマの露払いとして、二〇〇二年の一二月にNHKは、教育番組『その時歴史が動いた』で小栗の存在を視聴者に紹介した。その短い三〇分番組は童門冬二によるコメントをとりあげた。「一本のねじから日本の近代は始まった」というそのサブタイトルは、村上泰賢が最初に提唱した、小栗は日本を木の国から鉄の国に変えようとしたという物語を思い起こさせる。実際NHKのスタッフは、小栗の調査でしばしば東善寺を訪れた。この二番組をどれほどの人が視聴したのかは定かではないが、それは最大のインパクトを伴いながら、可能な限り広範な視聴者のもとに届けられた。この目標に到達するプロセスは、その結果と同じくらい重要だった――村と県、そして横須賀市の当局が小栗の顕彰のために力を合わせたのは、一九二二年における横須賀での小栗像以来はじめてのことだったのである。

群馬と横須賀における小栗登場の程度と範囲は、先行するあらゆる小栗顕彰の光彩を失わせるほどだった。両地域で小栗は、会議、フェスティバル、ツアー、講演、新聞、雑誌記事、そして増える一方のバッジや記念品を通して記念された。二〇〇一年の秋には、群馬県の県庁所在地の前橋市および横須賀市で、大がかりなシンポジウムが開催された。童門冬二、横須賀市長、群馬県知事が報告者としてそのいずれにも出席したほか、横須賀でのシンポジウムにはフランスから一人、横浜から一人の大学教授も参加し、小栗のメモリー・ランドスケープに国際的かつ学術的な彩りをそえた(51)。聴衆のなかには小栗の再発見熱に懐疑的な向きも見られた。小栗の大河ドラマ化の実現をめざす企画について尋ねられた小寺知事は、こうコメントした。「大河ドラマというと、地域おこしをしようとかという発想につながりがちだが、必ずしもそれだけとは思わない。ご当地ドラマをつくりたいと願っているのではない。世の中が混乱しているときこそ、混乱期を自分の信念を曲げずに生き、その後日本のためにも役立った一人の人物を取上げてみてくれないかということであって、群馬県や横須賀市だけの問題ではないと海老沢会長にも言った。史実をきちんと検証するとなれば、あまり触れられたくないことも出てくるかもしれない。でもそれは知らされてもかまわない[52]」。

小寺のコメントが、平成クライシスと明治維新を比較するおなじみのレトリックに結びつけられていたとしても驚くべきことではないが、さらにはっきり見ておくべきは、彼のコメントが言外に、小栗ヒストリーの否定的側面の可能性に触れたことである。彼は詳しく語ったわけではなかったが、小栗の駐在を原因として権田の地を見舞った暴力は、小栗キャンペーンにおいてさえ、依然として核心的問題だった。たとえば二〇〇一年、倉渕の小栗上野介顕彰会は一八六八年の小栗襲撃の際に死んだ人びとの記念碑の建設を計画した。第一三五回の小栗まつりで公表されることになっていたにもかかわらず、そのような記念碑は今のところ存在していない[53]。

大河ドラマシリーズはまた、とくに論議の的となる歴史的主題を扱う際には、歴史的緊張の源泉になりうる。大部分の大河ドラマは現在とは無難に隔てられた過去が舞台とされている。二〇世紀に関わるものは数作のみであり、明治維新にとりくむ作品も特別多いというわけではない。維新をとりあげる作品は、他の大衆文化、とくに大衆文学の形式によってすでに確立された傾向を、後追いするのがつねである。『竜馬がゆく』（一九六八年）は、司馬遼太郎の同名小説がベストセラーになった直後に放映されたものだった。一方、比較的最近の『新選組！』（二〇〇四年）は、単一のベストセラー小説にではなく、一九九〇年代の漫画、映画、そして歴史小説における新選組の再登場に基づいていた。同作品のプロデューサーは、若者、とくに若い女性層の新選組人気を取り込もうとした。「（このドラマで描かれる新選組には）今の二〇代もきっと共鳴できると思う」と、脚本を書いた三谷幸喜は語った。「何かをしなきゃいけないんだけど、何をしていいのかわからない。……そんな若者が試行錯誤の末に京都で新選組というチャンスをつかむ。……だれも信じられない激変の時代に、新選組だけが、常にまっすぐでひたむきだったのです。そんな本当の彼らの姿を今の若い人たちに見せたい」[54]。公的な存在であるＮＨＫは、論議の的となる歴史の主題を回避する傾向があるが、それには相応の理由がある。山口県選挙区から立候補した参議院議員の松岡満寿男は、二〇〇四年のＮＨＫ予算の見直し期間中に、彼が「テロリスト集団」と呼ぶ新選組のＮＨＫの描き方を攻撃し、この番組は歴史ドラマというよりも「バラエティー」だと分類した[55]。別の国会議員はこれに同意し、新選組の英雄視や正当化は「史実に反する」ので避けるべきであるとつけ加えた[56]。

　小栗アクティヴィストのあいだで核心的な問題だった歴史的正確さの要求を、ＮＨＫの小栗ドラマのプロデューサーたちは聞き入れた。この番組の制作者たちによれば、「何本ものドラマを撮影してくると、ドラマ毎に考えさせられる事があります。今回の正月時代劇では、「勝てば官軍」の意味することです」。彼らは小栗ヒストリーが、明治維新についての支配的な物語への対抗軸を体現していると信じていた。「〔小栗についての資料を読み込んでいくと〕学校では教えていない歴史上の真実が見えてきます。戦に勝ったほうが都合の良いように歴史を捻じ曲げ、都合の悪い部分を隠蔽してしまうものと考えざるを得ません」[57]。プロデューサーたちは小栗の重要性を強調するために、小栗の生涯についての歴史的事実に自由に手を加えた。たとえばこの作品のなかでは、横須賀造船所が幕府の敵の手に渡ることについて小栗が思いをめぐらし（当時の呼び名であった「製鉄所」は作中では用いられていない）、「土蔵附きの売家」という有名な一言を発するのは、栗本鋤雲ではなく勝海舟に対してである。視聴者にとって栗本はなじみの薄い人物だったようだが、勝はたいていの高校レヴェルの歴史教科書で教えられている人物である。小栗の一言を耳にした勝は絶句し、その果てに小栗にこう述べる。「貴殿は徳川のことしか考えていないと思っていた。それで非常にびっくりしている」。ここでの勝の反応は、いっそうの効果を生んでいる。この作品で勝は、終始一貫して小栗を、朝廷に従いながら日本にとって何がより善なのかを見るということのできない、幕府の頑固な支持者であると批判しているのだから。メモリー・アクティヴィストたちによって長く唱えられてきたこの歴史的解釈は、強烈な仕方で視聴者のもとに届けられた——すなわち、小栗の政敵で維新の英雄である勝すらも小栗の貢献を認めている、という解釈である。

小栗と勝はまた、近代人の二類型を並置させてもいる。忠実な家族思いの男と、浮気者の夫とである。小栗のアクティヴィストのあいだでの勝への辛辣な批評は、小栗への愛情と同じくらい情熱的であり、それは、童門や星にも共有されていた(58)。それゆえに、勝が周縁的な人物として描かれて、小栗との関係も決して問題にはされなかった『大東京誕生』とは異なり、このドラマでの勝は中心的な人物——政治的なストーリーにおけるアンチ・ヒーロー、人間的なストーリーにおける悪役なのである。小栗と妻道子との関係は、近代的な、ほんの少し西洋的な関係を表すべくあしらえられている。二人はデートに出かけ、散歩のあいだには手を握り、そして同じ馬に乗り、最後の場面の一つでは彼は彼女に英語で「アイ・ラブ・ユー」と告げるのである。道子が若く初々しく見えるのに対し、勝夫人は老けてくたびれ、子らに囲まれている。この二人の会話のなかで勝夫人は、芸者見習いやってた頃より朝から晩まで働きずくめ、とうっかり口を滑らせる。その帰り道、道子は勝に出くわし、道端の木陰で若い女にキスをしている場面を目撃する。勝は彼女がこちらをじっと見ているのを見て、彼女を呼びとめる。彼女は叫ぶ。「〔新たに昇進した〕軍艦奉行ともあろうお方がこのようなところで！」勝は彼女を激しくつかみ、引き寄せてこう応える。「ご存知で。生まれ育ちは違っても、やることは一つでさ」。「下劣です」と彼女は言い返す。すると勝は笑いながら認める。「今度二人でゆっくりと話をお聞かせくださいませ」。政治的なスキャンダルが拡大する時代において、ここでの勝が、最も有能な政治家であっても最低の人物でありうることを示している一方で、小栗は職務においても私生活においても純真でありつづけている。

　この時の視聴率に関する利用可能なデータは見あたらないが、このドラマが小栗の全国的な振興に寄与したことを示す証拠はある。二〇〇八年、法務大臣の鳩山邦夫は閣僚会議後の記者会見で、小栗のドラマのことを論じた。麻生太郎首相との会議前の会話について質問を受けた鳩山は、こう答えた。「随分前に放送されたものですが、幕末の物語で、徳川方の勘定奉行であった小栗上野介は、群馬県に行って農業をやっていたわけですが、埋蔵金を疑われ官軍に斬首されるという、これは維新の汚点と言われている非常に残念な事件です〔とお話ししました〕」。これに対する首相の反応について問われた鳩山は、答えた。「「なかなかの傑物だったようですね」と言われました[59]」。

　これに続くいくつもの文章がこのドラマに言及したが、その一つが、二〇〇九年から二〇一〇年にかけて『産経新聞』に連載された「幕末維新に学ぶ現在」だった。その筆者山内昌之は、小栗への熱烈な賛辞を、NHKに登場したので今やみな小栗を知っているという主張とともに始めている。彼は埋蔵金物語による小栗の名声を承知しているが、それらの一切に山内は、メモリー・アクティヴィストたちと同じく耳を貸そうとはしないだろう。「むしろ金とのかかわりで有名なのは、修好通商条約の批准書交換のために渡米した際、フィラデルフィアで一両小判（金貨）と一ドル金貨との交換比率の基礎を定めた点であろう」[60]。保守的で親＝自民党的な『産経新聞』紙上で山内は、維新の転換期の数年間を自民党にとっての教育の機会として活用しようとした。二〇〇九年の自民党に対する民主党の勝利は、山内にとっては明治維新と相似形をなすものであり、この度は高貴な敗者の役割を自民党が演じたというのだった。それゆえに、自民党も民主党も、井伊直弼や松平容保、また小栗のような、悪玉化もしくは周縁化された人びとのことを、彼らが自らを犠牲にすることでなしとげた貢献ゆえに記憶しなければならないのであり、また福地源一郎や成島柳北のような維新後に意味のある仕事をなしとげた敗者たちは、敗北した自民党にとってのモデルとみなされる必要があるというのである。

小栗がテレビに現れたことは、木村直巳の漫画シリーズの市場の創出を助けた。木村は東京の古書店で坂本藤良の小栗伝を発見して以来、小栗の漫画をつくってみたいと思っていた。彼は坂本の語る明治維新が、自分が知っているそれとどれほど違うかに衝撃を受けたが、その時には木村は、企画に興味を示す漫画雑誌の編集者を見つけることができなかった。その直後、埋蔵金探しを描いたテレビ番組と司馬遼太郎による称讃を通して小栗が広く知れわたった。木村とその編集者が、小栗についての知見をさらに深めるために東善寺を訪れたのは、この時点、すなわち一九九〇年代のとある時期だった[61]。とはいえ、この主題に興味をもつ編集者を木村が見つけたのは、それから一〇年後のことだった。漫画雑誌『コミック乱ツインズ』の年配の編集者が、偶然小栗ファンだったのである。そして二〇〇五年の一月に連載が始まった[62]。

その漫画『天涯の武士』のなかで木村は、ナショナリストとしての小栗を田舎者の勝海舟や西郷と対比させている。木村は小栗のことを経済的なナショナリスト——西洋の脅威に抗するための、身分上下の区別ないすべての日本人の調和的な統一の主張者——として描き上げている。漫画は兵庫商社実現の失敗を描写はせず、代わりに小栗に、外国の圧力に抗して低い身分の人びとが結集する経済立国の構想を唱えさせている。彼は勝に言う。「諸外国にこの国を武力侵略する意図は無くとも、経済力によって屈服させられては先行きは同じこと」(63)。さらに小栗は論じる。日本を守るのは武力ではなく、それゆえに国は、日本の発展を武士に任せるわけにはいかない。財政についての知識を持った商人その他の人びとこそが国を率い、一つになって働かなければならないのだと。小栗は、徳川幕府が倒れるかもしれないと疑っている商人に打ち明けてこう言う。「世界の大局は経済中心——この国はもうとっくにお前さん方に支えられてんのさ」(64)。それから彼は、"company"という英語を平等主義者ふうに説明する。「武士・町人・百姓の区別なく出資金を集めて商いをしようってやり方だよ」(65)。

この漫画に現れる西郷は粗忽者である。小栗と違って西郷は、大局、すなわち経済力に富み統一された日本のありようを洞察することができない。木村は、敗者と勝者とみなされているものに読者が抱く期待をくつがえす手立てとして、本篇で一人だけ創作人物を用いている。その宮里団十郎という名の若い薩摩武士は、お互いの知己を介して小栗と出会い、身分に縛られずに商業が支配する近代日本という小栗のヴィジョンについて学ぶ。宮里は小栗の活動を西郷に報告するが、物語のさなかで経験する会話を通して、しだいに西郷を見離し、日本に対する小栗の見識を支持するようになる。彼はアイデンティティの危機に直面する。彼は剣術を習得して田舎の武士の一家の婿養子に入ったことで社会的身分の上昇の機会をつかんでいるのだが、どうすれば小栗が思い描くような仕方で世の中と相渉っていけばよいのかが、わからない。彼は西郷に疑問をつきつける。「教えてくいやんせ！　おいはこれから侍として何をすればよかですか⁉」西郷は答える。「……そいはおはんの考えるこつじゃなか。薩摩義士として己の天命を全うすればそいでよかんど」(66)。木村の見るところ、西郷の問題は、彼が自らを侍としてのみ規定していることである。宮里が、〔禁門の戦い＝甲子戦争において〕政敵長州と争った西郷のあり方を問うと、西郷は武士として答えうるのみである。「おいは今日はっきりわかりもした。武士は戦をしてこその武士でごわす！」(67) しかし宮里の心をよぎるのは、武士の争いについての小栗の言葉である。「この争いは日本国の話じゃねえ！　ただの侍同士の痴話喧嘩さ！」(68) 明治維新が起こり、小栗が刑死した後のこの漫画の結末部で、宮里は人力車の車夫になっている。彼は、客として乗せていた西郷を地面に投げ出してしまい、小栗を殺したことを詫びるよう求める。「明治の文明開化とか申すものは、おいが以前ある幕臣〔小栗〕から聞いた話と同じものばかりでごわす」と、宮里は言い放つ。「お前《まん》の言うそん幕臣〔小栗〕は……一体どげん国を造るつもりじゃったんじゃろうな……」と尋ねた西郷に、宮里はこう答える。「小栗様はお前《まん》らとも語り合い共に国造りをしたいと……ずっとそう願っておられた！」(69) 寛大で、先見の明を持ち、融和的な木村版の小栗は、無秩序のなかに置かれた日本の愛国心の一つのモデルである。

　木村の漫画が異色なのは、小栗および明治維新に対する彼の解釈を支持し、正当化する声を収録しているからである。最初の二巻は、当時の自民党の大物政治家による解説コメントを呼び物にしている。これらのコメントは連載版に当初から含まれていたものではなく、内閣官房副長官の岩城光英と昵懇のブックデザイナーの示唆により後で加えられたものだった。岩城は、第二巻の巻末に収められることになるコメントの執筆を了承する一方で、森喜朗前首相にも接触し、森はそのコメントを第一巻に執筆した。[70] 第三巻と第四巻の寄稿者には木村自身が連絡をとったが、その二人とも知り合いだった。一人は日本大学の文学研究者清水正、もう一人は筑波大学の副学長で、メディアに頻繁に登場する漫画エッセイストの谷川彰英だった。

森と岩城のコメントは、政治に関連させながら木村版の小栗物語を擁護している。森は明治維新、とくに今日の日本が日本人のアイデンティティを形づくった武士からいかに学びうるかを理解するうえで、敗者を研究することの必要性を指摘している。[71] 彼は高貴で私心のない小栗という像を受け入れて、国に奉仕する際の小栗の豪胆さに言及しているが、それは森が政治家と今日の武士に向けたメッセージでもあった。「冒頭、米国に向けて太平洋を渡る嵐の船中で上野介が漏らす「もしここで海の藻屑とならばそれまでのこと。生くるも死ぬるもこれ天命でござろう」という武士の覚悟を聞けば、改めて、今日の政治家の使命は何なのかを教示してくれる作品です」[72]。ここで森が示しているのは、日本は嵐のなかの船であり、政治家は、政治的帰結を慮ることなく、日本の進歩のために戦うべきであるという考えである。この森の一文が書かれたのは、二〇〇五年の政治的文脈のなかでのことである。当時、自民党の反主流派が現状に異議を唱えたが、党を去ると脅しをかけることは稀だった。次のくだりが暗示しているのは、おそらくそのことだっただろう。「開明派ではあるが、野人のような勝海舟を脇役とした配役をはじめ、個性豊かな登場人物達に読者を惹きつける魅力と迫力がありま す[73]」。

閣僚の岩城光英もまた、小栗を日本の政治家のモデルと見る。小栗は「幕臣である以前に日本人」であり、国のことを第一に、政治的忠誠のことを第二に考え、日夜国のために尽力した人物だった[74]。岩城は、日本人のアイデンティティに関する古い言葉である「清貧」――第二巻でフランス人を相手に小栗が「この国の最高の美徳かもしれん[75]」と述べている概念を呼び出してくる。この概念は、知識人や芸術家の正直、純粋、かつ貧しい生活を指すものとして、長く日本に存在していた。一九九二年、「清貧」は、中野孝次のベストセラー『清貧の思想』によって一九九〇年代の江戸回顧の一部として復活した。しかし「清貧」は、単に大衆に貧乏に甘んじさせるためだけの概念なのではなく、岩城にとっては「改革の真っ只中にいる私達政治家にとって、範とすべきもの[76]」である。ここで岩城は仲間の政治家たちに、一九九〇年代の政治の腐敗の原因は貪欲だったことを想起させようとしている。

清水正のコメントは物語の筋に注目しているが、彼もまた物語における政治的メッセージを強調する。清水は小栗の先見の明、行政手腕、諸外国との対等な貿易のために日本の商人を統合しようとする物語の描写を受けいれる。「が、この劇画は新国家建設に命を賭けた幕末の獅子たちの活躍だけを描いているのではない。西郷や勝海舟の小栗に対する憎悪や嫉妬をも巧みに描いた人間劇としても秀逸である[77]」。勝のような人間は、幕府の敵よりも危険であると清水は信じている。「いつの時代でも、こういった無能な輩が数に頼んで有能な者の前に立ちふさがってくる。……明日の新日本の姿を鮮明に思い描く者［小栗］が、その構想を実現しようとすれば、まず戦わなければならない敵は身内に巣くう〈顔なし〉ということになる[78]」。こうした種類の人びとは、敵と手を組み進歩を阻害する。このことすら、読者に対してはある政治的な意味内容を喚起した――すなわち、平成不況から抜け出す道を探そうとしたことに伴う、自民党自体の内部分裂である。

谷川彰英は、「義」の欠如した時代に身をもって「義」を示す人物として小栗を解釈する。「平成一九年［二〇〇七年］の締めくくりの言葉が『偽』になったことが話題になった。政界をはじめ食品会社、あげくの果ては天下の横綱まで疑いの対象になってしまった日本。日本はいつのまに『偽の国』に成り下がってしまったのか」[79]。この指摘は谷川の創見によるものではない。「偽」の文字は、日本漢字能力検定協会によって二〇〇七年の漢字に選ばれたのである[80]。地域の食品会社や、ミスタードーナツのような全国的な菓子チェーン店が、賞味期限を偽った製品や、使い回しの材料で造られた製品を販売していた事実が発覚した。ある食肉加工会社は、実際は豚の挽肉だった製品を「一〇〇パーセント牛肉」と表示した。こうしたスキャンダルは、長い間顧客サービスに誇りを持ち、他の製品よりも――とくに従来の不審な外国製品よりも高品質であると思われる製品に対して喜んで高い対価を支払ってきた国にとっては打撃だった。「義」は過去について誠実であることも意味した。谷川によれば、小栗は「義」の人であり、「偽」から最も遠い人物と言ってよく、「「勝てば官軍」史観を超えて見てみると、この［明治維新の］時代を生き抜いた人々の新しい局面が見えてくる」[81]。彼は、現今に観察されたいんちきを、小栗の支援者たちによって長く論じられてきた問題――薩長に占有されてきた歴史の語りに小栗の歴史が封じ込められてきたという問題に結びつけているのである[82]。

問題は残る。仮にそうだったとしても、メディアの扱いが小栗の人気にどのように影響を与えたのだろうか？　木村は、『天涯の武士』の最初の二巻は、どのような漫画にとっても多い二万部から三万部が刷られたと述べている。あいにくそれらの売れ行きはよくなく、最後の二巻が刷られたのは七〇〇〇部から八〇〇〇部程度であり、大型書店に並べられるには足りなかった(83)。だがこのことは、小栗の喧伝の失敗を意味したわけではなかった。第一に、こうして漫画が刊行されたことそれ自体が、小栗の名が全国区に「達した」ことを物語っていた。政治家たちやスポーツ界、芸能界の有名人たち、あるいは日産のトップのカルロス・ゴーンでさえ、彼ら自身の伝記漫画を持っている。第二に、木村は、小栗や明治維新に関する言説に列なったことで、漫画を用いて友人たちや家族、隣人たちに小栗の名を広めることのできる、すでに確立された小栗ファンのネットワークに自らを結びつけた。このネットワークは、全国的な小栗の認知度に影響を与えるには小さすぎるように見えるかもしれないが、著名な作家たちとの交流を通して小栗をマスメディアに文字通り押し上げたのも、こうした同じ小さな地元のネットワークだった。

全国的なメディアでの露出は、国民意識における小栗の認知度を大いに高める一方で、メモリー・アクティヴィストたちは主に、小栗もまた自分たちの歴史の一部であることを他地域の住民に納得させることを通して、これまでと同様に、メモリー・ランドスケープの拡大にむけて努力した。横須賀と倉渕の姉妹都市関係は、この種の努力の最初の事例である。平成期を通じてつねに起こっていたように、より小さな町や村がより大きな市に合併統合されていくなかで、そのようなネットワークの維持は難しいかもしれない。たとえば倉渕村は、もはや存在していない〔現在は倉渕町となっている〕。倉渕および近隣のいくつもの町村は、二〇〇六年に高崎市に統合され、横須賀との姉妹都市関係は高崎市長によって解消された(84)。地方自治体の資金で、毎年恒例の小栗＝ヴェルニー祭のために役人を横須賀に派遣することはもうない。さらに、NHKのドラマが放映されて以来、群馬県当局のあいだでは「使命は完遂された」という態度が広がっているようで、小栗振興への熱意は薄れてきている。

二〇〇五年、メモリー・アクティヴィストたちが私に、高崎にはもう小栗を顕彰する意向がないのではないかという懸念を表明したが、懸念には及ばなかったことがわかった。地方自治体の財政的裁量を強化し、小さな町村の合併を推進する二〇〇〇年施行の地方分権一括法は、地方自治体を日本における地方分権的改革の牽引力に押し立てた[85]。倉渕と高崎のアイデンティティ・ギャップを埋める努力の、そしておそらくは歴史関連の観光から利益を得る努力の一環として、高崎は小栗の顕彰を積極的に支援している。高崎駅外の大きなイラスト入りの高崎地図に小栗が登場し、村上泰賢その他の人びとが小栗関連の史跡を案内し、高崎のコミュニティセンターや学校では、これまで以上に講演活動が行われているのである。さらに重要なことに、高崎市長は、高崎から倉渕町を通ってリゾート地の草津へと北上する主要道路である国道四〇六号線沿いの道の駅、「小栗の里」への大規模な資金提供を約束した。観光スポットやコミュニティセンターとしての用途をあてがわれたこの施設は、小栗関連の展示物や倉渕の歴史のコーナー、地元の特産品や農産物売り場、それに休憩所を備えている[86]。

群馬県外での小栗の顕彰活動の広がりの成功は、民間の人びと――小栗遺産の強化の実現を通して維新の敗者たちのメモリー・ランドスケープに寄与するアクティヴィストの存在に依拠している。会津若松の歴史グループは小栗関連の講演を主催しているが、二〇〇五年、会津若松市は小栗の所持品の一時的な展示を特集した。同年、会津若松と横須賀は、小栗が結ぶ縁により姉妹都市になった[87]。小栗の物語は、新潟、福島、それに長野のような他地域の郷土史家たちが取り組む研究主題の一部にもなっている。たとえば、長野のある歴史家は二〇〇四年に、一九世紀の地元企業家で、かの葛飾北斎のパトロンだった高井鴻山の伝記を刊行したが、そのなかに小栗のことを織り込んでいる[88]。高井はある時小栗と会い、外国人相手の貿易を行う会社を立ち上げる計画について議論した。この伝記の帯にはこう書かれている。「日本の近代化を目指す小栗上野介と高井鴻山の夢が見えてくる……。北斎と鴻山の祈願の結晶」。小栗は確かに北斎ほど有名ではないが、その広告戦略は、小栗の名が、高井という比較的知名度の低い地元の人物に関する書籍の販売を助けるのに十分な文化的名声を担っていたことを物語っている。

小栗の歴史的記憶、和解、そしてファンシップが最高潮に達したのは、二〇〇八年、現在はYMCAになっている小栗の旧屋敷址に近い明治大学〔の博物館で開かれた「小栗上野介企画展」〕においてだった。駿河台界隈は小栗ら旗本たちの屋敷で占められていたが、小栗の屋敷址のみは、村上泰賢の促しを受けて一九九二年に建てられた看板〔現在は企画展に際して二〇〇八年に手直しされた標示版が立っている〕が目印となっている。小栗と徳川家の和解というアイディアは二〇〇六年、駿河台で喫茶店を経営する小栗ファンの粟野芳夫が、ある地方の神社で徳川恒孝と会った時に生まれた。二人は小栗のことを話題にし、一か月後に東善寺を訪ねた粟野は村上にこう叫んだ。「一五代〔徳川〕慶喜から罷免されたが、一八代は認めた」。小栗顕彰会と駿河台の一コミュニティ組織が、小栗の生地近くでの企画展の開催を決意した。恒孝は講演の依頼を引き受けたが、その初日、駿河台の役員たちは、小栗を含む旗本の子孫たちの行列に加わることも了承させ、その行列は二時間続いた。ある報告者の観察によれば、恒孝は当惑していたようだったが、「いつのまにか行列に。地元の張り切り様を見て断れなくなった[89]」。講演で恒孝は、日本への小栗の貢献を称えるおなじみの修辞を用いたが、小栗の死が悲劇的なものに終わった理由に関して新しい解釈をつけくわえた。小栗は、徳川幕府が倒れなかったという事実にもかかわらず殺された。政権は単に新しい人びとのグループに移譲させられただけであり――恒孝の主張によれば、そのような円滑な政権の移譲は世界史的にもユニークな事例なのだった。徳川家にとっては、結局のところ、どこにも敗者は存在しないかのようである[90]。

## 結論

小栗および戊辰戦争の記念＝顕彰は、正当化の過程だった。童門冬二や星亮一のような名士たちの参加は、それがなければ時期の点でも開催地の点でも奇異に見えたかもしれない戊辰戦争についての角館討論会のような地元イベントに、リアルな雰囲気をもたらした。これらの同じ名士たちが群馬の小栗イベントに注目し、小栗まつりへの彼らの参加は東善寺を、小栗物語を語り、演じ、あるいは漫画で表現したい人びとが必ず訪れるべき巡礼地として印象づけた。歴史的記憶はまた、新しい名士たちをつくりだした。村上泰賢は小栗関連の書籍や講演、そして小栗の遺品の後見を通して、「村上先生」と呼ばれている。水野でさえも、埋蔵金を探す人びとにとっては「先生」である。彼に関するドキュメンタリーは、自らの理論を提供しようとし、あるいは宝物探しに関する指導を仰ごうとする訪問者たちの嵐に注目している。しかし、全国的な名士たちと地元の情報提供者の関係は一方向的なものではない。地元のメモリー・アクティヴィストたちは、童門や星が小栗のことを書く際に正当性と知識を供給し、メディアが小栗をドキュメンタリーでとりあげる際には童門や星を探し出す。それと引き換えに、地元の物語への共感に沿った仕方で二人は小栗の物語を解釈してみせる。

戊辰戦争の敗者たちの記念活動と、小栗のメモリー・アクティヴィストたちによるそれとの違いは、日本に対するそれぞれのヴィジョンに関わっている。一方で、旧敵との和解に対する会津藩士の子孫たちの不同意は、単なる頑固な郷土アイデンティティにとどまらない。彼らは、戦後日本政府が唱え、占領軍が支持し、のちに一九八〇年代に加速した保守的な想定、すなわち近年ようやく疑いにさらされるようになった、日本人の単一性と調和という物語に挑戦している。実際、こうした地域横断的な和解が称えているのは、お互いが抱えもつ中央政府への苛立ちなのである。彼らは、二〇世紀後半における明治維新期の描写の多くに見出される、近年の傾向に従っている。すなわち、貶められた維新の敗者たちへの注目を通して、二〇世紀初頭の中央集権化と帝国主義に与して排除された、徳川時代の可能性を取り戻そうとする傾向である。

小栗および明治維新の歴史を用いて、蜷川新が非歴史的な天皇神話を攻撃した一九五〇年代以来、おなじみの国家主義的な修辞に真っ向から挑戦する小栗解説者は、ほぼ姿を消している。一九九〇年代に、〔盛田昭夫と石原慎太郎が共同執筆した〕『「NO」と言える日本』の刊行を受けて村上泰賢は（フィラデルフィアの造幣局での）小栗を、アメリカに対してノーと言った事実上最初の日本人であると論じ、この主題は他の著者たちにも利用された[91]。また小栗は、西洋の基礎設備と思想を日本に導入した点でつねに称えられるけれども、木村の漫画は外国人に対し概して敵対的である。ロシア人は対馬で土地の女性を強姦する場面が描かれ、英国の外交官オールコックは悪魔的に見え、横須賀の技師ヴェルニーを除けば、フランス人はおおむね間抜け者として描かれている。

小栗の復権は、マスメディアに加え、小さいながらも重要な記憶の場所で行われている。二〇〇三年、小栗は初めて普通教育の教材に登場した。それは、清水書院から二〇〇三年に刊行された高校日本史の教科書だった。この本で小栗は、明治維新の章ではなく、「歴史と生活」と銘打った、三ページにわたる横須賀に関するコラムの一部として登場する。教師用の手引きによれば、横須賀が選ばれたのは、それが、地方都市で歴史、経済、国際政治が時代を超えて発展した好例だからだった[92]。生徒用の版には、小栗およびヴェルニーの胸像の写真が収録され、小栗が横須賀を建設したのは、彼が日本――幕府だけでなく――には海軍基地が必要だと信じていたためだったと説明されている[93]。教師用の手引きには小栗の伝記が収められているが、それはこう締めくくられている。近年小栗は、その合理的な経営方式、政治、その政策に具現された長期的な展望、それにそのライフスタイルによって称讃されている。彼は、テレビドラマなどでもとりあげられている[94]――。普通教育における小栗の最初の登場は簡潔なものだったが、メモリー・アクティヴィストたちにとってそれは、一世紀以上も前に権田の村人たちが小栗復権を試みて以来の重要な一歩を意味するものだった。

# 結論——意味のある風景へ

二〇〇五年のまだ春浅い季節のことだったが、群馬県の山間部、倉渕村の体育館の館内には、すでに熱気がみなぎっていた。遠方の港町横須賀よりやってきた武士ふうの裃を身にまとった一団が、能楽を思わせる緩やかで整然とした声調で朗誦を始めた。彼らが語っていたのは小栗物語で、改革者としての小栗を称えるとともに、新政府軍によるその処刑を悼む内容だった。一方、そのわずか数年前には、好奇心に満ち、それでいていたって真剣なようすの一団が、吹雪のなか、仮祭壇の前で僧が経を読むのを聞きながら、厳粛に立ち並んでいた。彼らはその読経が、赤城山麓に小栗が埋めたと考えられる徳川埋蔵金の発見に効験をもたらすことを望んでいた。数年におよぶ計画と数週間にわたる発掘ののち、彼らはつらい結論に達した——結局のところ、赤城山のゴルフコースの地下には金など存在しないのだと。

ここに並置した二つの場面は、一見無関係で、取るに足りないものに見えるかもしれないが、それらは、あまたいる人士のなかでも、一人の明治維新の敗者の歩みを記念＝顕彰し、呼び起こそうとする、一世紀にわたる努力の最新の形態を物語っている。この二つの場面が、同じ参列者によって目撃された可能性はほとんどない。第一の、公の機関が主催する毎年恒例のイベントは、ほとんど福音派の行事のようである――それは郷土の歴史とアイデンティティを称え、観光客を惹きつける。横須賀からきた人びとは、一九〇九年に催された横須賀五〇年祭、および一九二二年の銅像建設にむけて協力し合った年月から、ビジネスと観光による戦後の提携に至るまで、倉淵と横須賀を長年結びつけてきたメモリー・ランドスケープへの参加者だった。第二の場面は民間のものであり、水野その他の人びとがなぜこのような信憑性の低い伝説を信じえたのかを解き明かそうとして数年を費やしたドキュメンタリー制作者によって、映像化された。この映画の監督は、決して水野智之を愚か者に見せてはいない。というよりそこでの水野は、それが真実であると誰もが確信しうるような伝説の起源に、それ相応の混乱が横たわっていることを視聴者に告げ知らせる存在なのである。水野は、自分の大義への情熱を保ち続ける一方、失墜した祖先の武士の声望を取り戻そうとしたことで、同好の冒険家たちからの尊敬を集めた。

長い年月のあいだに、核心に関わるいくつもの沈黙が小栗の顕彰を特徴づけてきた。第一に、メモリー・アクティヴィストたちが小栗の政治的な脆さを認めたことは、あったとしてもなきに等しかった。むしろ彼らは小栗の失敗を、彼の進言に耳を貸すことを拒んだ幕吏たちの失敗に転嫁した。第二に、権田および周辺地域に小栗が持ち込んだ固有の緊張に関しては、彼らはほとんど口を開かない。その地での小栗の意図が何であれ、一八六八年の騒擾を通じて村人たちは死に、家々は焼かれた。それらの死者の記念碑を建てようという提案は、決して実現しなかった。さらに、小栗の「支援者たち」は、彼らの主人につねに私心なく従ったわけではなかった。ちょうど、小栗を裏切ることで自らの雇い主である三井グループを救った三野村利左衛門のように、権田村の名主佐藤藤七もまた、自己利益に基づいて行動し、小栗からの借金を用いて小栗に賭ける危険を分散し、最終的には他の小栗家臣たちの標的となった。競合するメモリー・アクティヴィストたちもまた、選択的記憶の標的になっている。『小栗忠順のすべて』と題された、東善寺を拠点に活動する村上泰賢の編集による近年のアンソロジーは、小栗関連の史跡用語集のなかで、小栗との関連性がもっと低い他の史跡を記載しているにもかかわらず、普門院には言及していない。

マスメディアは、ある人物の国民的ヒーローとしての人気を強固にするが、その到達範囲は地元の人びとの働きにかかっている。日本人は何らかの形で、司馬遼太郎の小説群およびそれらを原作としたドラマを通して、あるいはそれとは別の二〇一一年の大河ドラマ『龍馬伝』を通して、坂本龍馬のことを知っている。しかし、坂本龍馬や新選組に関する司馬の知識でさえ、一郷土史家が行った研究に由来している。(1) とはいえ、地元の研究のみによっては一人のヒーローを国民に注目させることはできない。具体性、記念物、さらに物質的な顕彰も伴わなければならない。坂本の場合は、一八八三年に地元〔土佐〕の民権家坂崎紫瀾がフィクション仕立ての説明を著し、一九〇四年に皇后が夢に坂本が現れたと語った（政府内部の土佐人によって喧伝されたストーリー）とはいえ、戦前にその人気が頂点に達したのは、一九二八年に地元有志の手で銅像が建設されてからのことだった。(2)

小栗の記念＝顕彰は、井伊直弼や会津武士その他の人びとのそれと同様に、長い、そしておそらくはまだ終わることのない旅である。井伊の昔日の遺産は評判が悪く、その銅像建設の努力は係争の舞台となった。とはいえ、表層や論争よりも重要なのは、彼を支持し、かつ引き込んだイベントである。二〇世紀初頭に確立された、文字化された小栗の記憶は、小栗振興の中心的主題を表象しつづけているが、その利用法は時とともに変化してきている。小栗のイメージは、井伊よりも多くの下準備を必要とした。初期のメモリー・アクティヴィストたちは全国レヴェルで小栗の復権を試みる一方で、小栗に関して地元の人びとを教育し、小栗振興の基礎固めをする必要があった。徳川の旧臣たちは、明治政府の指導者や裏切り者と見えた他の同僚を攻撃するために小栗の物語を用いた。いまや記憶は歴史的人物同士の、あまり顧みられない個人的関係を調べるための有用なレンズなのである。たとえば大隈重信の矢野文雄や弟貞雄（小栗国子と結婚した人物）、さらに三野村利左衛門とのつながり、もしくは他の政府指導者たちとの競合関係は、政治に関してだけではなく、個人的な歴史的関係性にもまた関与していたのである。同じことは、福沢諭吉と勝海舟および徳富蘇峰との競合関係、あるいは栗本鋤雲とも共通する福沢の、小栗の軌跡が持つ今日的意味への評価についても言える。

けれども記念＝顕彰は、単純明快でもなければ目的論的でもない。小栗の人気は、地元でも全国的にも変動した。一九世紀末の群馬では、ある有識エリート小集団以外の何者かが小栗の物語を気にかけていたことを示す証拠は、ごくわずかしかない。それでもこの小グループは、小栗の振興のために横須賀五〇年祭を利用するほどに献身的な姿勢を示した。政府内および横須賀の協力者の助けを得て、一九二二年、彼らは小栗の銅像建設に成功し、小栗に関する地元の言説の頻度と強度を高めた。一九二〇年代末から一九三〇年代にかけて経験された明治維新ブームは、愛国心の象徴として、また軍事的先見の明の持ち主として小栗を描き出したが、このブームは、小栗を国民的ヒーローとして立ち上げるための便利な触媒だった。そこでの競争は、調和的な協力の場として田舎を見ようとするいかなる試みをも否定するものだったが、東善寺と普門院グループが互いを攻撃しあったときでさえ、お宝ハンターに対する軽蔑の念は共有されていた。

小栗ストーリーは、戦後間もなくの全国的な視聴者もしくは読者の心を刺激することはできなかった。地元レヴェルでは、メモリー・アクティヴィストたちは小栗を地元のヒーローにする努力のなかで束の間の困難に直面したが、彼らは努力を推進することで困難を克服し、新設された倉淵村と力を合わせ、群馬県および横須賀市に小栗の軌跡の重要性を認めさせるに至った。第二次世界大戦以前の普門院から戦後の東善寺へという推移は、記念＝顕彰活動、記憶、そして歴史の産出の可鍛性の証である。一九八〇年代までアクティヴィストたちは、小栗の記憶のネットワーク、中央政府からの資金、そしてふるさとブームから恩恵を被っていた。こうした動きは、一連の新たなヒーローたちの登場という形で、「失われた一〇年」を通じて傷つき衝撃を受けた国民層に向けられた。

とはいえ、一九九〇年代の初頭には、群馬においてさえ小栗は無名のままだった。一九九四年に群馬大学の学生が、彼らのあいだでの歴史上の人物の知名度に関する調査を行った際、小栗は三〇人中の一七位だった。小栗を知っていた学生たちのなかで、およそ二一パーセントが「本か雑誌で」読んだと答え、「どこかで」知ったのが一四パーセント、「教室で」「テレビや友人から」と答えたのがそれぞれ三・五パーセントだった。(3) 小栗の名はすでにTBSの埋蔵金番組に登場していたが、おそらくは小栗について書かれた本のほうがインパクトを持っていたようである。一九九〇年代後半以降、会津の死者を支援した人びとを含むアクティヴィストたちは、彼らのヒーローを用いて、国の方向性と現在における過去の役割に関する国民的な議論に参加した。しかし、宝物までもう一メートルだとつねに主張するお宝ハンターのように、過去を掘り下げることで現代の社会問題の解決策を見いだすには、力が及んでいないようである。それでも、目標はプロセスほど重要ではない。水野は、金発見に至らぬまま二〇一〇年に死去したが、埋蔵金探しは彼の「生きがい」であり、彼に生きる意味を与え、そのうえ彼は、遺産の存在を証言する彼の家族についていくつもの本を刊行したのである。

小栗を知るようになる人びとの頭数以上に重要なのは、どういう種類の人びとに物語が届くのかという問題である。もしそうであるなら、メモリー・アクティヴィストによる努力は成功してきた。二〇〇五年、郵政民営化に関するとある会合において、日本郵政の父前島密よりも前に郵便制度の基礎を築いたのは小栗だったという議論があがった。そして二〇〇九年には、市民福祉と経済のための調査会議で、政治家で作家の堺屋太一が、政府は小栗の行った税、金融、ならびに通貨の改革に倣うべきであると提言した。(4) 蜷川新の解釈や木屋隆安の本を攻撃した人びとのように、メモリー・アクティヴィストたちの小栗の描き方を疑問視する異論は、影をひそめている。

小栗人気の大部分は、埋蔵金についての空想から生じた。メモリー・アクティヴィストは埋蔵金伝説に対して否定的に反応したかもしれないが、小栗に人気をもたらしたのは、その伝説だった。徳川の宝探しの未来は暗い。河原秀守は老い、彼にも水野にも冒険を続けるだけの後継者はいない。河原は二〇〇〇年、父親が一九三〇年代に掘り始めた月夜野のちょうどその場所で、小栗の徳川埋蔵金を見つけたと発表した。報道機関がやってきた時、河原の子息は冷ややかな様子だった。「私は息子ですが、その話（埋蔵金のこと）は嫌いです。親父とは顔を合わしませんし、その件で話をしたこともありません。ここ二、三日は帰っていないようです。連絡も取れません。名刺でも置いていかれたら、親父が連絡するかもしれません」[5]。のちに河原は金貨と銅剣を見せびらかしたが、彼にとって残念なことには、それらは地中から掘り返されたものではなく、古道具屋から購入された可能性が最も高い物品であると判断された。それでもなお、河原の目標にお金をつぎこんだ人びとは、河原を信用しつづけた[6]。水野は、二〇〇八年に肺がんの手術を受けた後も採掘を続けた。二〇〇六年のドキュメンタリーは、同情的な視線から彼を描き出している。彼は金銭面での支援者を持っていなかったが、河原のように結果を偽造するほどには絶望的ではなく、その祖父の代から始められた任務の完遂にむけて奮闘努力した。お宝伝説が格付け金をもたらした、TBS主催の発掘への参加に対しては不承不承でさえあった。

小栗の記念＝顕彰活動は衰えの徴候を見せていない。村上泰賢は各地での積極的な講演および研究のスケジュールをこなし、ニューズレターやeメールリスト、東善寺ウェブサイトを通じて、新たな小栗ファンを獲得しつづけている[7]。彼は小栗の顕彰活動を、米国や中国にも紹介している。ロサンゼルスならびにサンフランシスコの日系米国人グループは（二〇一〇年五月に）彼を招待し、一八六〇年の使節団についての講演の機会を設けた。講演のなかで村上は小栗を称揚した。二〇一〇年の日米交流一五〇年記念行事の一環として彼は、ニューヨーク在住の日本人を読者とする一新聞から、ありふれたネジ釘の話を含めて、小栗の経歴についての簡潔な説明を求められ、インタビューを受けた[8]。村上は小栗のネジ釘の一つを、ニューヨーク市立博物館の展示「サムライ・イン・ニューヨーク——最初の日本代表、一八六〇」に、つぎの説明文を付して送った。「この鉄製のネジ釘は、目付で、第三の大使とも称されることのある小栗忠順が持ち帰った多くのものの一つである。……日本に帰国した五年後に彼は、日本近代産業の曙とされる横須賀海軍造船所の設立に力を発揮した——東善寺所蔵」[9]。一見それは無害な説明文のようであるが、ネジ釘、東善寺、日本近代の創始者としての小栗の地位は、一九世紀末に淵源する顕彰活動の所産である。近代化の推進者としての小栗像はまた、CBN（中国ビジネスネットワーク）のプロデューサーの関心を引いた。彼は村上に、二〇一二年、小栗の主に横須賀の資金調達についてのインタビューを行った。小栗と村上はともに、のちにCBSの番組『黄金』に登場した。

村上および小栗ファンは、小栗を長篇映画にするというアイディアを決してあきらめてはいないが、それはまだ可能性の域にとどまっている。二〇〇九年の一一月、村上はニューズレターの購読者に、チェリン・グラック監督が日本の映画スタジオから小グループを伴って、突然東善寺に現れたと告げた。日系米国人のグラックは、『サイドウェイ』の日本版リメイクの封切のため日本に滞在中で、前日に東京で初日の挨拶を行っていたばかりだった。誰がその東善寺訪問をもくろんだのか、あるいはグラックがどのようにして小栗を発見したのかは定かではないが、その映画が討議段階を越えることはなかった[10]。もし本格的な小栗映画が制作されたとすれば、我々は、メモリー・アクティヴィストが自分たちの解釈を物語のなかにどの程度反映させることができるのか、そして埋蔵金が振興の契機たりえたのかどうかを、自分たちの眼で検証することができるだろう。究極のところ、メモリー・アクティヴィズムの目標は、顕彰の対象とそのメモリー・ランドスケープの連想を、その対象がもはや顕彰の結果とはみなされない地点まで自然化することである。柄谷行人の言葉を私の文脈に引き寄せて用いるならば、「風景がいったん成立すると、その起源は忘れさられる」[11]。小栗の場合、メモリー・

アクティヴィストが公衆に示そうとしたのは、その名を広めようと画策する顕彰の一部ではなく、まさに歴史の一部としての小栗である。メモリー・アクティヴィストは小栗をその地点にまで近づけはしたが、まだ到達させてはいない。たとえば第五章で議論した歴史教科書の生徒版において、小栗と横須賀の結びつきや両者の重要性が自然化されている一方で、その教師版は、小栗が知られるようになったのは近年の現象にすぎないと注釈している――つまり、地元の熱狂的支持の痕跡がまだ可視的なのである。もしメモリー・アクティヴィストが小栗を真に国民的な人物になしえたならば、その時彼らは、公衆が明治維新を解釈する仕方をも再形成していることだろう。

最後になるが、もろもろのメモリー・ランドスケープは、単に顕彰のネットワークとしてのみ機能するわけではない。それらは、他のもっと意味のある諸関係の土台を築くのである。小栗の孫娘とその家族が、東京の空襲から避難しなければならなくなった時、彼女は群馬に疎開した。横須賀の軍関係者たちもそのようにした。彼らの群馬、より正確には権田地区との唯一のつながりは、顕彰を介したものであって、個人的なものではなかったのである。

このような仕方で近年現れてきたもっと強力なメモリー・ランドスケープは、三・一一の大惨事に苦しみつづける東北への援助を手助けしたものである。三・一一の出来事以前、会津若松と萩の両市は、教育レヴェルでの交流や相互的な観光が進行中であるにもかかわらず、完全な和解、あるいは姉妹都市提携は不可能に見えた。両者の関係性が示唆しているのは、ナショナル・アイデンティティというものの脆弱さである。まるで初期近代のこの共通の歴史を介す以外には、互いに関係する他の方法がなかったかのように。二一世紀に入るまでは、いかなる国家目標も、敵対関係以外の仕方で二つの地域を一つにすることはできなかった。しかし、まずメモリー・アクティヴィストによって、ついで市役所の職員によって、このメモリー・ランドスケープを通じて確立された土台は東北で起きた三・一一の惨事に対し、萩市に反応しやすくさせる条件をつくった。四月、萩市は、会津若松市に二〇〇〇万円および生活必需品を送り届けた。萩市長のコメントはこうだった。「戊辰の時からの関係だが、いまは国家の危機。支え合って困難を乗り越えたい」[12]。秋、夏に行われた両市長間の話し合いを受けて、五五人の萩市民が市長とともに、会津若松の白虎隊関連の史跡を巡った。「歴史的事実は事実として、しっかり前を向いて次の世代に未来を展望させうるような交流ができたら」[13]。いずれの事例においても、萩が過去の過ちの調停者としてふるまうことで、両都市間の情緒的紐帯の創造に向けて歴史的記憶が呼び起こされた。もちろん、東北との歴史的因縁のない他の都道府県や都市もまた金銭の寄付を行ったが、観光客が東北を避けていた時点での会津若松訪問という萩市長の当を得た身ぶりは、メモリー・ランドスケープを通じて放たれることで、はじめて意味をなしえたものだった。

会津のメモリー・ランドスケープが全国レヴェルの記憶に結びつけられるようになったのは、二〇一三年のNHK大河ドラマ『八重の桜』においてだった。三・一一の出来事から間もなく、NHKは、二〇一三年の大河ドラマで福島県（会津）に焦点をあてることに決めたが、これは一一三〇万ドル分ばかりの円をもたらしたと試算されている、福島観光の促進のためだけではなく、福島といえば災害というイメージを、ドラマの主人公である（新島）八重と（山本）覚馬のイメージを借りてやわらげたいという狙いも与っていた[14]。この決断にはもちろん、福島と八重、そして覚馬とは良好な関係で結ばれているという想定が与っている。この物語は、著名な教育者新島襄の妻となった八重の生涯をたどる。彼女の父〔山本権八〕は会津藩の砲術指南方で、兄の覚馬はやがてその跡を継ぎ、戊辰の戦乱に巻き込まれていく。八重もまた若年の武士たちのグループを率いて、天皇の軍隊と戦う。

そしてここには、地元のメモリー・ランドスケープと全国のそれとを結びつける際の、一つの試練も顔をみせている。ある評論家が記しているように、ＮＨＫが試みているのは、日本のすべての人を視野に入れた番組制作である（「みなさまのＮＨＫ」）。しかし、『八重の桜』の制作者たちはいかにして、その遺産が戊辰戦争の勝者たちと結びつき、このドラマの主人公である八重や覚馬を迫害したのと同じ西日本の人びとを攻撃せずにすませるのか？〔この文章を書く〕現在までのところ、視聴率が示すのは、遠方の西南日本の視聴者たちは、会津の記憶には興味を持っていないということである。第七回（二〇一三年二月〔一七日放映「将軍の首」〕）の視聴率は、以下のようだった。福島二七パーセント、東日本全域一七・五パーセント、西日本全域一五・九パーセント。そして九州北部では、一〇・三パーセントに過ぎなかった。[15]一つ考えられるのは、八重と新島襄の関係に光があてられたとき、ドラマは西南日本の人びとにも訴えを持つようになるだろう、ということである。新島が京都に設立した同志社大学の学生は、親しみをこめて「同やん」と呼ばれている。[16]いずれにせよ、八重と覚馬にまつわる遺産に乏しい八重の夫の生地、群馬県安中市のような場所にあってさえ、地方の人びとは、メモリー・ランドスケープのなかで自分たちの地域を活用し、八重グッズや福島の産品を販売している。そのような仕方でも彼らは、自分たち自身と明治維新の記憶とを結びつけているのである。そして彼らがそうするのは、もっと大きな何かのためであるように思われる。

# 謝辞

よき指導者、助言者たちに、心よりの謝意を伝えたい。まず誰よりも、学者であるとはどういうことかを私に教えてくれたAnne Walthallに。Kathy RagsdaleとEugene Parkは、この本の初期稿を読んで有益な示唆を与えてくれたし、Kathyは辛抱強く原稿の全体をとりまとめてくれた。Kären Wigenは、この十年、貴重な助言を与えつづけ、支えてくれた。Bing WonとKen Pomeranzは、カリフォルニア大学アーヴァイン校での私の訓練に、大いに与ってくれたが、とくにBinは、厄介な質問で私を困らせた（そのことに私はたいへん感謝している）。研究への着手を助け、私に日本語を教えてくれたLeo Hanamiとジョージ・ワシントン大学のアジア研究学部にも感謝する。

多くの研究者たちが、貴重な時間を費やして、この本の執筆のさまざまな段階で励ましと助言を与えてくれた。Douglas Howland、Morgan Pitelka、Mark Ericson（小栗研究についての私の「センパイ」）、Steven Ericson、James Huffman、Jordan Sand、Sarah Thal、Louis Young、そしてJulia Azari。ハーヴァード大学アジアセンター（ＨＵＡＣ）の編集者William HammelとBob Grahamがいなかったら、本書が陽の目をみることは決してなかっただろう。彼らと二人の匿名の査読者、それにＨＵＡＣ出版局とウェストチェスター・ブックサービスの多大な努力にお礼を申し上げる。

東京での研究を助成してくれた当時の文部省と、夏の研究を助成してくれたマーケット大学に感謝する。東京大学の藤田覚からは、私の滞在中、親切に接待を受けた。また吉田伸之からは、梅澤ふみ子と久留島浩のもとで勉強をはじめた古文書とくずし字の解読を力づけられた。東京大学歴史史料編纂所の横山伊徳には、日本滞在中大いに助けられ、表紙の絵〔英語版の表紙に用いられた「本能寺合戦之図」〕の使用に関しても好意を受けた。私の世代の多くの日本研究者と同様に、私の旅路は、群馬県でのＪＥＴプログラムへの参加という形で、日本の田舎で、ひょんなことから始まることになった。そこから、幸運が私を研究者の世界に導いた。私は、群馬、倉渕、高崎で出会った多くの親切な人びと――とりわけ東善寺の村上泰賢とそのご家族にお礼を申し上げる。そして、木村直巳に。田路了とわが真庭の人びと、鈴木康弘、William Jensen、Stacy Clause、そして小島家の人びとに。

そのユーモアと励ましによって、私の困難をやわらげてくれた多くの人びとがいる。カリフォルニア大学アーヴァイン校での卒業生仲間、オバーリン大学での元同僚、マーケット大学での現同僚、過去および現在の学生、この数年来知識と刺激を与えてくれた若い研究者たち。なかでも、David Cannell、Michele Mason、Rod Wilson、Rob Stoltz、Al Park、David Eason、Amy Stanley、Jeff Alexander、Franco Trivigno、François Blanciak、そしてPieter de Ganon。コーヒーでさんざん長居をさせてくれた「ストーン・クリーク」のスタッフにもお礼を言いたい。

最後に大事なことを。私の家族――とくに、生涯のパートナーであり、今日を昨日より良きものにしてくれる妻の祐子と、毎日をクリスマスにしてくれる愛娘Heraに感謝しないわけにはいかない。

# 日本語版へのあとがき

このプロジェクトは、私が倉渕村〔現在は群馬県高崎市の一部〕で英語の代用教員をしていたときに、まったくひょんなことから動き出しました。私はそこで、地元のアイデンティティにとっての重要人物として小栗が話題にされているのを耳にしました。一世紀半前にさかのぼる小栗とのつながりをもつ倉渕村権田の東善寺の住職は、小栗について自分の書いた短い本を翻訳してみませんか、と私に尋ねてきたのですが、そのときの私は、「世直し」や「打ちこわし」のような、幕末史を学ぶうえでの基本的語彙さえ理解していませんでした。いずれにせよ、このようにして私は、幕末日本研究という長い探求の緒についたのでした。

しかし、私のプロジェクトは、大学院時代から歴史家としてのキャリアの一歩を踏み出す過程で、少しずつ関心の軸足を移すようになりました。私は枠組みを広げ、どのような仕方で人びとが、明治維新このかた論議の的とされてきた人物について語ってきたかという主題を、視野に収めるように努めました。その私に示唆を与えたのは、西洋語圏において信じ難いほどに複雑で微妙な発展をとげていた、歴史的記憶の理論でした。少なくとも明治維新の覚えられ方を記憶の理論と結びつけた研究は、当時の日本語圏には見出しにくいものでした。この本を英語で出版して以来、小栗についての日本語の素晴らしい本がいくつも出版されていますが、記憶の理論に深くコミットした研究は、少ないままのように思われます。その事実に注意を喚起することが、あるいは日本の読者に対するこの本の主な貢献かもしれません。

もし今この本を書き直すことができるとしたら、私は違ったふうに始めてみるつもりです。そこでの第一文は、「これは記憶に関する本です」となるでしょう。なぜでしょうか？　この本で私がやりたかったことが、ただ単に明治維新から今日まで時の経過を追って、さまざまな人びとが人や出来事をそれぞれの仕方でどう記憶してきたか、その諸相を跡づけることだけではなかったからです。それでは不十分です。私がこの本で示そうと努めたのは、多くの歴史叙述がそれに対して答える用意をもたないような歴史に関わる重要問題に、記憶の理論ならどう答えることができるのか、そのことでもあったのです。

# 一五〇年の孤独——訳者あとがきにかえて

一

本書は Michel Wert, *Meiji Restoration Losers: Memory and Tokugawa Supporters in Modern Japan*, Harvard University Asia Center, 2013の翻訳である。訳書の刊行に際して、副題を「小栗上野介をめぐる記憶と歴史」とした。

著者のマイケル・ワートは、現在の群馬県高崎市倉渕中学校で英語教員を務めているあいだに、偶然に導かれるようにして小栗研究を志したのだという。現在はマルケット大学准教授として日本史と東アジア史を講じている。

この本は、明治維新の「敗者たち」と、その記憶を保ち、支持した人びととを一対の連続的な存在とみて、その連続性がこの列島の近現代にとってもつ意味に光をあてる試みである。欧米列強によって開国を迫られた列島が、植民地化の回避と万国対峙をめざし、近代化を遂行する過程が明治維新だったが、そこでの急速かつ鮮やかな変革は同時に、勝者と敗者の分断を生み、列島に傷痕を残すことになった。その変革の犠牲者の一人として斬首されたのが、この本で「敗者たち」の代表として選ばれている、小栗上野介忠順その人である。

列島の近現代史において主流から疎外され、辺縁に追いやられたと感じた人びとは、自らの生き方の準拠枠として維新の敗者たちの存在に目を向けて、それについて語りつづけたのだが、そこにはさまざまな困難が待ち受けることになる。マイケル・ワートが注目するのは、このような事態である。

この本でワートは、小栗に関する基礎的データを提示したうえで、小栗をめぐって産出された回想、史論、ゴシップ、伝説、小説、映画、漫画、談話、記念＝顕彰活動といった幅広い――文字と非文字の別を問わない――テクスト群の生成過程を丹念に掘り起こしている。そしてそれらを、ピエール・ノラ以降展開をとげてきた「記憶研究」の方法論と結びつけて解釈することを通して、「歴史と記憶の誤った二分法」と彼が呼ぶもの（本書一七頁）への疑いの提示を試みるのである。

## 二

では、「歴史と記憶」の「二分法」への疑いとは何か。言い換えれば、『明治維新の敗者たち』のなかで、著者ワートは何を行おうとしていることになるのか。

明治維新は内戦こそあれ、フランス革命に比べればはるかに軽微な犠牲で済んだ注目すべき平和革命だったとする説がある。江戸時代の経済的・知的発展こそが明治を生みだした原動力なのであり、その意味で明治以前と以後は実は連続しているのだとする説もある。

これらの説に理がないわけではない。戊辰戦争の戦死者は、東西両軍合わせて一万三〇〇〇人ほどだと試算される。一方フランス革命の死者は諸説あるものの、六〇万人は下らなかったと見られている。また江戸期においては、政治の領域では中世以来の封建制度が支配的だったにもかかわらず、経済の領域ではすでに近代的要素が胚胎しており、種々の知的・文化的成熟を促進させていた。だが、いずれの説からも捨象されている力点は、日本近代の駆動にはやはり暴力が不可避的に伴われていたという事実と、その暴力（せめぎあい）が、列強の圧力と明治国家の制度化に伴い、幕末の混沌がはらむ多様な可能性を抑圧する力として馴致されていった事実の重みである。こうした事実は、異質な力同士のせめぎあいのなかで、はじめの一歩から合意を育て合う発想の弱さという形で、現在の日本社会に色濃く影を落としているのである。

江戸と明治の分断線の忘却や隠蔽を「幕末忘れ」と呼ぶことができるとすれば、この本で掘り起こされようとしているのは、「幕末忘れ」に対する執拗な、意識的もしくは無意識的抵抗の持続としての記憶活動——メモリー・アクティヴィズム——であると言えよう。

小栗の人生が私たちに訴えをもつのは、彼が日本近代の起点に存在した暴力の目撃者であり敗者である点に連関しているし、小栗語りがもつ訴えは、それが小栗の経験した暴力の意味を探る努力の一環である点に関わっている。

## 三

ではその小栗は、一体何に負けたと考えればよいのだろうか。明治新政府に？　一揆勢に？　東山道軍に？　あるいは、原保太郎や豊永寛一郎といった二〇歳ばかりの青年将校に？　そうではないことを示唆しているのが、原を指弾する「和尚さん」に訪れる感慨を喚起して心に残る井伏鱒二の小説「普門院さん」（本書第四章）である。

敗戦の四年後に「普門院さん」を書いた井伏は、新政府軍による小栗の惨殺と米国による原爆の投下を二重写しにしていたかもしれないし、そのことは指弾者としての和尚さんの像の成型にひらめきを与えていたかもしれない。と同時に井伏は、「不正義の平和」（『黒い雨』）としての戦後を生きる一人として、戦争の死者たちの視線を自らの内に感じ、それに耐えつづける自分を、あるいは原保太郎のなかに見出すに至ったかもしれない。戦後の長い歳月を経て改稿された「普門院の和尚さん」（一九八八年）では、語り手である第三者的な作中人物を作品から退場させることで、和尚さんと原保太郎のいずれもが感情移入の可能な対象に成型されるとともに、両者の卑小な印象が際立たされ、条理をわきまえた小栗に対する勝利者はここにはいない、一体どこにいるのかというあてどなさのなかに、読者を放り出すことになるのである。

小栗が敗れたもの。それを解き明かす手がかりはおそらく、この本の第二章で言及される重要な論考「瘠我慢の説」と、その筆者福沢諭吉における幕末維新期の経験である。

この列島と列強の彼我の差を熟知し、開国の不可避性を明察していた幕末の福沢は、新規採用の一幕臣として、攘夷の徹底を（実は同時にその延長線上での開国をも）唱えて徳川政権への抵抗を続ける長州の征討を主張した。当時の福沢の立場は、幕権強化に基づく一直線的な文明開化の推進であり、小栗のそれとほぼ一致するものだった。だが、福沢の思惑は挫折する。無知と誤りに彩られているかに見えても、実は幕末の攘夷思想が抵抗思想としての普遍的な広がりとダイナミズムを内包していたということが、この時の福沢にはまだ見えていなかった。

その点について飛鳥井雅道は、注目すべき次の指摘を行っている。「しかし、明治維新のすべての過程は、こうした福沢諭吉的な合理主義が一敗地にまみれなければ、文明開化を押しすすめる力が、どこからもでてこなかったことを教えているのである。諭吉の四年間の沈黙［明治元年から『学問のすゝめ』の執筆まで］は、王政復古という、彼の予想もしなかった歴史のゆりもどしを、いかに内面でとらえなおすかに注がれざるをえなかった」（『文明開化』）。この引用部前半の「福沢諭吉」を「小栗忠順」に置き換えてみたらどうだろう。そう、攘夷論とは無関係に開国の理を悟りえた小栗の明察は、福沢同様、攘夷戦の敗北を糧に開国へ転換する道筋を示した薩長両藩に体現されていたような、無知と誤りの徹底と自覚を通して知に到達しようとするダイナミックな思考法にこそ敗れたのである。

ここで興味深く思われるのは、自らが何と戦い、敗れようとしているのかということを、ほかならぬ小栗その人が察知していた可能性の存在である。小栗の僚友で同志だった栗本鋤雲が、明治になって回想してやまなかった「土蔵附き売家」のエピソード（本書五九―六〇頁）や、新政府軍との決戦を唱えて事破れたのち、権田村への隠棲の道を選んだことは、その可能性を後代に示唆してやまない。

明治以後も生き、「一身にして二生を経る」生を歩んだ福沢の軌跡には、小栗には歩むことが許されなかった軌跡を垣間見させるものがある。明治の福沢には明らかに、幕末の自分が抱えていた盲点の存在に気づき、その欠落から学んでいたふしがある。

明治憲法の発布と教育勅語の公布を通じて、揺れ動いた体制がその基礎を確立したのを見届けた福沢が、つくられた制度を事後的に補強するイデオロギーの浸透を警戒し、制度をつくる起動力自体の照射を試みた

「瘠我慢の説」は、敗北経験から福沢が学んだことの——福沢にとっては幕末の経験そのものの——精華を集約した試論である。

ここで福沢は、劣勢に立たされた人間が私的な価値を守り、支えようとする努力（瘠我慢）のなかに、公的なもの一切の成立を可能にする源泉を見てとっている。だが彼は、衰亡する幕府側の努力のみを問題にしていたのではない。幕府をさんざん苦しめた幕末期の攘夷もまた、彼我の対等性の要求を含んだものであり、その要求は、同じ状況に置かれれば誰もが同じことをしても当然であるという意味での普遍性を備えていた。幕末期、福沢の『西洋事情』の読者でもあった土佐脱藩浪士の中岡慎太郎は、理不尽な仕方で日本に開国を強要した米国も、もとはといえば英国に攘夷を行い独立を勝ち取ったのだという瞠目すべき見解を、知人に披歴している。「夫れ攘夷と云うは皇国の私言に非ず。その止むを得ざるに至っては、宇内各国、皆これを行うものなり」。福沢は「瘠我慢の説」の冒頭で「立国は私なり、公に非ざるなり」と述べたが、そこで福沢は、かつて敵方だった中岡の声に唱和するようにして、幕末の経験は明治よりも広く、深いと語っていたのである。*

四

小栗忠順が横須賀製鉄所を「土蔵附き売家」になぞらえた逸話を長く語り伝えた栗本鋤雲は、負け戦を最後まで残って戦う者としての落ち着いた風情を、記憶のなかの小栗に見てとっていたのだろう。新聞を起こしたのは敗者の仕事だったと、大佛次郎は『天皇の世紀』に記した。栗本が彼の流儀で小栗を記憶し、語り寄せたのは、「前朝の遺臣」として新政府に仕えず、新聞を通して権力批判を続けた明治以後の自らを鼓舞していたのかもしれない。

負け戦をやはり最後まで戦いつづけた鋤雲老人の佇まいは、栗本邸に出入りした若き島崎藤村にも、生涯を支えるほどの深い感銘を与える。藤村は『夜明け前』に、御一新の理想を掲げて挫折する国学者の物語からは一見道草にも見える部分を設けてまで、鋤雲（喜多村瑞見）についての叙述を盛り込むだけでなく、子ども向けの童話集『力餅』（一九四〇年）に、「徳川の世の後始末」をしながらよく「しんがり」として戦った岩瀬（忠震）、小栗、栗本の名を覚えておいてほしいと書く。

この本のなかでワートは、司馬遼太郎の小栗評価の変化に注目しているが（第四章）、その変化は、大佛次郎の『鞍馬天狗』において、当初は倒幕派の支援者だった鞍馬天狗が、維新後は民間の旧幕臣を支援し、新政府批判に廻った事実をも連想させる。敗戦直後の一九四七年に書かれた『新東京絵図』には、洋装で外国人居留地近くを歩く鞍馬天狗の正体を、元直参の青年たちが噂する場面がある。「御浪人なんだよ。それだけだと云われるのだから。……もとは御公儀の敵に廻っていて、今は新政府に難くせをつける役だってさ。強い者が嫌いに生れついていらしったんだって、これだけは御自分で仰有ったことだから、間違いないんだろう」。どこかに鋤雲や福沢の面影を湛えた維新後の鞍馬天狗には、当初この作品に悪玉として登場してきたはずの小栗が、一私人として転生し、宿っているようにも見える。

大佛次郎は、ライフワークとなった未完の歴史叙述『天皇の世紀』の執筆を通じて、共感の対象を、吉田松陰、高杉晋作ら変革の突破口を開いた人びとから、河井継之助のような内戦の敗者たちへと推移させる。この推移と振り幅は、鞍馬の山奥に住む天狗の伝承を支えに空想を自由に行使する『鞍馬天狗』に見られたそれと同型のものである。「幕末忘れ」への抵抗という一点において、フィクションと歴史叙述が創造的刺激を与えあう可能性を一身に示そうとし、中途で倒れた大佛は、「歴史と記憶の二分法」に疑いを向けた一人の先行者であると言えよう。

小栗を負かした者、小栗のごとく負かされた者は、今、どこでどうしているのか。そう問うてみて私たちは、あるいはそこにほとんど誰の姿も思い浮かべられなくなっていることに気づき、慄然とするかもしれない。社会革創の起動力としての異質な力のせめぎあいを、私たちは幕末に一度、確かに経験していたのだが、明治の体制が固まるにつれてその経験を見失い、曲折を経つつ現在に至っている。『明治維新の敗者たち』は、小栗没後のその「一五〇年の孤独」を私たちに思いあたらせてくれる本でもあるように、私は感じている。

原著者のワートさんには、出典提供のお願いに快く応じていただいた。みすず書房編集部の中川美佐子さんには、訳稿のチェックのほか、ワートさんとのやりとりの仲介をお願いした。大宮の普門院を経て権田の東善寺、観音山、烏川の水沼河原、姉妹観音（塚本真彦の妻が二人の娘を手にかけた場所）をめぐる小探訪に中川さんにお付き合いいただいたのも、よい思い出である。訳業を助けて下さったお二人に深く感謝する。

二〇一九年五月

野口　良平

＊この点に関しては、拙著『幕末的思考』（みすず書房、二〇一七年）のご一読を望みます。

マイケル・ワート
明治維新の敗者たち
小栗上野介をめぐる記憶と歴史
野口良平訳

2019年 6 月 17 日　第 1 刷発行

発行所　株式会社 みすず書房
〒113-0033 東京都文京区本郷 2 丁目 20-7
電話 03-3814-0131(営業) 03-3815-9181(編集)
www.msz.co.jp

本文印刷所　精文堂印刷
扉・表紙・カバー印刷所　リヒトプランニング
製本所　松岳社


ISBN 978-4-622-08811-0
[めいじいしんのはいしゃたち]

## 著者略歴

(Michael Wert)

マルケット大学（米ウィスコンシン州）歴史学准教授．専門は日本近世史．1997年ジョージ・ワシントン大学卒業（東アジア研究）．2007年カリフォルニア大学で博士号取得（東アジア史）．小栗上野介最期の地，群馬県の倉渕村（現在は群馬県高崎市の一部）の中学校で英語教員を務めたことをきっかけに小栗研究を開始．古武術の馬庭念流と弓道を嗜む．

## 訳者略歴

野口良平〈のぐち・りょうへい〉 1967年生まれ．京都大学文学部卒業．立命館大学大学院文学研究科博士課程修了．京都造形芸術大学非常勤講師．哲学，精神史，言語表現論．著書『「大菩薩峠」の世界像』（平凡社，2009，第18回橋本峰雄賞），『幕末的思考』（みすず書房，2017），訳書ルイ・メナンド『メタフィジカル・クラブ』（共訳，みすず書房，2011）ほか．

# 索 引

## ア行



## カ行

## サ行



## タ行

## ナ行



## ハ行



## マ行



## ヤ行



## ラ行

# 注

## 序文

（1）これはもちろん，問題のある概念だった．双方ともに自分たちは天皇のために戦っているのだと信じていたし，多くの参加者は，自分の陣営の目的への狂信的な支持からではなく，冒険もしくは名誉のためにその陣営に加わっていたのである．

（2）Fine, *Difficult Reputations*（Univ.of Chicago Press, 2001）.

（3）McClain, *Japan: A Modern History*（W. W. Norton, 2002）appendix 29.

（4）田中悟は近年，会津および敗者のアイデンティティに関して，その著書『会津という神話』（ミネルヴァ書房，2010年）で新たな知見を提示した．

（5）“Memory activist”（「メモリー・アクティヴィスト」）は Carol Gluck の用語である．

（6）Gillis, ed., *Commemorations*（Princeton Univ.Press, 1996）5.

（7）Gluck, “The Invention of Edo”〔キャロル・グラック「江戸の発明」『歴史で考える』岩波書店，2007年〕

（8）西郷の記念＝顕彰は，Ivan Morris, *The Nobility of Failure*（Holt, Rinehart and Winston, 1975）とともに始まったが，より最近の試論としては，Berlinguez-Kono, “How did Saigo Takamori Become a National Hero After his Death?” や Ravina, “The Apocryphal Suicide of Saigo Takamori” などがある．Ravina の論考は，猪飼隆明『西郷隆盛』（岩波書店，1992年），同「士族反乱と西郷伝説」（『明治維新と文明開化』吉川弘文館，2004年），佐々木克「西郷隆盛と西郷伝説」（『岩波講座日本通史16　近代１』岩波書店，1994年）のような，日本語による同様の記憶研究の試みに基づいている．明治維新ブームに関しては，グラック「現在のなかの過去」前出『歴史で考える』を見よ．Saaler と Schwentker は，彼らが編集した書巻を Pierre Nora の企ての日本版の第一歩と見なしている．Saaler and Schwentker, *The Power of Memory in Modern Japan*（Global Oriental, 2008）6 を見よ．

（9）成田龍一『司馬遼太郎の幕末・明治』（朝日新聞社，2003年）．

（10）Connerton, *How Societies Remember*（Cambridge Univ.Press, 1989）6.

（11）Fine, *Difficult Reputations*, 7.

（12）Confino, “Collective Memory and Cultural History” 1393-94, 1403. Confino の念頭にある仕事は，Gildea, *The Past in French History*（Yale Univ. Press, 1996）および Rousso, *The Vichy Syndrome*（Harvard Univ. Press, 1994）である．Confino は，この両著作の重要性を認めつつも，集合的記憶に関する Gildea の研究が，党首，知識人，国家指導者，ジャーナリスト，政治家によって構築されたカトリシズム，リベラリズム，社会主義などの政治的記憶に焦点を合わせすぎる傾向があると主張する．Rousso の著作においては，ヴィシー〔フランスにおける対独協力政府の首都〕の記憶は，ドゴールの人物像と公衆および公的な記憶に重点を置いているために，「上から下へ」式にすぎるように見受けられる．

（13）Hue-Tam Ho Tai, “Remembered Realms” 913.

（14）たとえば，Peterson, “History, Memory and the Legacy of Samori in Southern Mali, c. 1880-1898” および Troyansky, “Memorializing Saint-Quentin” を見よ．地元の記憶の場を「対抗記憶（counter-memory）」と呼ぶ研究者もいる．Lipsitz, *Time Passages*（Univ.of Minnesota Press, 2001）を見よ．

(15) Fine, *Difficult Reputations*, 22.

(16) 伊藤痴遊「維新史の書き直し」『東京朝日新聞』1935年7月1日夕刊, 2面.

(17) Rieger, "Memory and Normality" 564. 共同の記憶は, 記憶研究（メモリー・スタディーズ）を前進させる一方法として引用されている.

## 第一章

(1) 小板橋良平『勝海舟のライバル 小栗上野介一族の悲劇』（あさを社, 1999年）60頁.

(2)『群馬県史料集』第7巻, 8頁. 彼の日記は, 1867年1月以降の2つの部分しか存在していない. 家計簿に関しては, 1850, 1858, 1860, および1862年のものが存在する. これらの記録は『群馬県史料集』第7巻に再刊されている.

(3) Schwartz and Schuman, "History, Commemoration, and Belief" 185.

(4) 中島岑夫は, 幕府で有力な地位についていた幕臣の多くが下級武士, もしくは勝海舟や福沢諭吉のように父祖が庶民の出の武士だったと指摘している. 中島によれば, 数少ない有能な幕臣の一人だった小栗が徳川家と縁故の深い家柄の出だったのは, 偶然にすぎなかったという. 中島『幕臣福沢諭吉』（阪急コミュニケーションズ, 1991年）188-89頁を見よ.

(5)『徳川実記』第1巻, 147-48頁. 小栗家の現在の直系の子孫は, 小栗又一郎（小栗かずまた）である. 彼は, 横須賀で催された日米関係150年記念祭のために, マスコットキャラクターのペルリンとオグリンを描いた.

(6) それ以外の小栗の子孫は, 本家の菩提寺である江戸の法恩寺に葬られた.

(7) Yamamura Kozo の研究によれば, 旗本の総数は18世紀初頭には約5000, 徳川時代の後期には約6000だった. Yamamura, *A Study of Samurai Income and Entrepreneurship*（Harvard Univ.Press. 1974）3-4を見よ. 通常の旗本の知行は, 500石から600石でしかなかった. 川村優によれば, 1000石以上に列せられる旗本は36%にすぎず, 知行地をもつ旗本は半分に満たなかった. 川村優『旗本知行所の支配構造』（吉川弘文館, 1991年）1頁を見よ.

(8) 川村, 1頁.

(9)『佐野市史』13頁. 小栗家は, すべて江戸の外部に位置する四か国——上野, 下野, 下総, 上総——に2500石相当の土地を所有していた.

(10) 福井那佳子「高家の知行所支配」（大石学編『近世国家の支配構造』岩田書院, 2003年）を見よ.

(11) 前掲32頁.

(12) 文書の全文, 村人たちを江戸に派遣する試みの詳細, および彼らがいかに地元の僧たちに制止されたかについては,『佐野市史』496-498頁を見よ.

(13) 前掲 496頁.

(14) 前掲.

(15)『倉渕村誌』157頁. 権田の村人たちは, この抗議には加わっていなかった. 残念ながら, 権田の村人たちが自分たちの税率をどのように認識していたのかを物語る記録はないが, 彼らは自分たちの村が, その地域で最も税率の高かった土地の一つだったことに気づいていたのかもしれない. Neil Waters が川崎の村々の研究において指摘したように, ある村での増税は, 新たに負担をかけられた村が協同の事業から離脱する可能性があるために, 地域全体の危機につながるおそれがあった. Waters, *Japan's Local Pragmatists*（Harvard Univ.Press, 1983）42を見よ.

(16) Wigmore, *Law and Justice in Tokugawa Japan*（Univ.of Tokyo Press, 1967）Part 8-B, 30-33.

(17) 小板橋, 20頁.

(18) 忠高は中川忠英の息子だった. 忠清は, 22歳で亡くなる前にもう1人の実の子息をもうけて

いた．のちに数馬として知られるその弟は，もう必要ではなくなり，別の旗本の日下家の婿養子になった．

(19) 佐藤藤七については，小板橋，43-48頁を見よ．彼はまた，江戸まで歩き通して，小栗家に個人的に年税を届けていたとも言われている．小板橋，45頁を見よ．佐藤は，小栗の他の権田家臣で，村の支配層の1人だった中島三左衛門の若いほうの娘と結婚した．中島家はやがて東京に転居し，1860年の遣米使節以来の佐藤の日記をもっていった．

(20) Roberts, *Mitsui Empire*（Weatherhill, 1973）65. 渋沢栄一は，木村-三野村が文字を読めなかったことも書きとめた．「たとえば，三井の三野村利左衛門のことを思ってもみよ．あの人はほとんど字が読めなかったのだ」. Shibusawa, *The Autobiography of Shibusawa Eiichi*（Univ. of Tokyo Press, 1994）137.

(21)『三井銀行八十年史』（ゆまに書房，1998年）45頁．

(22) 中村安宏・村山吉廣『佐藤一斎・安積艮斎』（明徳出版社，2008年）146頁．

(23) 村上泰賢編『小栗忠順のすべて』（新人物往来社，2008年）49頁．

(24) 徳川家臣としては，川路聖謨（外国奉行），栗本鋤雲（小栗屋敷で学んだ），福地源一郎（明治新聞界の巨人），中村正直（明六社同人でのちの文学博士），そして木村芥舟（1860年に米国に航行した咸臨丸の総督）が含まれていた．非徳川家臣としては，吉田松陰，高杉晋作，岩崎弥太郎（三菱の創立者）などの名があげられる．

(25)『大日本維新史料稿本』AN 156-0006, 0007.

(26) 亀掛川博正「外交官としての小栗忠順」（『政治経済史学』277号，1985年所収）15頁．その殺人者は見つからず，幕府は1万ドルの賠償金を支払った．この殺人事件の詳細については『大日本維新史料稿本』AN 159-0103を見よ．

(27) たとえばMiyoshi Masao, *As We Saw Them*（Univ.of California Press, 1979).

(28) ハリス条約の第5条は，日本人および米国人は，支払いに日本と外国いずれの貨幣を用いてもよく，すべての外国貨幣は同重量の日本硬貨として通用すると規定していた．加えて，同条約締結後1年間，日本の一分銀貨の輸出を制限することなく，その硬貨を同重量の外国貨幣と交換することに日本は合意した．世界じゅうの多くの地域で西洋人が貿易に用いていたメキシコ銀ドルは，一分銀の3倍の重さがあったが，銀含有量の純度は20%低くなっていた．また，金と銀の比率は日本では1：5だったが，西洋では1：15だった．商人たちは，1メキシコドルを3一分銀と自由に交換し，銀を比較的安い金と交換し，そののち利潤を上乗せして西洋に金を売った．地金の含有量を減らしたり，重量を増やしたり，新しい貨幣を製造したりして，日本の貨幣の質を落とそうとしたいくつかの試みが失敗したのち，ついに幕府は欧米諸国とのあいだで，外国貿易で使用するための新しい貨幣の製造に合意した．しかしそが実地に移されたのは，1872年になってからのことだった．Peter K. Frost, *The Bakumatsu Currency Crisis*（Harvard Univ.Press, 1970）を見よ．検査官間の誤解への小栗の関与の詳細については，Roy S. Hanashiro, *Thomas William Kinder and the Japanese Imperial Mint*（Brill, 1999）29-32における，幕府の造幣局設立の試みに関するHanashiroの説明を見よ．

(29) 小栗はこの時点までには結婚していたが，正確な日付は不明である．1858年の彼の家計簿によると，小栗は2人の側室も雇っている．

(30) 佐藤は，1860年1月18日の出発前から1860年8月29日の使節団帰国まで，旅程全体をカヴァーする日記のなかでその見聞を書き記した．この日記およびメモは，現代語訳と解説を付して最近公刊された．村上泰賢編著『幕末遣米使節小栗忠順従者の記録　名主佐藤藤七の世界一周』（東善寺，2001年）を見よ．彼の日記にはスケッチが含まれているが，それらの絵の詳細を踏まえると，描いたのは佐藤ではなく使節の別のメンバーだったと考えられている．日記の複写は2部あるが，そのうちの1部は東善寺に保管されている．

(31)『大日本維新史料稿本』BU O11-O721.「追わず候わば，拙者を鉄砲には討ち果たす候とも，

存念次第に致すべく候」.
(32)『大日本維新史料稿本』BU 016-0015.
(33)『大日本維新史料稿本』BU 017-0362.
(34)『大日本維新史料稿本』BU 017-0935.
(35)『大日本維新史料稿本』BU 017-0932.
(36) Totman, *The Collapse of the Tokugawa Bakufu*（Univ.of Hawai'i Press, 1980）
(37) 村田氏寿・佐々木千尋『続再夢紀事』第1巻（東京大学出版会，1974年）91-92頁.
(38) Totman, 38.
(39)『大日本維新史料稿本』BU 089-0694.
(40) 石井孝『明治維新の国際的環境』（吉川弘文館，1966年）190頁．肥後藩からの報告（風説書）の記述によれば，その計画は，1000人の歩兵，8門の大砲，100人の騎兵を動員して，外国人との交易続行の許可を朝廷に求める，というものだった．一水戸藩士の日記でもこの筋書きが説明されているが，そこには「小栗ら」は天皇の抑え込みを望んだのだ，と付け加えられている．石井，191頁を見よ．未遂に終わったこの計画は，京都制圧のために大軍を率い，入京を前にして引き戻された当時の老中小笠原長行のもとで，成功していた可能性がある．
(41) 西洋語における横須賀史についての唯一の学術研究は，de Touchet の *Quand les Français armaient le Japon*（Presses Universitaires de Rennes, 2003）である．横須賀における米国艦隊の活動の歴史の概要については，Tompkins, *Yokosuka: Base of an Empire*（Presidio Press, 1981）を見よ．
(42) この最後の点は，小栗研究会の代表村上泰賢が，私的なやりとりのなかで私に指摘してくれたことである．
(43)『大日本維新史料稿本』BU 011-0663.
(44)『大日本維新史料稿本』GE 045-0289.
(45) Broadbridge, "Shipbuilding and the State" 602.
(46) レオン・ロッシュの詳細については，Lehmann, "Léon Roches" 273-307を見よ．幕府におけるフランス人の役割の詳細については，Medzini, *French Policy in Japan during the Closing Years of the Tokugawa Regime*（Harvard Uni. Press, 1971），および Sims, *French Policy Towards the Bakufu*（Curson Press, 1998）を見よ．
(47) 石井，621頁．小栗の伝記作者のなかには，幕末期を通じて横須賀が軍事目的遂行の意図に支えられていたことを否定し，小栗の意図は純粋に経済的なものだったと説く者もいるが，製鉄所は明らかに，短期間での幕府軍の強化を意図していた．幕府の長老たちはまた，ロッシュ自身の軍歴についても知っていた．石井，624頁を見よ．
(48) 高橋恭一『横須賀造船所創設とその二恩人』（横須賀市，1952年）3頁.
(49) 栗本は1850年代初頭に箱館に左遷されたが，そこで箱館に駐在するフランス人司祭のメルメ・カションと出会った．2人の男は外国語のレッスンを交換し合い，カションはのちにロッシュの通訳兼秘書になった．フランス政府による監視の隙をつき，自身の発意で行動することの多かったロッシュは，幕府による横須賀製鉄所建設の援助を通して，日本におけるフランスの権益の地固めを望んだ．
(50) Ericson, "The Bakufu looks abroad" 386. 学校では，数学，科学，さらにはフランス文学も広範な分野についての教育が行われた．横須賀のフランス人は，造船業に加えて，防水用の瀝青の生産のような，他の産業を幕府が起こすことを援助した．しかし，フランスの助言に従う先見の明があったのは小栗であり，彼はこの点についてヴェルニーの助力を認識していた．認めていた．Hashimoto, "Introducing a French Technological System" を見よ．
(51) 桑原真人・田中彰編『平野弥十郎幕末・維新日記』（北海道大学図書刊行会，2000年），58-59頁.

(52) Roberts, 66.
(53) Ibid., 70-71.
(54) Ibid., 68.
(55) Ibid., 77.
(56) Ibid., 78.
(57) Ibid., 79.
(58) Motoyama, *Proliferating Talent* (Univ.of Hawai'i Press, 1997) 33.
(59) 高井鴻山伝編纂委員会『高井鴻山伝』(小布施町, 1988年) 213-20頁.
(60) 前掲, 228-29頁.
(61) インフラには, ガス灯や郵便局などが含まれていた. 加えてこのグループは, 個々の商人の資本に支えられた独自の紙幣を発行することになっていた. Tokuda Atsushi, "The Origin of the Corporation in Meiji Japan" 4を見よ.
(62)『大日本維新史料稿本』KE 130-0336.
(63) 坂本藤良『小栗上野介の生涯』(講談社, 1987年) 23頁.
(64) Roberts, 80. 学者たちは, 兵庫商社が会社として適切に定義できるかどうかを議論して, 近代日本の経営史に対する小栗の影響に疑問を投げかけている. Tokuda Atsushi は, 株式の自由売買が行われていなかったという理由に基づいて, それは真の意味での企業とはいえず, また資本が会社の名で集められたわけでもなかったので, それはギルドのような組合 (仲間組合) とみなされるべきだと考えている (Tokuda, 5). 一方坂本藤良は, 設立建議書自体に "company" (コンペニー) という語が含まれているという理由から, 兵庫商社は日本最初の合資会社だったと主張している. 彼は言語に関して重要なことを述べている. 小栗は「商社」という語のあとに「コンペニー」という語を用いていたが, これは現代の「商社」という語の使用法とは異なり, 商品の輸出入——言い換えれば貿易グループを強調するものだった. しかし兵庫商社は, お金の印刷と分配をも行い, 貿易と金融業務を結びつけていた以上,「会社」と「法人」を意味する語である「会社」として考えられるべきである (坂本, 423-24頁). その会社は本格的に営業を開始することがなかったけれども, 坂本は, 明治初期の大阪の2つの会社が, 小栗の計画から構想の大部分を借りて, 兵庫商社の役員だった商人たちが両方の会社を指揮することになったと記している (坂本, 467頁).
(65) Walthall, "Edo Riots" 425-26による. 南『幕末江戸社会の研究』296頁も見よ.
(66) *Daily Adviser* が発信源となった, 小栗と将軍がともに殺害されたという噂は, *London and China Telegraph* の出した声明によって否定された.「われわれは, 大蔵大臣のオグリ・コズクノスキ……が存命であり, 英国公使館とつねに連絡をとりあっていると発表することを, 非常に喜んでいる (*London and China Telegraph*, 4 May 1867, 234).
(67) Sims, 66-68.
(68) 菴原柳次郎・木村知治『土方伯』(菴原柳次郎, 1913年) 99頁.
(69) 前掲, 398頁.
(70) 野口武彦『江戸は燃えているか』(文藝春秋, 2006年) 224頁.
(71) この事件については, 旧幕府の官僚たちの口述史を記録した雑誌『旧幕府』に収録された, 田口卯吉によるインタビューのなかで, 木村芥舟が証言した.「上野史談会談片」『旧幕府』第3巻第3冊, 49頁を見よ.
(72)『群馬県史料集第7巻 小栗日記』(群馬県文化事業振興会, 1972年) 69頁.
(73) Totman, 439.
(74) 三野村清一郎『三野村利左衛門伝』(三野村合名会社, 1987年) 52頁. 小栗と三野村の関係は, 小説にもされた. 高橋義夫『日本大変』(集英社文庫, 1999年) を見よ.
(75) 小板橋, 13-14頁. 秋月はまた,〔熊本の第5高等学校で〕ラフカディオ・ハーン〔小泉八雲〕

の同僚だった．ハーンはその著 *Out of the East*〔『東の国から』〕のなかで，漢文教師として生徒たちの尊敬を集めていた秋月を，「神のような人」と表現している．Hearn, *Out of the East* (Riverside Press, 1895) を見よ．

(76) 彰義隊と渋沢については，Steele, "The Rise and Fall of the Shogitai" を見よ．

(77) 権田の村人たちや，小栗を知るその他の人びとに行った早川のインタビューは私たちに豊富な情報源を提供してくれる．彼の調査の多くは，第二次世界大戦前に地元誌『上毛及上毛人』に掲載された．

(78)『倉渕村誌』240頁．

(79) 田村『世直し』(雄山閣，1960年) 145頁．

(80) もとは「高崎市史研究」17号．市川・村上『小栗上野介』77頁より再引用．

(81) 白柳夏男「小栗上野介遺聞」(『専修商学論集』43号，1987年所収) 10-11頁．

(82)『小栗日記』73頁．

(83) この時期，隣国の下野に移った別の旗本の例については，Steele, *Alternative Narratives* (Routledge, 2003) の第4章を見よ．

(84) 杉山容一「一旗本の明治維新」(『アジア文化史学』10号，2010年) 7頁．

(85) 前掲，6-9頁．

(86) Yamamura Kozo は，『寛政重修諸家譜』に記載されている旗本の93%強が，一生のあいだに収入が減少したか，変わらなかったかだと記している．Yamamura, 38を見よ．彼の研究は，徳川後期における旗本たちの悪化する財政状況を追尋している．旗本たちの悲惨の別の話としては，Oguchi Yuiiro, "The Reality behind Musui Dokugen" を見よ．

(87) Steele, *Alternative Narratives*, 43-49.

(88) 西脇康編著『旗本三嶋政養日記』．この旗本の詳細については Sugiyama も見よ．

(89) Morris, "Hatamoto Rule" 12.

(90) 西垣晴次・山本隆志・丑木幸男編『群馬県の歴史』(山川出版社，1997年) 253頁．

(91) 前掲，254頁．

(92) この現象についての詳細は，David Howell, "Hard Times in the Kanto" 349-71を見よ．

(93) Ibid., 261.

(94) 田村栄太郎「上州世直しと小栗上野介」(『歴史の真実を衝く』学芸社，1933年所収) 96頁．

(95) Shibusawa Eiichi and Teruko Craig, *The Autobiography of Shibusawa Eiichi*, 21.

(96) Sippel, "Popular Protest in Early Modern Japan" 1977.

(97) Steele, *Alternative Narratives*, 45.

(98) 須田努『「悪党」の一九世紀』(青木書店，2002年) 15-17頁．一揆の描写の分析によって須田は，暴力的な抗議の罪を問われた若い農民の男たちを指す「悪党」の語の用例の増大に注目している．

(99) 高崎市『新編高崎市史 資料編5 近世1』741頁．

(100) 中島明『上州の明治維新』(みやま文庫，1996年) 58頁．

(101)『小栗日記』78頁．「永代記録帳」も参照のこと．『新編倉渕村誌1 資料編1』622頁．

(102)『倉渕村誌』241-42頁．

(103) 小板橋，23頁．

(104) 山口武夫編『中之条町幕末の打ちこわしと小栗上野介』(中之条町教育委員会，1985年) 16頁．

(105) そのような情報源には，『倉渕村誌』や郷土史家の小板橋，市川の著作が含まれるが，それだけではない．『小栗日記』には賄賂の申し出は記録されていない．

(106)『小栗日記』78頁．

(107) 小栗はその数を2000人と記録しているが，小板橋は，群馬県および群馬郡の歴史は，その数

を700人としていると記している（小板橋「小栗の埋蔵金」28頁）．一方，「永代記録帳」によればその数は1000である．高崎市『新編倉渕村誌１　資料編１』622頁を見よ．

（108）『小栗日記』78-79頁．

（109）これらの人びとの短い伝記は，小板橋「小栗の埋蔵金」247-57頁に出ている．

（110）『小栗日記』79頁．

（111）倉渕村の歴史は，11軒の家屋と２つの寺院が焼失したと述べている．『倉渕村誌』244頁を見よ．岩氷の村長の記録は，13の家屋が焼かれたと述べている．群馬県史編纂委員会『群馬県史資料編10　近世２西毛地域２』809頁．

（112）『倉渕村誌』247頁．

（113）「永代記録帳」，高崎市『新編倉渕村誌１　資料編１』622頁．

（114）『小栗日記』79頁．

（115）小板橋，39頁．この解釈は，1868年３月４日の最後の記載に基づいている．「当然のことながら，どの村からも一人の役人が泊まった（尤村々役人共ハ壱人ツヽ留置候）」．

（116）「記号としての身体（bodies-as-signs）」に関しては，Botsman, *Punishment and Power* (Princeton Univ.Press, 2005) 19を見よ．

（117）『群馬県史料集５』15頁．

（118）山口編『幕末中之条の打ちこわしと小栗上野介』31-32頁．

（119）前掲，33頁．

（120）『小栗日記』80頁．

（121）前掲，82頁．

（122）前掲，80頁．

（123）前掲，82頁．

（124）前掲，745頁．

（125）前掲，748頁．

（126）前掲，749頁．

（127）前掲，752頁．

（128）『小栗日記』83頁．小栗の部下たちが，火薬を詰め込んだ樽を荷車に乗せ，それほど熱心に関与していたわけではなかった一部の暴徒たちを追い払うために爆発させたという異説もある．

（129）この同日，下斉田の村長が小栗の状況を尋ねるために東善寺を訪れた．下斉田はすでに高崎の管轄下にあったので，おそらく村長は三藩連合軍の動きについて事前の知識をもっていて，それを小栗に知らせていたのかもしれない．『小栗日記』85頁．

（130）前掲，86-87頁．

（131）前掲，87頁．

（132）『高崎市史』735頁．

（133）『倉渕村誌』256-57頁．

（134）小板橋『小栗上野介一族の悲劇　勝海舟のライバル』96頁．

（135）前掲，95頁．

（136）興味深いことに，前老中の井上正直は『旧幕府』に掲載された記事のなかで，関東の酒造業者から税をとっていたことで彼らから憎まれていたために，小栗は土地の者に殺されたのだと述べている（井上「井上正直君旧事談」45頁）．別の噂は，彦根藩領の部分的削減を提唱したことで，彦根藩士が小栗を斬首したことを示唆している．戸川「小栗上野介」，36頁を見よ．

（137）白柳「小栗上野介遺聞」，20頁．当時19歳にすぎなかった具定には，13歳の弟〔具経〕が同行していた．２人とも明治の著名な国家指導者岩倉具視の子息だった．

（138）阿部道山『海軍の先駆者小栗上野介正伝』（海軍有終会，1941年）174頁．

（139）前掲，168頁．

(140)『群馬県史料集 7』298頁．ここでの「子どもたち」は，養女（又一の妻）と胎児を指しているものと読めるだろう．
(141) 彼女はまた，小栗夫人の影武者として働くことになっていた．小板橋，90頁を見よ．
(142) 吉井町『吉井町誌』688頁．
(143) 小板橋，159頁を見よ．
(144) 前掲，102頁．
(145) 彼女の懸念はもっともだった．というのも，下田の村出身のある村人が，権田での騒擾のさなかに小栗兵に殺されていたからである．マキはこのことを知らなかったかもしれないが，この地域の反小栗感情は明白だった（小板橋『小栗上野介一族の悲劇　勝海舟のライバル』107-110頁を見よ）．この事件の詳細についての情報源は，村長の末子と下田の孫だった．
(146) 前掲，114頁．
(147) 前掲，185頁．いくつかの記録は，彼女の出生を1868年 6 月14日としているが，戸籍によれば，彼女は1868年 6 月10日に生まれている．小板橋『小栗上野介一族の悲劇　勝海舟のライバル』186頁を見よ．
(148)『静岡県史資料編16 近現代 1』54頁．
(149) 栗本鋤雲『匏菴遺稿』（裳華書房，1900年）104頁．最後の一節を原文より引くと，「旗号に熨斗（のし）を染め出すも，なお土蔵附き売家の栄誉を残すべし」．
(150) 蜷川新『維新前後の政争と小栗上野の死』（日本書院，1928年）144頁．建部家は 1 満5000石の大名で，林田藩領は今日の兵庫県にある．
(151) 戸川残花「小栗上野介」．

## 第二章

( 1 ) Certeau, *The Writing of History*（Columbia Univ.Press, 1988）273.
( 2 ) Ibid., 272.
( 3 ) しまねきよし『転向　明治維新と幕臣』（三一書房，1969年）23頁．事実，小栗について書かれ，全国的に流布された唯一のモノグラフは，1901年に刊行された少年向けの読本だった．
( 4 ) Wertsch, *Voices of Collective Remembering*（Cambridge Univ.Press, 2002）5.
( 5 ) Jansen, “Resurrection and Appropriation” 962.
( 6 ) Assmann and Czaplicka, “Collective Memory and Cultural Identity” 125-33.
( 7 ) Mehl, *History and the State*（St. Martin’s Press, 1998） 1 における翻訳．日本での職業的歴史書の発展および明治期の歴史叙述の詳細については，Brownlee, *Japanese Historians*（Uni.of Tokyo Press, 1997）も参照せよ．
( 8 ) Mehl, 39-40.
( 9 ) Ibid., 13.
(10) Ibid., 161.
(11) Numata, “Shigeno Yasutsugu and the Modern Tokyo Tradition of Historical Wrinting” 246.
(12) Ibid., 282. 明治国家の指導層にあって，『大日本編年史』が完成に時間を要しすぎていると感じ，その単純な編年史的アプローチに不満を抱いていた岩倉具視は，議会に対する天皇の優位性の確立を目し，皇統の存在を強調するもっと簡略な歴史の執筆を命じさえした．だが岩倉が創設した史料編纂局は，岩倉の死後，結局その企図を断念した．Mehl, 29も参照せよ．
(13) Calman, *The Nature and Origins of Japanese Imperialism*（Routledge, 1992）144-45.
(14) 大久保利謙『日本近代史学の成立』（吉川弘文館，1988年）276頁．
(15) Mehl, 61.

(16) Ibid., 12.
(17) Crane, "Writing the Individual" 1375.
(18) 永井麻衣「明治期における旧幕臣と佐幕派史観」(『日本史の方法』6号, 2007年) 47頁.
(19)「明治の歪み」に関するTotmanの試論を見よ. "The collapse of the Tokugawa Bakufu" 550-64. Totmanは, 松平容保や小笠原長行とともに小栗は, ぜひとも復権されなければならない, 中傷度の最たる人物であると論じている (ibid.,560).
(20) Totman, 561.
(21) ナショナリストの含みを響かせる明治期のもろもろの史書は, 幕府側と反幕府側の両方において, 日本人を統一する努力を強調したことが示唆されてきている. そうすることでそれらの史書は, 双方が西洋人から受けた援助を軽視し, 対馬事件のように, ペリー来航後に起こったいかなる外国の事件の叙述をも最小限にした. このことは, その経歴が西洋人との関係によって規定されていた小栗が, しばしば最小限の扱いを受けたり, 無視されたりしてきたことの理由を説明するかもしれない. 歴史学研究会編『明治維新史研究講座1』11頁を見よ.
(22) Huffman, *Creating a Public* (Univ.of Hawai'i Press, 1997) 41.
(23) たとえば,『内外新報』30号 no.4, 1868年5月4日 (木村・明治文化研究会『幕末明治新聞全集』4巻, 136頁), および『内外新報』1868年閏4月3日, 同書4巻123頁).
(24) Ibid., 3：335.
(25) Ibid., 4：131.
(26) 小栗はその日記のなかで一度も仁右衛門については言及していないが, 他の小栗の親戚たち——仁左衛門, 半右衛門, 網太郎, 長吉, 小太郎を含む——はそれぞれ一度ずつ言及されており, 小栗下野は四度言及されている.
(27)『日々新聞』の記事は, 家財に加えて, 軍が100万両を押収したと述べている (木村・明治文化研究会『幕末明治新聞全集』3巻335頁).
(28)『江湖新聞』の福地版 (前掲, 3巻43頁) より翻訳した.『内外新報』の記事の冒頭は,「私本家小栗上野介」で始まるが, これは,「我が一族の本家の小栗上野介」という意味だろう (同, 3巻148頁). 同様の冒頭文は,『そよふく風』版にも見えている (同, 3巻148頁).『中外新聞』版は,「元御勘定奉行相務候小栗上野介 (かつて名誉ある勘定奉行職をつとめた小栗上野介)」で始まっている (同書, 3巻286頁).
(29)『内外新報』は, 小栗の逮捕理由, すなわち小栗が新政府に反抗した理由を含む, 東山道軍の逮捕令状の一部を掲載した (同書, 4巻180-181頁).『日々新聞』は, 小栗が権田に砦を築くことについての噂があると述べて, このことが小栗の逮捕理由であると示唆している (同書, 3巻335頁).
(30) Steele, "Edo in 1868" 136. 小栗は, 数か月先立つ1866年6月, 下役の勝海舟に, フランスの軍事的援助を利用して長州と薩摩の脅威を取り除き, 藩を廃して慶喜率いる中央集権体制 (郡県制度) を創設する計画を伝えた. Steele, "Katsu Kaishu" 146を見よ.
(31) しまね『転向』164-65頁. このことはまた, 小栗が以前のような薩長討伐, および勝海舟に概略を述べたような中央集権制度の創設を断念したことを示唆しているかもしれない. だとすれば, そのことはまた, 一部の学者が示唆するように, 小栗が群馬で新政府軍に抵抗する意図はなかったという説の裏づけにもなるだろう.
(32) 福地の3つの代替軍事戦略に関しては, Huffman, *Politics of the Meiji Press* (Univ.of Hawai'i Press, 1980) 212-13を見よ.
(33) Ibid., 50.
(34) 木村毅・明治文化研究会編『幕末明治新聞全集』4巻43-44頁.
(35) 同書, 4巻47頁. 小栗の処刑者およびその他の証人は, 自らの家族に危害が及ばないことへの要求を除けば, 処刑に臨んだ小栗が何一つ申し立てを行わなかったと主張している. 新聞廃刊

から何年も経ったのち，福地は，『江湖新聞』に掲載された「著者不詳」の記事のほとんどを自らが書いたことを認めたが，その証言は，先の論説と，それとは別の小栗の詩の両方にあてはまると考えることができる．福地の匿名の文章については，Huffman, *Politics of the Meiji Press*, 214, footnote 34を見よ．

(36) Botsman, *Punishment and Power*, 71.

(37) 明治維新直後の数年間において，明治政府の役人の31％近くがかつて幕府に仕えていた者だった．幕府出身者の省庁ごとの内訳は以下の通り．大蔵省44％，太政官43％，外務省38％，宮内省37％，海軍省34％，文部省32％，陸軍省13％（三野「近代移行期」を見よ）．

(38) 木村毅・明治文化研究会編『公私雑報』1868年５月21日，111頁．

(39) Huffman, *Creating a Public*, 44.

(40) 何千もの徳川家臣が歴史の記録から消えたが，ある程度の国民的名声を獲得していた人びとのほとんどは，外国問題に関わる仕事に従事していた．たとえば明六社で活動した人びとの大部分は，幕府開成所で働いていた（Mertz, *Novel Japan*, Univ.of Michigan, 2003, 90）．

(41) 宮澤誠一『明治維新の再創造』17頁．島田著のタイトルは『開国始末』である．英語で登場したのは，1896 年に Henry Satoh〔佐藤愛麿〕が刊行した *Agitated Japan* としてだった．

(42) Satoh and Shimada, *Agitated Japan*,（Dai Nippon Tosho, 1986）44.

(43) Hill, "How to Write a Second Restoration" 342.

(44) Marcus, *Paragons of the Ordinary*（Univ. of Hawai'i Press, 1993）23-25.

(45) 田口卯吉は1855年に幕臣の子として生まれた．彼は明治期の経済ジャーナリズムの重要人物になり，しばしば歴史書を書いた．

(46) 栗本鋤雲『匏菴十種』序文，1-5頁．

(47) 島田三郎『同方会報告』第１年第１号，17頁．

(48) 前掲，第２年第２号，43頁．

(49) これらの点に関して，すべての小栗評価が肯定的なわけではなかった．なかには，小栗はフランスの外交官レオン・ロッシュに騙されて横須賀造船所をつくらされたのであって，最終的には日本よりもフランスに恩恵をもたらしたのだとして非難する者もある．あるいは，大正天皇の侍講三島中洲〔漢学者〕のように，新政府軍に対する小栗のタカ派的立場を認めなかった者もいた（三島「三島中洲公の談話」86頁を見よ）．

(50) 戸川残花「史伝小栗上野介」『旧幕府』４の７，30頁．

(51) 前掲，33頁．

(52) 前掲，37頁．

(53) 戸川は，小栗の家臣の１人が小栗の身代わりに殺されたのだと信じていた．西郷隆盛の支持者たちもまた，死んだ彼らのヒーローが実は海外で生きていて，すぐに日本に戻って偉業をなしとげるのだと信じていた（宮沢『明治維新の再創造』20頁，および Ravina, 174を見よ）．失墜した悲劇のヒーローがまだ生きているという考えは，義経が蝦夷地に逃れたという説が唱えられた徳川中期にまでさかのぼる．義経伝説の分析に関しては，森村『義経伝説と日本人』を見よ．

(54) 戸川「小栗上野介」37頁．

(55) 前掲．

(56) Akutsu, "Kurimoto Joun" 60.　かつて小栗の配下だった栗本鋤雲は，明治天皇のために働いていたのだという合理化をもってしても，明治政府の立場を受け入れることはできないと述べた．さらに栗本は，徳川政権の功績を認めることを拒否した明治政府への積極的な参加を避けた（Akutsu,64-65を見よ）．

(57) 福沢に親炙していた学生の一人石河幹明は，1901年，『時事新報』上にこの「瘠我慢の説」を掲載した．そのタイトルは従来，以下のごとく英訳されてきた．"The Spirit of Manly Defiance" "Theory of Strained Endurance" そして "Playing the Martyr"．私が用いるタイトル

は William Steele によるもので，私がここで参照する翻訳は，英語で唯一のものである〔「瘠我慢の説」を“On Fighting to the Bitter End”のタイトルのもとに英訳した William Steele は，その英訳まえがきで，福沢／勝の対位を「戦争／和平」「情動／理性」「日清戦争賛成／反対」の二項対立に重ねたうえで，自分が共感を覚えるのは勝だと述べているが，この理解は短絡的である．「瘠我慢の説」の全篇を貫くのは，公的なものの源泉（強弱相対するなかで弱者が私的な価値を守ろうとする努力としての瘠我慢）が見失われ，私的なものから切り離された大義名分がひとり歩きすること――事実日本はその道を進んだ――への疑念と警戒心である．それゆえに福沢は，もとは国益も私的価値（自家の利益栄誉）以上の何物でもないにもかかわらず，通常はその反対物とみなされる「忠君愛国」の美名のもとにかさ上げされ，イデオロギー的に美化される事態に倒錯をみて，それを「不思議」だと評するのである（「瘠我慢の説」）．ところが Steele 訳では，この重要な箇所（「これ（＝自家の利益栄誉）を主張することいよいよ盛なる者に附するに忠君愛国等の名を以てして，国民最上の美徳と称するこそ不思議なれ」）が，“〔I〕t is to be called loyalty and patriotism（*chūkun aikoku*）and it is no wonder that such sentiments be termed the highest virtue of a people.”とされ，あたかも福沢がこの事態を倒錯とはみなしていないかのような印象をもたらしている．これはおそらく，福沢が日清戦争での日本の勝利への喜びを自伝に書き記している事実などから予断が生じ，「瘠我慢の説」のモチーフが帝国主義的膨張の主張と同一視され，国家制度の確立とともに社会創成の原動力（幕末の経験）が忘却される事態への抵抗という，この論本来のモチーフが看過されたからだろう．「瘠我慢の説」の精神史的射程を考究した論考に，加藤典洋「「瘠我慢の説」考」（『可能性としての戦後以後』岩波書店，1999年所収），同『増補　日本人の自画像』（岩波現代文庫，2017年），野口良平『幕末的思考』（みすず書房，2017年）がある〕．

(58) 伊藤正雄『福沢諭吉の研究』（甲南大学，1966年）249頁．

(59) Fukuzawa, *The Autobiography of Yukichi Fukuzawa*（Columbia Univ.Press, 2007）111-12.〔『福翁自伝』〕

(60) 藤井貞文「解説」，木村芥舟『三十年史』（東京大学出版会，1978年）762頁．

(61) 勝海舟『海舟座談』（岩波文庫，1995年），171頁．栗本もまた慶喜を誤った方法で刺激していたのかもしれない．栗本鋤雲の証言によれば，兵庫開港の準備に関して慶喜は栗本に頼り切っており，慣例を破ってまでして下役の幕臣に仕事をさせた（栗本は目付でしかなかった）．栗本はまた，京都の二条城を訪れた際に慶喜がどのように栗本に洋酒を注いだかについても，謝意を表しつつ語った．後年慶喜は，栗本の主張の正当性をすべて否定し，栗本には一度会っただけで洋酒を飲ませなかった．客に酒をつぐことはしばしばあったとつけくわえはしたが．徳川『昔夢会日記』（平凡社東洋文庫，1996年），287-88頁を見よ．

(62) Steele,“Yasegaman no setsu”142.

(63) Ibid., 145.

(64) 松本三之介「解説」『福沢諭吉選集』12巻（岩波書店，1980年）279頁．

(65) Steele,“Yasegaman no setsu”148. 勝は，福沢を正面からは評価しなかった．彼は，福沢を知っているかと質問者に尋ねられた際に，こう答えた．「諭吉かえ，えー，十年ほど前に来たきり，来ません．大家になってしまいましたからネ．相場などをして，金をもうけることが好きで，いつでも，そういうことをする男さ」（伊藤『福沢諭吉の研究』252頁）．

(66) 伊藤，255頁．また徳富は，福沢の慶應義塾から新島襄の同志社へと人びとを導こうとしたともいわれている．

(67) 伊藤正雄編『資料集成　明治人の観た福沢諭吉』（慶応通信，1970年）33頁．

(68) 前掲，33-34頁．

(69) 徳富についてより詳しく英語で知ろうとするなら，Pierson, *Tokutomi Soho, 1863-1957*（Princeton Univ.Press, 1980），Pyle, *The New Generation in Meiji Japan*（Stanford Univ.

Press, 1969), および Swale, "Tokutomi Soho" を見よ.
(70) Pyle, 41.
(71) Pierson, *Tokutomi Soho, 1863-1957*, 262. 徳富にとっての維新のヒーローは吉田松陰だった. 1893年に上梓した伝記のなかで徳富は, 松陰を何よりも革命家として描いたが, 1908年の改訂版においては, 松陰を国体の範――真の愛国者にして帝国主義者――として描き出した.
(72) 福沢諭吉『福沢諭吉選集』12巻, 257頁.
(73) 前掲, 1 2 巻, 259頁.
(74) 伊藤痴遊『佐幕派の傑人』(平凡社, 1931年) 441頁.
(75) たとえば, 勝は栗本を「ケチな男」と呼び, 栗本が回想記で嘘をついたと難じている.『海舟座談』, 170頁.
(76) 勝海舟『氷川清話』363頁.
(77) 渡辺・勝『維新元勲』.
(78) 小泉仰「解説」, 福沢『明治十年丁丑公論・瘠我慢の説』(講談社学術文庫, 1985年) 134頁.
(79)『明治十年』29頁.
(80) 前掲, 45頁.
(81) Lebra, *Above the Cloud* (Univ.of California Press, 19939) 93. 後年福地は, 渋沢栄一監修による慶喜伝の仕事にとりかかったが, 国会議員を短期間務めたことと, その後の病気とによって, この仕事からの離脱を余儀なくされた.
(82) Huffman, *Politics of the Meiji Press*, 127. この逸話を私に示してくれた Tim Huffman に感謝する.
(83) 鈴木祥造「福地櫻痴の歴史観について」(大阪教育大学歴史学研究室編『歴史研究』7号, 1971年) 18頁.
(84) しまね『転向』33頁.
(85) 前掲, 185頁.
(86) Huffrmn, *Politics of the Meiji Rress*, 51.
(87) 塚越和夫「『幕府衰亡論』を読む」(『武蔵野女子短期大学紀要』1号, 2000年) 57頁.
(88) 福地源一郎『幕府衰亡論』(平凡社東洋文庫, 1967年) 147頁.
(89) 前掲.
(90) 福地源一郎『幕末政治家』(平凡社東洋文庫, 1989年).
(91) 水野忠徳は福地の庇護者で, 新政府勢との戦いのことに関しては, 小栗側に身を置いていた. 福地の漸進的な思考法と穏健な政治的見解とは, 水野に由来すると考えられている. Huffman, *Politics of the Meiji Press*, 77を見よ.
(92) 福地『幕末政治家』254頁. 栗本と小栗は密接に連携し, 朝比奈は外国奉行, 江戸町奉行, 勘定奉行職を歴任した.
(93) 前掲, 274頁.
(94) 前掲, 271頁.
(95) 前掲, 273頁.
(96) 前掲, 272頁.
(97) 1889年, 塚越は烏淵村自助会を創設した(『倉渕村誌』1201頁). 塚越は東京での滞在中に, 徳川家康や土佐藩家老野中兼山の伝記のような, 別の書物も刊行した.
(98) Duus, "Whig History, Japanese Style" 435.
(99) 大久保, 340頁.
(100) 塚越芳太郎「史論 小栗上州」(『国民之友』1893年3月13日) 441頁.
(101) Carter, Traditional Japanese Poetry, 282に訳が出ている.
(102) 塚越芳太郎『小栗上野介末路事蹟』(1915年) 545頁.

(103) 前掲，544頁．
(104) 前掲，545頁．
(105) 前掲，545頁．
(106) 前掲，90-91頁．
(107) 勢多桃陽『少年読本』第40編（博文館，1901年）．「勢多章之」の筆名でも本を出している桃陽は，島津家との親交がもとで井伊直弼に弾圧された公家近衛忠熙についての同様の伝記読み物を含むいくつかの本を，博文館から出した．
(108) Marcus, *Paragon of the Ordinary*, 24.
(109) 山口昌男『「敗者」の精神史』（岩波書店，1995年）377頁．
(110) 前掲，3頁．
(111) 前掲，391頁．
(112) 前掲，65-66頁．
(113) 前掲，67-68頁．佐藤進は，ウィーンで訓練をつんだ軍医および医学教授で，のちに貴族院議員になった．漢方医を開業していた浅田宗伯は，明治維新期には宮内省侍医をつとめた．勢多は，皇室の時代遅れの方法を論評している可能性がある．
(114) Wigen, "Teaching about Home" 19.
(115) 高橋周楨『近世上毛偉人伝』（吾妻書館，1982年）102-4頁．
(116)『碓氷郡史』は群馬県で最も古い郷土史の1つである．もともとは1877年，2つの郡史とともに群馬県庁に提出されたものだったが，明治版は現存していない．碓氷をはじめとする各郡は，大正天皇の即位を祝い，あるいはもろもろの郡の解体を記念して，大正時代に郷土史を再刊行した．岡田昭二「群馬県における史誌編纂事業とその変遷」（群馬県文書館『双文』2007年）10頁を見よ．
(117) 岩神正矣『小学上野志』（煥乎堂，1894年）50頁．
(118) 大鳥は，フランス式の砲兵訓練を通じて小栗を知っていたので，小栗自身から許可を得ていた．大坪元治『小栗上野介研究史料落穂ひろい』（小栗公顕彰会，1957年）335頁を見よ．
(119)『名家談叢』第14号（談叢社，1895年）5頁．
(120) 野口武彦「空っ風赤城山」（『文學界』2004年8月号所収）172頁．
(121) 中島明『上州の明治維新』194頁．
(122) 前掲，179頁．
(123) たとえば，地元の踊りを中止した関東取締出役に対す悪口（悪言）．落合信孝『八州廻りと博徒』（山川出版社，2002年）91頁を見よ．
(124) 大音自身が小栗の首を斬ったという話が，長年誤って信じられてきた．阿部道山『海軍の先駆者　小栗上野介正傳』165頁を見よ．
(125) Kodama, *Sugamo Diary*, 268.
(126)『太田市史 通史編　近世』982-83頁．
(127) 前掲，984頁．
(128) 白柳夏男「小栗上野介遺聞」28頁．伊藤痴遊は初期自由党に関わっていて，かつての大音の同僚たちからそのような話をきいた．
(129) 落合信孝『八州廻りと博徒』91頁．
(130) 今泉鐸次郎『越佐叢書』（越佐叢書刊行会，1900年）319頁．
(131)『高崎市史』第5巻，960-61頁．
(132) 中島明，103頁を見よ．原保太郎は，阿部道山とのインタビューのなかでこのことを立証しているが，そこでは，小栗の墓を建てるための資金を大音が彼に与えたのだと主張している．阿部『海軍の先駆者　小栗上野介正傳』172-3頁を見よ．
(133) 小栗逮捕に派遣されたグループのリーダー格で監察の1人だった原保太郎は，インタビュー

のなかで,「小栗の首が盗まれたのは事実だ」と語ったが,最終的に安置された場所はわからなかった．阿部，174頁を見よ．

(134) 通常「誉田」の名は「ホンダ」と発音されるが，中島の子孫は「ゴンダ」と発音されるのだと述べている．これはおそらく，彼らの先祖の村との関連である．小板橋「小栗関係の誤り」11-13頁を見よ．

(135) 池田左善「忠順公権田隠棲夜話」(『たつなみ』3号，1978年) 18頁．安中藩による文書は，刀剣，小銃，装甲，弾薬，衣類，木箱，甕など，東山道総督府に送られた小栗の所持品一式を記載している．これらの物品の一部は即金で売られ，それ以外のものは兵士たちによって管理されていた．『安中市史』195-96頁を見よ．

(136) 山川健次郎『会津戊辰戦史』(会津戊辰戦史編纂会，1933年) 479-80.頁を見よ．会津の記録によれば，塚越富吉，佐藤銀十郎，および佐藤福吉が，会津で戦った小栗家臣だった．小栗夫人は横山主税の屋敷へと護衛されていたと述べられているが，中島の娘の代わりに，塚越富吉の妻が小栗夫人に同行した．また，これらの兵士たちの少なくとも1人，佐藤銀十郎の墓標が旧会津領に今もなお立っている．建っている．

(137) 佐藤久男「私の家に伝わる小栗公の話」(『たつなみ』4号，1979年) 25頁．佐藤はこの地を徘徊し，1899年に高崎市で死去した．

(138) 小板橋『勝海舟のライバル』120頁．

(139) 菴原・木村『土方伯』403頁．

(140) Gerald Figal が「不思議」と呼んでいる，徳川後期から明治初期にかけての空想的なものの役割の詳細については，Figal, *Civilization and Monsters* (Duke Univ.Press, 1999) chapter 1を見よ．

(141) 高崎市『新編倉渕村誌　史料編1』624頁．

(142) 川口素生『徳川埋蔵金検証事典』(新人物往来社，2001年) 121頁．中島蔵人がかつて勘定奉行所で働いていたことを示す証拠はない．

(143) 山下恒夫編著『聞き書猪俣浩三自伝』(思想の科学社，1982年) 181-82頁．1950年代に社会党の代議士だった猪俣浩三は，かつてこの事件に関して批判的だった．

(144)「新聞」『読売新聞』1880年11月24日，1面．

(145) Taylor, “The Early Republic`s Supernatural Economy” 8.

(146) Foster, “Treasure Tales” 40-41.

(147) Hunt, *Politics, Culture, and Class* (Univ.of California Press, 1984) 40.

(148) “Buried Treasure” 684.

(149) Crossan, *Finding Is the First Act* (Fortress Press, 1979) 32.

(150) Ibid., 19.

(151) 豊国覚堂「横須賀開港五十年祝典に際して小栗上野介のために一言す」(『上毛及上毛人』7号，1917年) 3頁．

(152) 川口，100頁．

(153) 畠山清行『ルポルタージュ埋蔵金物語』第1巻 (人物往来社，1961年) 19-23頁．

(154) 地域性は，これらの伝説を理解するための鍵である．川口が数えたところでは，39ある徳川／小栗埋蔵金伝説のうち，27が群馬に現れている (川口『徳川埋蔵金検証事典』98頁)．

(155) 秋山喜久夫『大宮雑記帳』第2巻 (丸岡書店，1971年) 200-201頁．

(156) 徳富のさまざまな知的変遷の説明については，Swale, “Tokutomi Soho” を見よ．

(157) 宮澤誠一「幕末維新への回帰 (2) 変貌する「革命」のロマンティシズム」(『九州国際大学教養研究』9 (2)，2002年) 16頁．

(158) 前掲，14頁．

(159) 西郷についてのこの点に関しては，猪飼「士族反乱と西郷伝説」284頁を見よ．

## 第三章

（1）Fujitani, *Splendid Monarchy*（Univ.of California Press, 1996）

（2）Karlin, "The Tricentennial Celebration" を見よ．30年祭の参加者たちは，明治政府によって促進されたのと同様の，記念＝顕彰の文法と語彙を用いた．たとえば，政府が明治天皇の写真〔御真影〕を配布し，支持者たちが「天皇陛下万歳」を叫んだのとちょうど同じように，徳川の支援者たちは，徳川家相続者の徳川家達の写真を配り，「徳川万歳」と叫んだ．主催者たちは，北方における親-徳川の抵抗の指導者榎本武揚が，天皇に向けた徳川家康の崇敬を注記した時のように，徳川幕府を天皇制の下に置くことに注意した．

（3）西洋においても敗者たちは，近代国家の神話的基礎を争った．フランスでは，フランス革命の国家的記念行事への参加を拒否した保守派が，ブルボン王朝の誕生と滅亡を記念した（Gillis, ed., Commemorations, 8-9）．

（4）国家的な空間としての東京についての詳細は，Fujitani, *Splendid Monarchy* の第 2 章を見よ．

（5）阿部安成「横浜歴史という履歴の書法」（『一橋論叢』117号（2），1997年）56頁．日本武尊の像は，日本最初の銅像だと信じられている．それは，戊辰戦争で戦死した石川県の兵士たちを記念して兼六園に建てられた．大村益次郎像は靖国神社にある．

（6）Fujitani, *Splendid Monarchy*, 124.

（7）大久保は，一般大衆がこの田舎風の西郷を好んだために，西郷がくつろいだ服装で銅像になったのだが，そのことで西郷は，より一般大衆に姿が似ているように見えるのだと論じている（大久保『日本近代史学の成立』430頁）．

（8）文藝春秋編『文藝春秋にみる坂本龍馬』（文藝春秋，2010年）．

（9）鴇田東皐『是耶非耶井伊大老』（青山堂，1911年）203頁．

（10）Brownlee, *Japanese Historians*, 86.

（11）阿部安成「横浜歴史という履歴の書法」49頁．

（12）大久保利謙『佐幕派論議』（吉川弘文館，1986年）95-96頁．

（13）阿部安成は別の論考において，開港50年祭は，日本は50年しか世界に開かれていないという考えと一致していると述べている．阿部「開港五十年と横浜」19頁を見よ．

（14）高田祐介「維新の記憶と「勤王志士」の創出」（『ヒストリア』204号，2007年）84頁．

（15）前掲，77頁．岩崎英重『桜田義挙録　維新前史』（吉川弘文館，1911年）．

（16）前掲，83頁．

（17）大隈の演説の全文は，鴇田『是耶非耶井伊大老』211-22頁に収録．

（18）Lebra Takie Sugiyama, *Above the Clouds*, 48.

（19）政治演説のなかで維新の記憶を退けたのは，大隈ばかりではなかった．数年後，原敬――佐幕藩〔盛岡藩〕の出身で薩長藩閥政治の批判者――は，自らの政治的勝利を，「賊軍」という不名誉な評判からの名誉回復であると記した（Lebra Takie Sugiyama, *Above the Clouds*, 92）．

（20）Okuma, *Fifty Years of New Japan*（Smith Elder, 1909）43（原著の刊行は1908年）．旧彦根藩士の子に生まれた中村勝麻呂もまた，1909年に英語版の井伊伝を刊行した．Nakamura/Akimoto, *Lord Ii Naosuke and New Japan*（Japan Times, 1909）を見よ．

（21）Okuma, *Fifty Years of New Japan*, 83.

（22）藤沢衛彦『閣老安藤対馬守』（有隣洞書屋，1914年）に寄せた三宅雪嶺の序文，同書 4 頁．

（23）小栗忠高に対する綾子の関係と，大隈による忠高の墓参についての詳細は，市島『大隈侯一言一行』，398-406頁を見よ．地元の人びとも綾子も，墓をはっきりとは認識していなかったようだが，ある地元の男性が彼女のためにこれを確認し，彼女に墓石の拓本を送った．

（24）維新後，小栗夫人と生まれたばかりの娘は結局東京に移り，そこで三野村利左衛門が，数年

前の小栗との約束通りに彼女たちの面倒を見た．三野村合名会社の財務報告によれば，1877年から1880年までの「小栗国子資金援助」に記載されている合計金額は，1450円42銭6厘である．三野村『三野村利左衛門伝』を見よ．又一の妻鉞子は，小栗家の他の女たちとともに会津を離れた後，結局小栗家を去り，おそらくは東京の生家に戻った．又一の弟は，忠祥と名乗り，国子が貞雄と結婚するまでの短期間，小栗家の当主をつとめた．

(25) 小栗家に入ったことについての貞雄の説明は，絶望的な人びとがいかにして彼らを手助けしたかを物語っている．25歳の貞雄は，数度にわたって接近を受け，小栗家の跡取りにならないかともちかけられた．30代半ばまでは結婚する気がなかったし，自分自身の家をもちたかった貞雄は，話を断った．実の娘国子を残して小栗夫人が世を去った際に，藤田茂吉（ジャーナリスト／政治家）と朝吹英二（三井の実業家）が貞雄に，国子との結婚を提案した．彼は，自らの不健康な体質にとっては，自分の面倒をみることのできる強い妻のほうが役に立つかもしれないと考え，彼らの言葉を熟慮した．しかし，大隈が主催したいくつもの会合で実際に国子と会った貞雄は，その小柄で華奢な体つきを知って，友人たちに裏切られたと感じた．友人たちは，「大隈家と小栗の親類縁者は，小栗家の名を絶やさないために君に彼女と結婚してほしいだけなのだ」と請け合った．彼らは，小栗家にふりかかるだろういかなる問題に対しても彼が責任をもつ必要はないだろう――そうした問題の面倒は小栗家の縁者たちが見てくれるだろう，と言った．多くの思案を重ねたのち，貞雄は国子と結婚し，1887年に大隈邸で挙式が行われた．『上毛及上毛人』187号（1931年）54-55頁を見よ．

(26) 足立栗園『海国史談』（中外商業新報商況社，1905年）406頁．

(27) 前掲，407頁．

(28) 小栗忠人「日露戦争と小栗忠順」（『たつなみ』14号，1989年）12頁．

(29)「仁義禮智信」．小栗貞雄は，その一幅を大宮の普門院に寄贈した．もう一幅は，第二次世界大戦からだいぶ後に東善寺に寄贈された．

(30) 横須賀市『横須賀案内記』（横須賀開港五十年祝賀会，1915年）116頁．

(31) 市川八十夫「小栗上州公顕彰のあゆみ」29頁．そのなかには，小栗家から徳川幕府に送られた文書や，群馬の郷土史家の書いた系図が含まれていた．小栗の所持品の多くは，東山道軍によって持ち去され，売却された．小栗の家族は，この地から脱出する必要があったので，所持できるものは限られていた．そのため，普門院や東善寺にはほとんど何も残されなかった．小栗日記のようなさらに重要な物品は，1914年までは発見されていなかった．横須賀で展示されていたと思われる他の東善寺の物品は，寺の火災とともに失われた．

(32) 塚越芳太郎『小栗上野介末路事蹟』1頁．

(33) 前掲，2頁．

(34) 前掲，3頁．

(35) 前掲，4頁．

(36) 豊国覚堂「横須賀開港五十年祝典に際して」24頁．

(37) 前掲，26頁．

(38)『上毛及上毛人』65号（1922年）53頁．横須賀はすでに胸像建立の資金を十分にもっていた可能性がある．『上毛及上毛人』に送られ，9月に掲載された手紙の日付は8月であるし，除幕式は9月27日に予定されていた――それは横須賀造船所の設立記念日だった．

(39) 前掲，53頁．

(40) 前掲．1912年に開園された諏訪公園は，戦前の横須賀市役所に近接し，市の中心地にあったものだが，そのことは胸像が，海軍ではなく自治体の計画によるものだったことを示唆している．

(41)『上毛及上毛人』67号（1922年）50頁．

(42) Claudel, “Inauguration du buste de L. Verny” 160. クローデルは，横須賀，小栗，ヴェル

ニーについての長い講演を数度にわたって行っている．

(43) 贈位の起源についての説明は，虎尾達哉「贈位の初歩的考察」(『日本歴史』521号，1991年）を見よ．

(44) 田尻佐編『贈位諸賢伝』(国友社，1927年）における近藤のエピローグを見よ．同書，874頁．もとは1927年に刊行されたこの本は，1868年から1927年までに死後の贈位を受けた人びとの伝記集である．近藤自身は，1927年から1944年までの伝記をまとめたが，この時期の昇進は，近藤によれば散発的だった．贈位制度は戦後正式に廃止されたが，近藤は，以前のような法的な形ではない，別の形でそれは存続していると主張している．

(45) 丸山眞男「荻生徂徠の贈位問題」(家永三郎教授東京教育大学退官記念論集刊行委員会編『近代日本の国家と思想』三省堂，1979年）111-112頁．数度にわたる昇進を受けた者もいた．たとえば，平田篤胤は1943年に昇進した．丸山が指摘するように，ある者が他に先んじて昇進したことについての説明は，何も与えられなかった．

(46) 高田祐介「維新の記憶」76-77頁．田中光顕は，坂本龍馬が明治皇后の夢枕に立ったという話の考案者として有名だった．

(47) しまねきよし『転向』8頁．

(48) 丸山，116頁．

(49) 前掲，117頁．元の引用は，三上参次，『毎日新聞』1915年12月13日の記事より．三上は，東京帝国大学に雇われていた親＝天皇的な歴史学者．

(50) Walthall, *The Weak Body of a Useless Woman* (Univ.of Chicago Press, 1998) 248-50.

(51)『読売新聞』1924年3月21日朝刊，5面．

(52) Shimoda, "Between Homeland and Nation" 278. 1876年，太政官は布告第108号を発布し，これによって，幕府軍にあって殺された全ての者への記念が可能になった．布告のすぐ翌年には，中傷されていた他藩が，自藩にあって戦った人びとを記念した．高木博志「「郷土愛」と「愛国心」をつなぐもの」(『歴史評論』659号，2005年）7頁．

(53) Ibid., 292. そのような反逆者たちが靖国神社に祀られたのは，1965年になってからのことで，しかも彼らは別館に祀られたにすぎなかった．

(54) Mehl, *History and the State*, 57-58.

(55) 史談会編『戦亡殉難志士人名録』(原書房，1907年）序文．

(56) 前掲，6-7頁．

(57) Ibid., 58.

(58) 豊国，29頁．

(59) また本多は，1921年に仲間の彰義隊士の記念碑を建立した．

(60) 島田が議長に任命されたのは1915年だった．小栗貞雄は，この件に役立つもろもろの文書を島田に提供した（白柳「小栗上野介遺聞」30-31頁）．

(61) 豊国，30頁．

(62)『上毛及上毛人』86号（1924年）2頁．

(63) 小栗の死後贈位を支援するために書かれたいくつもの他のメモもまた，小栗を従五位下に挙げているけれども，このことに関する20世紀以前の証拠は未見である．最新の知見は通常，1857年に彼が正六位だけを受けたと仮定している（市川・村上・小板橋『小栗上野介』，99頁を見よ）．実際，このメモの著者でさえ，小栗が幕府で地位の昇進にあずかった1858年12月と推測される時期に，小栗がこの位階を得たかどうかは不確かであることを認めている．その他の贈位候補者には，子爵・貴族院議員の秋元興朝，もと上野館林藩主の秋元志朝〔1876年没，興朝の養父礼朝の養父〕が含まれていた．

(64) 内務省書秘密第93号（国立国会図書館アーカイブズ）73頁．

(65) 前掲，74頁．

(66) 国会図書館アーカイブズ，恩第９号，105頁，1928年10月20日.
(67) 前掲，106頁.
(68)『上毛及上毛人』140号（1928年）7-16頁を見よ.
(69) Lebra Takie Sugiyama, *Above the Clouds*, 92.
(70)『読売新聞』，1917年11月16日朝刊，５面.
(71) 宮澤誠一『明治維新の再創造』，87頁.
(72) 前掲，97頁.
(73) 大久保，331頁.
(74) 宮澤，99頁.
(75) 前掲，91-94頁.
(76) 慶喜は，明治天皇より徳川家の存続の承認と，幾度にもわたる顕彰や表彰を受けたのち，ようやく維新当時のことについて重い口を開くようになった．1907年，資本家の巨人渋沢栄一は，旧主にインタビューをし，その伝記をつくるプロジェクトを立ち上げた．慶喜は，自らの死後も非公表にするという約束のもとに，はじめてその企画に同意した．こうして，「昔夢会」の歴史家たちによる一連のインタビューが開始された（鹿島「サン＝シモン主義者渋沢栄一」278-81頁）．慶喜の回想は，その人自身を理解するうえで興味深い情報源ではあったが，維新に対する歴史家の理解を根本的に改めるにはいたらなかった．「昔夢」という表現は，その試みの性格についての適切な説明のようだった．幾度も慶喜は，ある出来事を覚えていないとか，詳細については知らなかったと主張し，問われたことについての彼の答えは，しばしば曖昧だった．質問者が，新選組を会津兵に合流させることは慶喜の考えだったかどうかを尋ねた際，慶喜は，そうではないが，とにもかくにも合流を許したのだ，とだけ言った（徳川『昔夢会日記』177頁を見よ）．慶喜は，質問者たちに答えるために，旧幕臣たちの著作に頼りさえした．小栗については，幕府内での改革努力の事実を認めた以外は，ほとんど何も知らないと述べていた.
(77) 宮澤誠一「幕末維新への回帰」13-15頁を見よ.
(78) 林原純生「昭和初期の〈幕末〉物語」（『神戸大学文学部紀要』27号，2000年）461頁.
(79) 蜷川は小栗の遠戚（小栗の義理の甥）で，母が小栗夫人道子の妹〔はつ子〕．日本赤十字社の顧問であり，多産な著作活動を行った法学教授だった．日露戦争が始まると，法律顧問として働き，その後しばらく韓国政府に仕えた．彼はおそらく，戦前の東アジアにおける日本の役割，とりわけ中国における日本の干渉の擁護によって最もよく知られている．その法学上の仕事には，『膠州湾ノ占領ト樺太ノ占領』〔1914〕，『亜細亜に生きるの途』〔1929〕のような，反-汎アジア主義的な著述が含まれている．たとえば，第一次世界大戦を通じて日本がドイツから膠州湾を獲得した時，日本の人びとの多くは，租借地や占領地を返還することで，日本は国際社会から賞賛を得るのだと信じており，ドイツとの戦いは土地の奪取が目的なのではなく，要するに正義の問題なのだと論じる者もいた．しかし蜷川は，戦争が行われたのは力のためだったことの証拠として英国のジブラルタル占有を挙げて，日本の行動を熱心に擁護した．Coox and Conroy, eds., *China and Japan*（ABC-Clio Books, 1978）24. 蜷川『膠州湾ノ占領』および *Les Réclamations Japonaises et le droit international*, 34-35も参照のこと.
(80) 小栗忠人「蜷川博士とその名著」（『たつなみ』６号，1981年）3-5頁．蜷川の著作は，全国紙でよく宣伝されていた.
(81) 前掲，２頁．蜷川が田中と最初に会ったのは，２人の留学先のフランスでのことだった．彼らは講演旅行を共にし，軍隊との蜷川のつながりもそこでできた．Conrad Totman は，蜷川のもろもろの著作についてこう述べている．「それらはあまりに情緒的，不正確，そして激烈なので，それらは何の役にも立たないと思い，無視してしまった」（ Totman, *The Collapse of the Tokugawa Bakufu*, 562）.
(82) Brownlee, *Japanese Historians*, 113.

(83) 赤塚行雄「特集　小栗さまのいる村」(『上州風』8号，2001年) 63頁．蜷川の小栗伝は出版10日後に3刷に入った．
(84) Robertson, "Les Bataillons Fertiles".
(85) 蜷川新『維新前後の政争と小栗上野の死』141頁，168頁，171頁を順に見よ．
(86) 前掲，5頁．
(87) 前掲，175-76頁．
(88) 前掲，135-36頁．蜷川は同様に，勝海舟のことも非難した．そして彼は，勝の家が三代前に御家人の株を買うことで武士階級に入ったことを理由に，勝は真の侍ではないことを示唆した（前掲，137頁を見よ）．
(89) 前掲，194頁．
(90) 前掲，92頁．
(91) 前掲，55頁．
(92) 前掲，58頁．
(93) 前掲，20頁．
(94) 蜷川，序文，同書1頁．
(95) 前掲，323頁．
(96) 前掲，326頁．
(97) 十菱による蜷川およびその著作への賛美としては，十菱『小栗上野の死』127-28頁を見よ．しかしながら，十菱のモノグラフの後半3分の1は，彼が自著のなかで示したのと同様の反＝明治政府，親＝小栗的心情を示す蜷川によって書かれた．
(98) 中里介山『大菩薩峠』(春秋社，1929年)．
(99) 伊藤痴遊『佐幕派の傑人』435頁．
(100) 前掲，438頁．
(101)『上毛及上毛人』185号 (1932年) 51頁．
(102)『上毛及上毛人』139号 (1928年) 61頁．
(103) 神長倉『仏蘭西公使ロセスと小栗上野介』(ダイヤモンド出版，1935年) 142頁．
(104) 前掲，140頁．神長倉は，小栗の考えのほとんどがロッシュに由来すると論じている．多くの人は近代的な会社という発想を輸入した功績は小栗に帰せられるべきであると信じているけれども，日本の会社の父と呼ばれるべき人物は，実にロッシュだったとする（前掲，387頁）．新政府の軍勢を攻撃する小栗の軍略も，おそらくはロッシュの発案だったとする（前掲，398頁）．
(105) 前掲，34頁．
(106) Wigen, *A Malleable Map* (Univ.of California Press, 2010) 191.
(107) Vlastos, "Agrarianism without Tradition" 91-92.
(108) 成田龍一『「故郷」という物語』(吉川弘文館，1998年) 55頁．
(109) Wigen, "Teaching about Home" 561.
(110) 群馬教育会編『郷土読本』(煥乎堂，1941年) 1頁．
(111) 前掲，187-91頁．
(112) 市川は，小栗の栄誉獲得に熱心に取り組んでいた．
(113) 市川八十夫「小栗上州公」(『たつなみ』1号，1976年) 15頁．
(114) これは珍しいことではなかった．蝦夷地で新政府軍に抗戦した幕臣甲賀源吾の記念碑を建てる前に，東京の人びとはまず，東京で承認を得なければならなかった（しまね『転向』18-19頁を見よ）．この話は小栗研究者のあいだでは有名で，群馬県の記念碑を特集した雑誌『上州風』2001年特別版において，ごく最近になって語られた．この話をしたのは市川八十夫で，その祖父元吉が，碑文をめぐる高崎警察とのトラブルに遭遇したのだった（赤塚「特集」60-61頁）．
(115) 蜷川・阿部「小栗上野介と普門院」(『埼玉新聞』)．

(116)『日本新聞』1932年5月12日.『たつなみ』第1号，14頁に再掲．その石碑は1935年に洪水で流され，2年後に修復されたが，そのことは地元の人びとに別のグループ，小栗上野介遺跡保存会の創設を促した．制度化されたこの顕彰活動は，関東全域よりの倉田村および烏淵村への注意——および訪問者——をひきつけた．

(117) たとえば新井信示は，1934年における『上毛及上毛人』の記事で，群馬県吾妻郡を経由した小栗一家の逃亡について詳述した（新井「小栗上野介夫人と吾妻郡」38-44頁）．もう1つの例は，1860年に小栗とともに世界一周した権田の村長，佐藤藤七の記録である．新井「遣米使節小栗豊後守の随行員」40-44頁を見よ．

(118) たとえば，横須賀での小栗＝ヴェルニー式典に出席した埼玉の人びとへの最も早い言及は，1935年に行われた．

(119) 阿部道山『海軍の先覚者』34頁．

(120) 前掲，145-46頁．

(121) 伊藤痴遊「維新史の書き直し」2頁．

(122) 中里介山『純粋箇人雑誌　峠』第6号．〔「(前略) 途中与野と大宮の間で「小栗上野介墓所，普門院」とある標柱を認め帰途これをとぶらふ．／徳川家達公筆，蜷川新博士文章の大石碑がある．海軍省寄贈の武器がある．皆，最近この人を葬ふ為の建設と見受けらる．祖先，小栗又市（成政）をはじめ，小栗家代々の墓所がある．／上野介場所は別に自然石が据えられている．／小栗上野介に就ては，最近各方面よりその材を慕ひ，冤を憫れむの心が深くなって来た．その最後の地と伝へられる上州権田村付近に於て何か供養があったという風説は聞いていたが，東京のこんな近いところに，斯様な親切な企てがあらうとは思わなかった（後略)」〕『大宮市史』第4巻（1982年）124頁に再掲．

(123)『埼玉郷士会』1940年5月.『上毛及上毛人』279号（1940年）に再掲．

(124) 前掲，8頁．

(125) 前掲，32頁．続く文で阿部は，これまで国子は普門院にも来たことはなかったと述べた．

(126) 前掲，187-88頁．

(127) 前掲，181頁．阿部によれば，貞雄は墓の修復への資金提供を望んでいたが，実現しなかったのだという．

(128) 高崎の別の小さな町も，小栗の首を所有していると主張したが，その主張は東善寺／普門院の競争に割って入ることはなく，またその主張を裏づける根拠も存在していない．

(129) 早川珪村「幕末の偉人」『上毛及び上毛人』70号（1923年）32-40頁．

(130) 豊国覚堂「小栗上州の首級」『上毛及び上毛人』220号（1935年）61-62頁．

(131) たとえば，真下菊五郎『明治戊辰梁田戦蹟史』222頁における原の説明，および当時館林に駐在した兵士による説明（前掲，479頁）を見よ．

(132) 阿部，174頁．処刑について原に尋ねた別の調査者は，原はほとんど耳が聞こえなかったが「俺の手で斬った」と断言した。そのことは彼の部下の1人が小栗を斬るように命じられたことを意味するものと理解される，と報告した．ここに示されている論理は，罪人の首を刎ねるのは，原クラスの人間ではなかっただろう，ということである．その代わりに，地元のある安中人が，小栗を処刑したのは自分の叔父の浅田五郎作であることを認めた．原は，処刑の実行に際して志願者を求めたのだが，誰も引き受けなかったので，他の安中藩士たちよりも背が高いだけでなく，著名な剣士でもあった浅田に，原の刀で小栗を斬るように命じたのだという．

(133) 真下菊五郎『明治戊辰梁田戦蹟史』（梁田戦蹟史編纂後援会，1923年）222頁．

(134) 内野三悳「道山の小栗上野介を讀む」（『書物展望』書物展望社，1942年）40頁．

(135) 前掲，48頁．

(136) 児玉誉士夫『獄中獄外』（広済堂出版，1974年）91頁（Yoshio Kodama, *Sugamo Diary*, 76)．私は，後藤の採掘の正確な日付を発見することができなかったが，あるウェブサイトによ

ると，彼が赤城山を訪れたのは1933年のことである.

(137)『聞書き猪俣浩三自伝』185頁．猪俣は，水野家の１人が1920年代の記事に登場した後，その一家と埋蔵金伝説との関連について証言するよう求められたと述べている．関は素直に伝説を信じていたのであって，故意に詐欺を働こうとしたわけではなかったとして，裁判官は関に懲役10か月，執行猶予３年という軽微な刑のみを与えることにした.

(138)『東京朝日新聞』1933年３月17日朝刊25面，25日夕刊２面，1935年２月２日夕刊２面を見よ.

(139)『上毛及上毛人』294号（1941年）３頁.

(140) 前掲，７頁.

(141) 阿部，289頁.

(142)『上毛及上毛人』294号（1941年）７頁.

(143) 阿部，289頁．阿部は，その墓参から間もなくギャングたちが一網打尽にされたことを，満足の意をこめて記している.

(144) 阿部は，尾崎行雄への紹介状を貞雄に強要したが，貞雄が尾崎の名刺を手渡すと，阿部はそれ以上を要求した．貞雄は阿部に，なぜそれほどまでに尾崎への紹介状がほしいのかと尋ねた．「彼が偉い人だからですか？　それとも彼から何かを手に入れたいのですか？」白柳「小栗上野介遺聞」48-49頁を見よ.

(145) たとえば，社会的管理の創造における中産階級の役割に関する Sheldon Garon の研究 *Molding Japanese Minds*（Princeton Univ.Press, 1997）を見よ．あるいは教育改革に関しては，Platt, *Burning and Building*（Harvard Univ.Press, 2004）を見よ.

## 第四章

(1) Narita, "Historical Practice before the Dawn" 118.

(2) Ibid., 119.

(3) Gayle, *Marxist History*（Routledge Curzon, 2003）114. 石井孝の見解に関しては，石井「幕末における半植民地化」(『歴史評論』33号，1951年）を見よ.

(4) Gluck, "The People in History" 45・

(5) 北島正元編『江戸幕府　その実力者たち』(国書刊行会，1983年）269頁.

(6) 岡繁樹『井伊大老』．岡は，幸徳秋水もそこに属していた社会主義団体・平民社のサンフランシスコ支部を設立した.

(7) 宮澤誠一『明治維新の再創造』209-10頁.

(8) 田村栄太郎『勝麟太郎』(雄山閣，1967年）16頁.

(9) 蜷川新『維新正観』(千代田書院，1952年）256-57頁.

(10) 前掲，35頁.

(11) 前掲，262頁.

(12) 前掲，261-62頁．この引用は，徳川幕府の公定イデオローグの一人としばしば目された林羅山からのものである．Herman Ooms は，幕府における林の役割に対する過度の強調に対し，疑問を投げかけた．Ooms, *Tokugawa Ideology*（Princeton Univ.Press, 1985）〔ヘルマン・オームス『徳川イデオロギー』〕を見よ．さらに，「領国」の意味で用いられる「天下」の語は，蜷川においては「人民」を指すものとして理解されるのだが，実際の意味はそれほど民主的ではなかった．織田信長の統治に際しては，「天下」が信長自身のことを指すことさえあった（Ibid., 33).　徳川時代には「天下」は，将軍による支配領域として理解された.

(13) 蜷川『維新正観』82頁．慶喜の上表に対する蜷川の読みは，極度に選択的である．慶喜の上表の文面の多くは，親＝天皇的な感情に満たされている.

(14)「大転向を遂げた」『読売新聞』1956年11月７日．この記事は，記事によればベストセラーで

ある蜷川著で論じられているような，明治維新と天皇についての蜷川の見解を論じている．

(15) 蜷川新『天皇』(光文社，1952年) 146頁．開化天皇は，伝説上の人物だと信じられている．

(16) 前掲，93頁．

(17) 前掲，172頁．

(18) 前掲，102頁．

(19) 蜷川『維新正観』270頁．

(20) 前掲，275頁．

(21) 蜷川新『開国の先覚者小栗上野介』(千代田書院，1953年)．

(22) 圭室諦成『西郷隆盛』1頁．

(23) 蜷川『開国の先覚者』89頁．

(24)『読売新聞』1956年7月11日．天皇制を直接攻撃したことによる影響を蜷川が怖れていたことも考えられるが，このことは戦後，彼にとっての心配の種ではなくなった．

(25) Gayle, *Marxist History*, 45. 他の左派歴史家とは異なって，井上は，人民がそこで自由と平和を享受した民主的時代として明治以前の歴史を見る楽観的な見方を，蜷川と共有した．

(26) Doak, "What Is a Nation and Who Belongs?" 304.

(27) Gluck, "The Past in the Present" 80.

(28) Gluck, "The 'End' of the Postwar" 293.

(29) Gluck, "The People in History" 26. 1960年代および70年代の「民衆史」運動に関しては，Fujitani, "Minshiishi an Critique" 303-22を見よ．

(30) Shimazu, "Popular Representations of the Past" 103-5.

(31) 田中「桜田の雪」(『田中英光全集』8巻，芳賀書店，1964年) 120頁．「桜田門外」から「桜田の雪」への書き直しに関しては，尾崎秀樹による同書「解説」418頁を見よ．

(32) 尾崎「解説」441頁．

(33) 金子洋文「『花の生涯』を見る」(『演劇界』11巻12号，1953年) 63頁．

(34)「新国劇の『井伊大老』」(『演劇評論』1巻2号，1953年) 51頁．開幕の遅延については，浜田右二郎「井伊大老上演中止について」(『歌舞伎展望』2巻11号，1952年) 42頁を見よ．北條秀司は，どうやら現代社会の論評として，2・26事件のような別の出来事について書きたかったようである．井伊について書く決断が遅れたことも，物語のむらの一因である．ぎりぎりでの台本改訂のために明治座の開幕が遅れたが，これは明治座史上4度目の遅延だった．

(35) 笠原一男編『現代に生きる日本史の群像』(あそか出版社，1966年) 242-44頁．『花の生涯』は1974年と88年にもドラマ化された．

(36) 井伏『井伏鱒二自選全集』3巻 (筑摩書房，1996年) 401頁．

(37) http://www7.ocn.ne.jp/~fumonin/sub2.htm. 阿部道山と井伏，中里介山，徳富蘇峰とのつながりについての写真，紹介が含まれている．

(38) 新潮社編『歴史小説の世紀　天の巻』(新潮文庫，2000年) 783頁．秋山駿，勝又浩，縄田一男の鼎談〔井伏鱒二における小栗斬首事件への関心は深い．これに取材した作品は以下の三つが知られている．(A)「普門院さん」．(B) 井伏が取材した池田かよ (本書173ページ) を描く「変易不易」(『別冊文藝春秋』，1951年12月)．(C)「普門院の和尚さん」(『海燕』8月号，1988年)．(A) は，『井伏鱒二自選全集』3巻 (新潮社，1985年) に収録される際，さる人物が原と和尚の対面を覗き見するという構成が消え，常体から敬体に改められたが，その3年後に書かれた，(A) の改稿版 (C) では，再び常体に戻された．(B) では，小栗捕縛時に小栗夫人の脱出を支えた家臣池田伝三郎が，その後逃れて商人として成功後，戦死した仲間の遺骨を納めに東善寺を訪れた際，かつての許嫁かよがそこに現われるという挿話に，敗戦直後の復員者家庭に起こった同様の出来事が重ねられている〕．

(39) Liman, *Ibuse Masuji* (Karolinum Press, 2008) 250-51. Ibuse, *Castaways* (Kodansha

International, 1993)〔『ジョン万次郎漂流記』〕9-10も参照せよ.
(40) Treat, *Pool of Water* (Univ. of Washinton Press, 1988) 173.
(41) 久米は, 1871年の岩倉使節団にも随行した明治・大正期の歴史家(井伏「小栗上野介 取材では群馬まで」). 1978年6月11日付の写真には, 小栗が屋敷を建てていた観音山での井伏と東善寺の僧侶が写っている.『たつなみ』4号(1974年)の裏表紙を見よ.
(42) Liman, *Ibuse Masuji*, 419.
(43)『歴史小説の世紀 天の巻』783頁.
(44) Liman, *Ibuse Masuji*, 250.
(45) 井伏「普門院さん」, 平林文雄編『短編名作選 1925-1949』(笠間書院, 1999年) 304頁.
(46) Liman, *Ibuse Masuji*, 329.
(47)『谷崎潤一郎全集』18巻(中央公論社, 1981年) 409-10頁.
(48)『井伏鱒二自選全集』3巻, 401頁.
(49) 最終版での改稿量についての指摘は,『歴史小説の世紀』783頁.
(50)『マイタウンさいたま』2007年7月4日.
(51) Hirano, *Mr. Smith Goes to Tokyo* (Smithsonian Institution, 1992) 66.
(52) 筒井清忠『時代劇映画の思想』(PHP 研究所, 2000年) 51-53頁.
(53) Hirano, *Mr. Smith Goes to Tokyo*, 83. この映画はのちに独立プロによって製作された(1954年).
(54) Thornton, *The Japanese Period Film* (McFarland & Co., 2008) 38.
(55) 佐藤忠男『意地の美学　時代劇映画大全』(じゃこめてい出版, 2009年) 120-21頁.
(56) 前掲, 123頁.
(57)『大地の侍』は, 本庄睦男のプロレタリア小説『石狩川』に基づいている.
(58) この映画の現存版は残っていないため, 基本的説明に際しては『キネマ旬報映画データベース』に依拠した.
(59) この作品の VHS は発売されたが, 現在はレンタルも購入も困難である〔脚本猪俣勝人, 岸生朗, 柴英三郎. 配役は, 勝(高田浩吉), 小栗(八代松本幸四郎), お竜(瑳峨三智子), 又一(森美樹), さい子(高千穂ひづる), 西郷(辰巳柳太郎), 明治天皇(六代市川染五郎)〕.
(60) 藤田雅之『映画のなかの日本史』(地歴社, 1997年) 135頁.
(61)『読売新聞』1958年8月6日, 4面.
(62) 前掲.
(63) 前掲.
(64) Thornton, *The Japanese Period Film*, 66.
(65) Desser, "Toward a Structural Analysis of the Postwar Samurai Film" 46.
(66) Ibid., 147.
(67) 斎藤駿「戦後時代小説の思想」(『思想の科学』67号, 1976年) 8頁.
(68)『キネマ旬報』1035号(220) 71頁.
(69) 前掲, 71頁.
(70) 斎藤, 13頁.
(71) 成田龍一『司馬遼太郎の幕末・明治』6頁. 司馬は生涯200冊以上の本を書いた. フィクション, エッセイ, 講演などからなる著作集は68巻に及ぶ. 映画や NHK をはじめとするテレビドラマの原作になった作品も多数ある. ドナルド・キーンは, 刺激的な方法で書く司馬の能力に注目し, 日本史というものが時代劇の幼稚なファンタジーに矮小化されていた時分にあって, 自らの歴史に誇りをもつことを日本人に可能にした司馬を賞賛した. Keene, *Five Modern Japanese Novelists* (Columbia Univ.Press, 2003)〔『思い出の作家たち』〕95を見よ.
(72) Gluck, "The People in History" 26.

(73) Keene, *Five Modern Japanese Novelists*, 90.
(74) 司馬遼太郎『最後の将軍』(*The Last Shogun*, Kodansha International, 1998).
(75) 成田, 40頁.
(76) 前掲, 73-75頁. 勝, 福沢, 坂本は, それぞれ明治政府の政策決定機構から安全な距離を保っていた. 坂本は死によって, 勝と福沢は明治の軌道に乗りつつも, 影響力のある思想家であることによって.
(77) 前掲, 69-70頁.
(78) 斎藤, 99頁.
(79) 前掲, 104頁. Gluck は, 坂本と勝が司馬の作品群において繁栄の追求者として描かれていることは, 1960年代の楽観主義的傾向を例示していると述べている (Gluck, "The Past in the Present" 75).
(80) たとえば司馬『燃えよ剣』下巻 (新潮社, 1978年) 70頁および80-81頁を見よ.
(81) 前掲, 下巻, 448頁.
(82) 成田, 121頁.
(83) 海音寺『幕末動乱の男たち』(『海音寺潮五郎全集』20巻, 朝日新聞社, 1969年), 200-201頁. 西郷と勝は, 日本の改革努力に西洋列強を干渉させなかったという理由で, 海音寺にとってのヒーローになった. 海音寺はまた, 蜷川による小栗像を批判している.
(84) 司馬遼太郎『十一番目の志士』(文藝春秋, 1967年) 148-49頁.
(85) 司馬遼太郎『司馬遼太郎歴史歓談』(中央公論社, 2000年) 352頁.
(86) Jansen, *Sakamoto Ryoma and the Meiji Restortaion* (『坂本龍馬と明治維新』), preface, x
(87) 小栗公顕彰会は, 観光におけるこの潜在的ブームを認めていた (市川八十夫「小栗上州公」32頁).
(88) 池波正太郎『戦国と幕末』(角川書店, 1980年) 179頁.
(89) 前掲.
(90) Robertson, *Native and Newcomer*, 33. Robertson は,「ふるさと」が戦後においては日本じゅうの想像力を支配したと主張している.
(91) 私は Robertson の言い回しを借りている. 前掲, 18頁.
(92) 1970年代および80年代の「ディスカバー・ジャパン」「エキゾチック・ジャパン」キャンペーンについての詳細は, Ivy, Discourses of the Vanishing, chapter one を見よ.「ふるさと」巡業を利用する演歌は, 1970年代に明確な一ジャンルとなった.
(93) 前掲, 24頁.
(94)『読売新聞』1938年1月26日, 7面. 興味深いことにその記事は, 小栗の「本当の」墓は権田村にあったと述べている. 貞雄は, 東京に新しい家族の墓をつくった. 又一は父親貞雄についての伝記を書き, 生前は公刊されなかった著名な祖父についての非常に長い一般向け伝記を書いた. 小栗又一『竜渓矢野文雄君伝』(大空社, 1993年) 6頁を見よ.
(95) 市川八十夫「小栗上州公」17頁.
(96)『読売新聞』, 2008年12月22日. 彼はまた横須賀海軍基地の建設にも失敗した (西方恭子『上毛かるたのこころ』群馬文化協会, 2002年, 127頁).
(97) 西方恭子『上毛かるたのこころ』110-11頁.
(98) 前掲, 128-29頁. 別の著作では, 国定, 高山, そして大前田英五郎が除外された3人であると主張しているが, この著作は, 他の都道府県のものとの比較した場合の上毛かるたの社会学的および教育的な使用に焦点をあてており, その起源については短く触れているのみである. 原口貴美子『上毛かるた　その日本一の秘密』(上毛新聞社, 1996年) 62頁.
(99) 市川八十夫「小栗上州公」18頁. この会は東善寺を呑みこむ火事の前につくられた.
(100) 前掲, 20頁.

(101) 前掲，21頁.
(102) 前掲，21頁.
(103) Dower, "Peace and Democracy" 4.
(104) 市川八十夫，27頁.
(105) 池田左善「小栗上野介と勝海舟」(『たつなみ』3号，1973年) 17頁.
(106)『倉渕村誌』546頁. 横須賀は1945年5月に航空部隊から35人を川浦に，さらに6月には40人を水沼に送った.
(107) 市川八十夫，20頁. 横須賀の元の胸像は戦時中に金属が溶かされて，別の胸像が代置された. この代わりの胸像は，今は東善寺の中庭にある.
(108) 横須賀の海軍建設局長吉田直は，小栗，ヴェルニーと並んで栗本の胸像をも横須賀に置きたかったが，交渉はうまくいかなかった. 吉田が死去すると，その家族は栗本像を東善寺に寄贈することにした. 大坪指方・穂積驚『小栗上野介』(小栗上野介を偲ぶ会，1975年)，338-39頁を見よ.
(109)『新編倉渕村誌2　資料編2』254頁.
(110) 市川八十夫「交流を深める横須賀市と倉渕村」(『たつなみ』7号，1982年) 27頁.
(111) これら他の場所には，公園，烏川ダム，「健康，レクリエーション，指定地域」が含まれている (前掲，28頁). 環境破壊における建設業界とその役割についての詳細は，McCormack, *The Emptiness of Japanese Affluence* の第1章を見よ. 全国的な政府主導と，地元観光業の支援およびレジャー産業全般との関係についての詳細は，Leheny, *The Rules of Play* (Cornell Univ.Press, 2003) を見よ.
(112)『たつなみ』12号 (1987年)，見開き頁. この事業の総費用は15億円だった.『新編倉渕村誌2　資料編2』256頁を見よ.
(113) はまゆう山荘のウェブサイト上では，小栗は倉淵と横須賀をつなぐ存在であると明確に述べられている.
(114) 村上照賢は，1970年から76年のあいだ，訪問帳に署名した訪問者数を記録していた (年間平均795人). 彼は，訪問者の多くが埋蔵金伝説について質問したことを認める一方で，少なくとも幾人かの人びとは小栗物語に真剣な関心を寄せていたことを喜んでいた. 村上「上州公の遺品について」(『たつなみ』2号，1977年) 12頁.
(115) 前掲，13頁.
(116)『朝日新聞』1952年1月28日，11面.
(117) 桑田忠親『日本宝島探検』(日本文芸社，1976年) 79頁.
(118) 小板橋良平「誤伝，赤城の小栗埋蔵金」(『たつなみ』26号，2001年) 14頁. 河原は1967年に死去したが，その採掘は息子によって引き継がれた.
(119) 小栗国子「小栗上野介の孫から」『読売新聞』1956年9月16日，9面.
(120) 木屋隆安『幕臣小栗上野介』(泰流社，1982年).
(121) 木屋はまた海音寺潮五郎と交流し，ある時点で，1942年に海音寺が書いた小栗についての歴史小説を読んだ. 木屋は，海音寺が鹿児島県生まれだったにもかかわらず，小栗についての高い見識をもっていたことに感銘を受けた. 前掲，14頁.
(122) 前掲，20頁.
(123) 前掲，17頁. 綱淵はまた，その本が勝をあまりに矮小化したことで，小栗のイメージを高めるという木屋自身の目標をかえって危うくしているように感じていた. この本は，小栗が幕府で果たした役割の重要性を主張するために，幕府瓦解の年における勝の活躍を利用した. 綱淵はまた，歴史小説の形で伝記を書くこと自体にも疑問を呈した.
(124) Brundage ,ed., *Where These Memories Grow* (Univ.of Carolina Press, 2000) 9.
(125) 木屋の『中央公論』との接触が先に進んだことで，共著の刊行の機会は失われた. 綱淵は

1984年に彼自身の幕臣列伝を刊行したが，そこには勝と小栗の2人についての短い説明が含まれていた．綱淵『幕臣列伝』（中公文庫，1984年）184-228頁を見よ．

## 第五章

（1）Morris-Suzuki, *The Past within US*（Verso, 2005）23.
（2）たとえば，10代の女子高生がブランド商品のために性を売る「援助交際」についてのメディアが煽る恐怖．Leheny, *Think Global, Fear Local*（Cornell Univ.Press, 2003）を見よ．
（3）成田龍一『「戦争経験」の戦後史』（岩波書店，2010年）248頁．
（4）Gluck, "The Invention of Edo"
（5）『週刊朝日』2009年3月13日，28頁．
（6）森木亮「"明治維新レジーム"からの脱却」（『自由』50巻2号，2008年）55頁．
（7）『朝日新聞』2007年4月4日，34面．
（8）『朝日新聞』1997年12月6日，3面．
（9）『週刊新潮』47号，1996年12月12日，154頁．
（10）前掲．
（11）『朝日新聞』2007年4月15日，34面．
（12）八巻実「130年の恩讐を超えて」（『歴史研究』451号，1998年12月）48-50頁．
（13）ぬめひろし・柴田正蔵ほか「『戊辰戦争』130年座談会」（『北方風土』37号，1991年1月），81頁．
（14）星亮一『よみなおし戊辰戦争』191頁．
（15）前掲，9頁．
（16）「会津若松市市制百周年記念事業」（『とうほく財界』155号，1999年12月）82頁．
（17）星，93頁．
（18）「会津若松市市制百周年記念事業」83頁．「彼の姪は夫探しに難儀をきわめ，ようやく結婚した時は後妻だった」ということさえ言われている．
（19）実際Lebraが指摘するように，明治維新のいずれの側も，自らが犠牲者であるという主張を譲らなかった．貴族，大名，勤皇の志士たちの子孫は，みな彼らの先祖が抑圧を受けていると主張している．Lebra, *Above the Cloud*, 96.
（20）『毎日新聞』2004年8月20日朝刊，35面．
（21）成功に近い和解の例もある．たとえば，2010年3月，彦根市長と水戸市長は東京で井伊暗殺150年祭に出席した．両市は1968年に姉妹都市になっている．また，幕末期の侠客国定忠治の子孫が，忠治の手下によって殺された犠牲者の墓を，その子孫とともに訪れた．ある子孫は，そのような表立った和解がまちの発展に役立つと考えたので墓参に同意したが，それでも自分は国定に恨みを抱いていると語った．『毎日新聞』2007年6月1日，10面．
（22）「会津若松市市制百周年記念事業」82頁．
（23）川口素生『徳川埋蔵金検証事典』120頁．1993年の統計は21.7%（『毎日新聞』1993年3月9日朝刊，21面を見よ）．
（24）前掲．
（25）2002年5月の『知ってるつもり』（日本テレビ系列）．小栗と徳川埋蔵金についての特番だった．福沢は，自身のプロジェクトに計1億円を費やしたと述べた．
（26）渋川市赤城商工会のウェブサイトより引用．埋蔵金伝説は地元観光の一角をなしている．
（27）Crossan, *Finding Is the First Act*, 30.
（28）水野智之『赤城黄金追跡』（マガジンハウス，1994年）162頁．強調点は引用者．
（29）安部一世監督『あたえられるか否か　徳川埋蔵金120年目の挑戦』．

(30) 前掲.
(31) 水野智之『赤城黄金追跡』189頁.
(32) 矢島ひろ明『小栗上野介忠順』(群馬出版センター, 1992年).
(33) 店主が小栗ファンである地元の戸田書店のウェブサイトより引用. 村上のコメントを添えて, 小栗関係書の短い書誌を作成した.
(34) 前知事の勝者は, 高知空港を坂本龍馬にちなんだ「高知龍馬空港」に改名した.『読売新聞(西部)』2004年8月20日, 35面.
(35)『週刊朝日』114号 (通算4933号) 2009年3月13日, 28頁.
(36) 半藤一利「明治維新は非情の改革だった」(『文藝春秋』87巻6号, 2009年) 128頁.
(37) 坂本藤良『幕末維新の経済人』(中公新書, 1984年) 29頁.
(38) 坂本藤良『小栗上野介の生涯』478頁.
(39) 坂本『幕末維新の経済人』204頁.
(40) 司馬遼太郎『明治という国家』(日本放送出版協会, 1989年) 38頁.
(41) 成田龍一『司馬遼太郎の幕末・明治』122頁.
(42) 高橋義夫『日本大変　小栗上野介と三野村利左衛門』(集英社, 1999年) 471頁.
(43) 赤塚行雄『君はトミー・ポルカを聴いたか』(風媒社, 1999年) 9頁.
(44) 新井喜美夫「日本再生を探る――「先見力と胆識」の小栗忠順型リーダーが心理的不況を打開する」(『SAPIO』225号, 1999年) 89頁.
(45) 鳴海風『怒濤逆巻くも　幕末の数学者小野友五郎』, 吉岡道夫『ジパングの艦　小栗上野介・国家百年の計』.
(46)「今,「明治維新」を問う」(『環』13号, 2003年) 55頁.
(47) 2002年, 2006年, 2009年に書籍化された. 童門『小説小栗上野介』(集英社文庫, 2006年) を見よ.
(48) 榎本秋「解説」『小説小栗上野介』661頁.
(49)『毎日新聞』群馬地方版, 1999年9月21日. それ以前にも小栗は, NHK の30分番組『ライバル日本史』(1995年) で, 勝とペアでとりあげられた.
(50) たとえば, 前原正美「メディア産業と観光産業――大河ドラマと観光ビジネス」を見よ.
(51)『上毛新聞』, 2000年11月30日, 10-11面. そのフランスの学者は, 横須賀へのフランスの支援と建設に関する本を出した.
(52) 前掲, 11面.
(53) 赤塚行雄「特集 小栗様」65頁.
(54)『AERA』, 2004年1月5日, 47頁. 1990年代の半ばには, バレンタインデーのたびに若い女性たちが土方歳三の墓にチョコレート, 花, ラブレターを残した.
(55)「第159回国会総務委員会議事録」2004年3月30日.
(56) 前掲.
(57) 中村和夫・佐々木喜昭「正月時代劇「またもやめたか亭主殿」の制作」(『映画テレビ技術』605号, 2001年) 25頁.
(58) 東善寺のウェブサイトで村上泰賢は,「咸臨丸の絵を教科書からはずす会」への参加を呼びかけている. 勝海舟が咸臨丸に乗っていたことは, アンチ勝派の人びとが, 小栗の乗っていたポーハタン号ではなく咸臨丸が教科書に載っている理由だと信じる唯一の理由である. http://tozenzi.cside.com/kanrinmaru-byou.htm.
(59) 2008年2月8日, 法務大臣との会談後の記者会見概要. 法務省ウェブサイト, http://www.moj.go.jp/hisho/kouhou/kaiken_point_sp080208-01.html を見よ〔『またも辞めたか亭主殿』は, 原作大島昌宏, 脚本鄭義信. 配役は, 小栗 (岸谷五朗), 道子 (稲森いずみ), 勝 (西村雅彦), 勝民子 (石田えり), 栗本 (松重豊)〕.

(60) 山内昌之『幕末維新に学ぶ現在』(中央公論新社, 2010年) 46頁.
(61) 木村『天涯の武士』 4 巻 (リイド社, 2006年) 252頁.
(62) 木村と著者のあいだでの, 2009年 8 月 6 日の交流.
(63) 木村直巳『天涯の武士』 1 巻, 151頁.
(64) 前掲, 189頁.
(65) 前掲, 190頁.
(66)『天涯の武士』 2 巻 (リイド社, 2006年) 40頁.
(67) 前掲, 55頁.
(68) 前掲, 54頁.
(69)『天涯の武士』 4 巻 (リイド社, 2008年) 230-34頁.
(70) 個人的な親交.
(71)『天涯の武士』 1 巻, 205頁.
(72) 前掲.
(73) 前掲.
(74)『天涯の武士』 2 巻, 201頁.
(75) 前掲, 134頁.
(76) 前掲, 201頁.
(77)『天涯の武士』 3 巻 (リイド社, 2008年) 255頁.
(78) 前掲.
(79)『天涯の武士』 4 巻, 255頁.
(80) 日本漢字能力検定協会のウェブサイトによる. Nihon Kami Noryoku Kentei Kyokai, http://www.kanken.or.jp/kanii/kanji2007/kanji.html.
(81)『天涯の武士』 4 巻, 255頁.
(82) 前掲.
(83) 個人的親交.
(84) 横須賀市は2005年, はまゆう温泉の全所有権を倉渕村に譲渡した.
(85) Ertl, "Revisiting Village Japan" 192.
(86) 高崎市「小栗の里整備基本計画」. http://www.city.takasaki.gunma.jp/docs/2013121901390/files/kurabuchi20-3siryou2.pdf
(87) 小栗が横須賀製鉄所を建設する前に, 会津藩士が横須賀地域の防衛に派遣されていたが, 小栗とのつながりが歴史的つながりの中心として強調されてきた. 第164会国会会議録「行政計画に関する特別委員会」13号, 2006年 4 月19日を見よ.
(88) 山崎実『高井鴻山夢物語』(高井鴻山記念館, 2004年).
(89)『朝日新聞』2008年 4 月 2 日夕刊, 12面.
(90)『たつなみ』33号 (2008年), 21-23頁.
(91) 市川・村上『幕末開明の人　小栗上野介』(群馬県高崎財務事務所, 1994年) 67頁〔1990年12月30―31日に日本テレビ系列で放映された『勝海舟』は, 蜷川新, 坂本藤良, 三野村清一郎の著作などを参考にしながら, 準主役級の登場人物として小栗をとりあげて, その悲劇を挿入する構成をとった. 本作では, フィラデルフィア造幣局で米国代表に貨幣成分の分析と交換比率の是正を説く小栗の姿に,「実に小栗豊後守こそ「ノー」と言える最初の日本人であった」というナレーションが与えられている. 原作・脚本杉山義法. 小栗忠順は風間杜夫が演じた〕.
(92)『高等学校日本史 A 改訂版　指導と研究』(清水書院, 2007年) 280頁.
(93)『高等学校日本史 A』(清水書院, 2003年) 138頁.
(94)『高等学校日本史 A 改訂版　指導と研究』290頁.

## 結論

（1）新選組に関する一連の著述を通して司馬は，戦前の子母澤寛による新選組研究の影響を揺るがせにはできなかったと語った．續谷真紀「新撰組「復権」への系譜——司馬遼太郎の歴史構築」（『早稲田大学大学院教育学研究科紀要』別冊17巻1号，2009年）4頁．
（2）宮澤誠一『明治維新の再創造』136頁．
（3）原口美貴子・山口幸男「郷土かるた遊びと郷土認識の形成——群馬県の「上毛かるた」の場合」（『群馬大学教育実践研究』11号別刷）40-41頁．
（4）「郵政民営化に関する特別委員会」15号，2005年8月15日，および堺屋太一「参議院国民生活経済に関する調査会」1号，2009年1月28日．
（5）「徳川埋蔵金“穴掘り遊び”に4億円出資した会社社長」（『週刊文春』2000年2月3日号）38頁．
（6）『毎日新聞』東京版，2000年1月18日，14面．『毎日新聞』地方版（山梨），2000年2月16日も見よ．
（7）http://tozenzi.cside.com/.
（8）「明治の父　小栗上野介」6頁．
（9）東善寺のウェブサイトにおける展示の説明．http://tozenzi.cside.com/aroundw-newyork.html.
（10）『小栗上野介情報』2009年12月．
（11）Karatani, *Origins of Modern Japanese Literature*（Duke Univ.Press, 1993）〔柄谷行人『日本近代文学の起源』〕34.
（12）「山口県萩市から」『読売新聞』福島版，2011年4月3日，17面．
（13）「白虎隊自刃の地など山口県萩市長ら訪問」『読売新聞』福島版，2011年10月28日，28面．
（14）高堀冬彦「「被災地・福島」から「八重と覚馬の福島」へ」（『現代ビジネス』2013年2月27日）3頁．https://gendai.ismedia.jp/articles/-/34985
（15）前掲，1頁〔『八重の桜』（原作・脚本山本むつみ）では，ペリー来航から松平容保の京都守護職任命，会津戦争までを描く幕末「会津編」と，維新後京都府顧問となった覚馬のもとに身を寄せた八重が，新島襄と結婚し，3人で同志社の創設と発展にとりくむ明治「京都編」の2部構成がとられた．最終回近くで，もと白虎隊士の東大教授山川健次郎が，会津がいかに日本を思い，勤王の志が高かったかを兄浩とともに書き残すため，往時を知る覚馬を訪ねるが，その山川に覚馬は述べる．「勤王の志は……薩長も，持っていだ．薩摩の西郷，長州の木戸……彼らにも，思い描く日本の見取り図はあった」．また，死に瀕した容保が山川兄弟に対し，会津の勤王の志を証明する孝明天皇よりの宸翰を長く秘していたのは，これが世に出ることで日本国内に再び内乱が生じることを恐れたためだと述べたうえで，こう語る．「いつか……御宸翰を世に出してくれ．わしが，死して後に……会津がいかに誇り高く戦ったかを訴え，死んでいった者たちの名誉を回復せよ．……ただし，一国を滅ぼしたわしの過ちは，再び同じ道を辿らぬための戒めとなせ．……これを，そなたらに託すことが，旧会津藩主としての，最後の務めだ」〕．
（16）前掲，3頁．